新世纪心理与心理健康教育文库
Xinshiji Xinli Yu Xinlijiankangjiaoyu Wenku

教师心理健康教育
Jiaoshi Xinlijiankangjiaoyu

刘翔平 ◆ 主编
Liu Xiangping

开明出版社

新世纪心理与心理健康教育文库
编委会

总 主 编 郑日昌
副总主编 沈　政　郭德俊　桑　标　王希永
编 委 会（按姓氏笔画排列）

王　昕	王小明	王成彪	王建平
牛　勇	邓丽芳	叶浩生	田万生
朱新秤	任　苇	任　俊	刘视湘
刘翔平	刘惠军	许　燕	孙大强
杜毓贞	杨　波	杨忠健	汪凤炎
沈　政	张　驰	张大均	张志杰
陈永胜	陈安涛	邵志芳	庞爱莲
郑日昌	郑晓江	孟沛欣	赵世明
赵军燕	俞国良	殷恒婵	郭秀艳
郭德俊	桑　标	黄　蓓	崔丽娟
梁宁建	梁执群	董　妍	程正方
雷　雳	燕国材	魏义梅	

总序
Sequence

早在上个世纪70年代就有专家预言：21世纪是心理学的世纪。21世纪人类所面临的最大挑战，不是其他，而是心理困惑和心理问题。

进入新世纪，我国社会主义物质文明、政治文明、精神文明建设不断加强，综合国力大幅度提高，人民生活显著改善。同时，我们也要看到，我国已进入改革发展的关键时期，经济体制深刻变革，社会结构深刻变动，利益格局深刻调整，思想观念深刻变化。这种空前的社会变革，给我国发展进步带来巨大活力，也必然带来这样那样的矛盾和问题。例如，城乡、区域经济社会发展很不平衡；就业、收入分配、社会保障、教育、医疗、住房等方面关系群众切身利益的问题比较突出；一些社会成员诚信缺失、道德失范；一些领域的腐败现象比较严重等。这些矛盾和问题让人们感到心理困惑，时刻冲击着人们的心理承受能力。

2006年，中共中央《关于构建社会主义和谐社会若干重大问题的决定》明确指出：我们必须坚持以人为本。要注重促进人的心理和谐，加强人文关怀和心理疏导，引导人们正确对待自己、他人和社会，正确对待困难、挫折和荣誉。要加强心理健康教育和保健，塑造自尊自信、理性平和、积极向上的社会心态。心理和谐是构建和谐社会的心理基础和重要标志。胡锦涛同志指出："科学发展观，第一要义是发展，核心是以人为本。"以人为本就必须重视人、尊重人、关心人、爱护人，就必须重视人的心理发展。加强心理健康教育和心理保健，不断提高人们的心理素质，帮助人们形成积极心理品质，为和谐社会建设奠定和谐的心理基础已经成为举国上下的共识。

促进人的心理和谐需要有科学心理学指引，加强心理健康教育需要有合适的教材。近年来，国内虽然也陆续出版了一些心理学或心理健康教育方面的图书，但不够系统，缺乏总体规划。正因为如此，我们组织了一批心理学专家、学者，编写了这套反映我国心理学发展及心理健康教育理论成果的"新世纪心理与心理健康教育文库"。

"新世纪心理与心理健康教育文库"具有系统性。文库参照心理学学科体系和我国现实需要，分为基础理论、应用理论和技术与实践三个系列。

"新世纪心理与心理健康教育文库"具有权威性。文库是国家出版基金资助项目；文库撰稿人的选择面向全国，每一本图书都由该领域的专家学者撰稿；文库的统稿工作由国内权威心理学家和心理健康教育专家负责完成。

"新世纪心理与心理健康教育文库"具有前沿性。文库在全国范围选聘心理学和心理健康教育领域的专家学者撰稿，既可以吸收心理学与心理健康教育的权威理论和最新研究成果，也可以保证所选内容资料贴近时代、贴近生活、贴近实际。

"新世纪心理与心理健康教育文库"具有实用性。文库在强调系统性、理论性、科学性的同时，更加强调实用性。力求做到理论联系实际，给出的理论实用，给出的技术可行，给出的方法可操作。

"新世纪心理与心理健康教育文库"理论性、实用性、资料性、工具性兼备，是心理学与心理健康教育的"百科全书"。它可以作为从事心理与心理健康教育工作的管理者和研究者的参考书、工具书；可以作为心理健康教育教师继续学习、自我提高的自修图书；可以作为心理健康教育教师的培训用书；可以作为师范院校心理与心理健康教育专业的教材或参考书。

我们相信，"新世纪心理与心理健康教育文库"对于从事心理与心理健康教育工作的人士会有所帮助；对于我国的心理与心理健康教育工作会起到推动促进作用；对于促进人的心理和谐、促进社会心理和谐会发挥一定作用。

我们希望，这套文库能够得到广大心理与心理健康教育工作者的认可、接纳。

郑日昌
于京师园

前言
Preface

　　从事积极心理研究已经多年了，我经常思考这样一个问题，谁最需要积极心理学。思来想去，我还是觉得教师更需要积极心理学。积极心理学所倡导的积极认知——乐观，积极的人际关系——爱、宽容、感恩和尊重，积极的人格——自信与自尊，不仅反映了教师职业心理健康的标准，而且也可以称为教师要追求的人生境界，是一种健康的价值观和精神家园。

　　之所以在教师中推广和普及积极心理学取向的心理健康教育，还有一个考虑就是教师的变化可以影响周围的学生。学生除了在家长的态度中学会做人经验，还可以从教师的行为举止中学到做人的经验。一个心理健康、乐观积极的教师也自然会将美好的品质传递给学生，以自身的魅力影响学生，使学生不仅能在温暖、安全的氛围中成长，而且也可以领会和模仿教师那些美好的行为。这样整个社会都会洋溢着积极与温情的气息。

　　如果教师心理不健康，如出于缺少同情与尊重而不能平等地对待学生，经常宣泄自己的消极情绪，对待学生粗暴，甚至像最近的极端事件所描述的那样，给差生带"绿领巾"，让差生在走廊过道考试等，不仅会给学生造成心灵伤害，而且也会无意中引导学生的价值观和行为模式，即对待不合我意的人，就要折磨和贬低，要控制他们。学生长大后，也会缺少起码的人文关怀、同情心和安全感。缺少安全感的人会怀疑别人，怀疑世界，形成权威人格，欺软怕硬，追求名利，以人际比较确立自己的人生价值，而不是把发挥自己的潜能和实现心中的抱负作为人生理想。

　　学习做人的过程是一个体验和实践的过程，而不仅是一个理性的思考过程。心理不健康的人不是不明白做人的道理，而是缺少体验的机会和行为过程，由于接触的都是心理不健康的家长、教师或同学，他们对美好人生的认识只停留在抽象的符号水平，而真正体验到的生存法则则是消极的、敌意的和冷漠的，他们就会说一套，而实际上行为则是另一套，因为他们真正信奉的是与积极心理相反的法则。

　　本书与现有的教师心理健康书籍的不同在于，从当代积极心理学的视角来阐述和介绍教师的心理健康问题。我们关注的重点不是教师的焦虑、抑郁、强迫人格等，而是教师的生存环境与职业特点所导致的心理问题，如职业倦怠、缺少尊重与同情等问题，重点是从如何做一个积极、幸福、有效的教师这一角度来建构全书。

全书由三个独立又有联系的部分组成。第一章到第七章主要介绍教师如何通过建立积极的自我，活出最佳状态，即通过培养高自尊、乐观、积极情绪和幸福感，来战胜消极情绪，做最好的自己。第八章到第十三章主要讲教师如何与学生沟通，如何在最佳自我状态的基础上，获得良好的交往素质和技能，包括如何建立尊重他人的态度、如何具备共情能力、如何倾听和回应、如何面对学生等。这部分其实也是第一部分的延续，教师之所以要具备积极的人格和健康的自我，是因为他们从事着助人的教育职业，必须通过自己的人格来帮助人、影响人、改造人。积极人格是他们可用的主要力量，只有人格健康积极，才能开展与人沟通和教育人的工作。最后一部分是教师心理训练课，以附录的形式呈现，主要选择教师常见的问题来进行具体的练习，设计具体可操作的活动课，使教师通过活动来提升心理健康水平。

本书也是集体合作的结晶。分工如下。第一章：刘翔平；第二章：王晓莉、刘翔平；第三章：曾祥龙；第四章：曾祥龙；第五章：于是；第六章：冉利雯；第七章：曹欣美；第八章：李毅；第九章：李毅；第十章：于是；第十一章：郭雯；第十二章：王硕；第十三章：王硕；教师心理健康训练教程：刘翔平。

刘翔平

目 录
Contents

第一章　教师的职业特点与心理健康维护	1
第一节　教师的职业压力	1
第二节　职业压力与职业倦怠	5
第三节　教师消极心理的扩散与影响	8
第二章　教师的人格健康及其对学生的接纳	11
第一节　教师对学生的接纳	12
第二节　神经质人格	14
第三节　教师神经质人格的消极影响和克服办法	18
第三章　教师的压力及应对	22
第一节　教师的压力源	22
第二节　压力反应及其后果	23
第三节　压力管理三大原则	25
第四节　压力应对之冥想术	27
第五节　压力应对之焦虑应对术	29
第四章　教师的情绪	33
第一节　正确理解积极情绪与消极情绪	33
第二节　教师的积极率	34
第三节　如何增加积极情绪	36
第四节　如何应对消极情绪	40
第五章　教师的高自尊与心理健康	45
第一节　什么是自尊	45
第二节　教师的高自尊为什么重要	47
第三节　如何了解自己的自尊水平	49
第四节　自尊与对评价性反馈的反应	50

第五节　如何提高自尊水平 …………………………………… 52

第六章　教师如何运用乐观来应对挫折 ……………………………… 56
第一节　教师的高挫折 ………………………………………… 56
第二节　教师如何运用乐观战胜挫折感 ……………………… 60

第七章　提升教师的职业幸福感 ……………………………………… 67
第一节　教师职业幸福感的含义 ……………………………… 67
第二节　影响教师职业幸福感的因素 ………………………… 70
第三节　如何提升教师的职业幸福感 ………………………… 75

第八章　做一个感恩的教师 …………………………………………… 88
第一节　什么是感恩 …………………………………………… 88
第二节　感恩的积极作用 ……………………………………… 92
第三节　教师如何提高感恩水平 ……………………………… 95
第四节　让我们一起去感恩 …………………………………… 97

第九章　做一个宽容的教师 …………………………………………… 99
第一节　什么是宽容 …………………………………………… 100
第二节　宽容的测量 …………………………………………… 102
第三节　宽容的积极作用 ……………………………………… 103
第四节　如何成为宽容的教师 ………………………………… 104

第十章　教师人际沟通的基础：共情、真诚与坦白 ………………… 108
第一节　什么是共情 …………………………………………… 108
第二节　共情的心理学基础 …………………………………… 110
第三节　共情的水平 …………………………………………… 111
第四节　不同水平共情的实例 ………………………………… 113
第五节　共情对于教育的重要作用 …………………………… 115
第六节　真诚 …………………………………………………… 117
第七节　自我坦白 ……………………………………………… 120

第十一章　学会倾听 …………………………………………………… 124
第一节　什么是倾听 …………………………………………… 125
第二节　积极倾听的作用 ……………………………………… 126

第三节　积极倾听的技巧 …………………………………… 129

第十二章　有效的回应 ………………………………………… 135
　第一节　什么是回应 ………………………………………… 135
　第二节　无效的回应方式 …………………………………… 136
　第三节　有效的回应方式及运用 …………………………… 138

第十三章　教师的非言语沟通 ………………………………… 150
　第一节　非言语沟通及其一般特征 ………………………… 150
　第二节　非言语沟通行为要素及作用 ……………………… 151
　第三节　教师日常工作生活中肢体语言的运用 …………… 157

附录　教师心理健康训练教程 ………………………………… 162
　序　言　培养心理最健康的儿童 …………………………… 162
　第一课　学生的责任感 ……………………………………… 167
　第二课　破除权威人格 ……………………………………… 170
　第三课　教师的职业成长 …………………………………… 173
　第四课　作为教师的使命 …………………………………… 175
　第五课　控制自己的情绪 …………………………………… 176
　第六课　内心的微笑 ………………………………………… 178
　第七课　学生的成长性 ……………………………………… 180
　第八课　差异是一种资源 …………………………………… 183
　第九课　弱小与爱抚 ………………………………………… 185
　第十课　他人负责与自我负责 ……………………………… 187

第一章　教师的职业特点与心理健康维护

【本章提要】

介绍教师的职业角色和工作内容的特点与规律，职业压力及其对心理健康的影响。教师职业的助人性特点，尤其是师生关系的困扰、工作超负荷、工作的单调和工资待遇低导致教师易产生职业倦怠。职业倦怠是教师心理不健康的主要内容，表现为情绪低落、对人冷漠和低成就感等。这些情绪和行为表现会影响班级气氛，影响学生的情绪和学校的态度。

【学习重点】

1. 掌握积极率的原理。
2. 了解教师职业特点及其与职业压力的关系。
3. 掌握教师职业倦怠的概念和特点。
4. 了解教师心理不健康的扩散性。
5. 理解消极情绪的特点。

【重要术语】

积极率　教师职业角色　职业倦怠　消极情绪与积极情绪　非人性化　低成就感

第一节　教师的职业压力

有些职业本身可能就是与幸福和快乐多相关的，如植物园的园丁，春天播种，秋天收获，目睹着花草的成长，每天都接触着大自然的阳光和雨露，职业提供的幸福机会就多一些。再比如，动物园的饲养员，每天的工作是饲养动物，很快与动物建立起养育关系，动物会依赖他们，对他们产生感情回报，他们与自己类型不同的生命产生交互作用，积极的互动远远超过了消极的互动，动物也有不听话或发脾气的时候，但出现的概率非常少。再如，勘探队员，其工作是翻山越岭发现矿物，每天都接触大自然，而且去不同的地方，虽然工作条件艰苦，但不易产生烦恼。

相对来说，教师这一职业易产生情绪困扰和心理压力，所以比一般职业更易产生职业倦怠。这是为什么呢？让我们来分析一下教师职业的具体工作内容和角色要求。

第一，教师与学生的关系与互动特点，决定了教师非常容易出现消极情绪和想法。

在教师与学生的关系中，双方是不平等的。教师的职责是把学生教好，其中一个前提是无论学生的素质如何，无论其智力和人格处于何种水平，教师都不能放弃，教师都有责任教好他，使他成为良好的社会公民。在教育学生的过程中，教师固然有许多权力，如评价学生的权力和批评学生的权力，但是除了这些权力外，教师几乎并没有别的力量，不像企业管理者那样有发奖金和决定升迁的力量。教师除了有限的权力外，只能靠爱和耐心赢得学生的尊重，而这种人格的力量很难控制，况且谁也不能保证自己长期或永远处于好心情的控制下。在这个意义上，教师对学生的投入与付出，远远高于学生对教师的投入与付出，教师对学生的关心与爱远远超出了学生对教师的关心与爱。有些教师的关心与爱，不仅得不到回报，而且换来更多的失望与沮丧。教书表现好、有热情是应当的，无人喝彩，只是职业的角色和要求；而教学效果不好，则体现了个人能力和管理经验的不足，会产生很大的挫折感。

教师的良好经验感受也是不稳定的。很有可能昨天的一堂精彩课，被今天的一堂糟糕课冲得一干二净。某位教师说道："我是一个用心的教师，总想把工作做好，但心理上总是起伏不定。有时，我与学生们在课堂上尽兴地探索一个个未知的问题，学生们有时能够发现一个又一个新奇的答案，令我振奋，我被学生们的创造思维所照亮，觉得教书真是天下最有成就感的工作。可第二天，同样的课堂上却毫无生气，沉闷无语。有时候甚至是混乱一片，一两个调皮学生的几句调侃就成了教学的灾难，全班乱成一团。我感觉到世界末日的降临、教书的恐怖和自己的无奈，认为教书是天下最困难的工作。"

也有研究表明，教师压力源排名的前三个明显的高位变量中，师生关系困扰为第二，仅次于工作量大[①]。师生关系是世界上最为复杂的关系之一，与亲子关系一样，充满了不确定性和冲突与矛盾性，爱恨纠结，是非难辨。

大量研究也表明，与人交往是最有压力的事情，人虽然离不开他人，害怕孤独，但人际交往也最容易造成心理压力和不良情绪，所以，世界上职业倦怠排名最靠前的职业中，都涉及到与人打交道的工作，分别是警察、医生和教师。其中可能的原因是，他人是不可控制的，是存在着个性差异的，是有情感的、有思考能力的同类，如果职业的必要内容就是与人交往，而且成就的高低与他人的评

---

① 陈丽. 治校六讲——中小学校长高级研修专题课程[M]. 北京：北京师范大学出版社，2010：74.

价、感受和满意度有关，这就造成了效果的不确定性，一旦成就感掌握在他人的评价中，成功体现在他人的态度中，就会给从业者造成巨大的压力。在这种情况下，情感付出很可能得不到相应的回报而付出与回报的不对等恰恰是职业倦怠的定义。而有些职业就没有这个问题，如作家的成就体现为一部有创造性的作品，建筑师的成功体现为一座宏伟的大厦。

第二，教师的工作量大，工作时间长，工作超负荷，也导致教师成为心理不健康的高危人群。

教师可能要经常加班，要批改大量的作业，不少教师在学校不能批改完作业，需要把作业带回家中，有些教师利用业余时间进行家访，还有的教师周末要加班。尤其是寄宿制学校，教师不仅承担着繁重的教学任务，而且还要承担着繁重的管理学生的任务。如晚上要管理学生的自习，通常晚上10点晚自习结束后，教师才能结束一天的工作，而早上还要管理学生的早操和早自习，第二天早晨六点钟就要上班。可以说，学生不休息，教师就不能休息，再加上白天的讲课和备课，教师们常常感到身心疲惫，有些学校的年轻教师由于工作时间太长，结婚后甚至不敢要孩子。当工作时间长、工作超负荷时，人们的身体就会发出反抗的声音，生理与神经就会发出消极情绪反应的信号。抑郁情绪的产生可能十分简单，如果长期从事单调、重复、超过身体精力可接纳程度的工作，如果艰苦工作中缺少希望、乐趣和变化，大脑就会分泌有害的神经递质，导致情绪低落。而这种情绪低落会反过来降低工作的效率，使人感觉工作没劲，导致大脑进一步产生消极的神经反应，从而形成一个恶性循环。幸运的是教师每年中有两个假期，可以通过假期缓解身心疲惫。恐怕这也是教师虽然工作量大，但也有人喜欢这个职业的原因之一。

第三，升学率压力。调查表明，升学压力排在最显著的教师压力源的第三名。

升学压力是最具中国特色的教师压力，中国教师的成就和考核主要体现在教师教出的学生有多少考上重点高中或名牌大学。一个教师口碑再好，学生和家长再喜欢他，同事再接受他，但如果升学率上不去，在家长和校长的眼中就不是一个好教师，就不是一个合格的教师。然而，认真思考一下，升学率不完全取决于教师的努力，升学率的影响因素极为复杂，学生的学习有个人能力的差异，也有长期形成的学习习惯的差异。比如学习能力方面的个体差异就非常明显。首先在智力上存在极大的个体差异，有人智商高，难题经教师一点拨就明白，有人智商中下，教师讲多遍还是听不懂。其次，学生的阅读能力存在个体差异，有5%左右的学生存在阅读障碍，他们在记字和阅读过程中表现出严重的困难，比如在识记单词的过程中不能有效地运用语音来学习，习惯于把字词当做一个图形来学习，只能形成短时记忆——这便是所谓的单词识别落后类型的阅读困难。还有一种阅读困难的学生，在识记单词方面虽然不落后，但在阅读理解和速度方面存在困难，他们阅读时不能连贯和熟练，练习多遍后仍然结结巴巴、逐字阅读，或者用手指着读，经常串行或跳字，或者读完之后不知什么意思，不能正确回答问题。这种学生快速阅读能力差，阅读的挫折导致他们不爱读书，严重影响各科成绩。还有一些学生虽然智商和阅读能力正常，但注意力不能长时间集中，具有注意力缺损多动障碍，其中分为伴随多动与不伴随多动两个类型。多动型的主要心理特点是大脑的反应抑制能力落后，表现为冲动和多余的动作，不能控制自己的行为，不能听从教师和家长的指令，扰乱课堂纪律，经常与同学发生冲突，心理幼稚，不能推迟需要满足等。而不多动型主要缺陷为注意力时间短，容易分心，这种类型的学生经常发呆，上课易做白日梦，学习效率低，学习时边写边玩，主要是神经的唤醒程度不够，兴奋性不足。当然还存在着长期习惯和先天因素形成的学习风格的个人差异，如有的人动手能力强，但相对不喜欢思考和收集信息，有的人则相反，做事时先收集大量信息，然后才去做。还有的人做事喜新厌旧，缺少恒常性，但创造力和想象力高超。有人则做事有恒心，坚持性强，但创造力不够。面对如此丰富的人性和个体差异，要求教师都教出好成绩，让学生都考上重点大学，这恐怕是一件不可能完成的事情。如果把升学率作为考核教师的指标，势必造成教师的过重压力和不幸福的体验。

第四，教师的职业具有琐碎、重复的特点，工资收入中等偏下，缺少成就感和荣誉感。

有些工作可以带来荣誉与成就感，付出的相对少，但收获的多。比如电视节目的主持人或歌唱家，其工作特点使他们更易获得大众喜欢，赢得掌声。当然不是说这些职业就没有付出和竞争，但与教师相比，这些职业容易看到成就，容易受到他人赏识。在传统社会观念中，教师职业的声望并不高，被人称为"教书匠"，旧社会的谚语为"家有五斗粮，不当孩子王"，意思是说如果不是因为家庭实在太穷了，是不会选择当教师的。而即使是当代社会，师范大学的学生来自贫穷地区和家庭的人数也比综合大学中的人数要多一些，一些人本意可能并不想报考师范大学，但出于家庭经济困难，看中了师范大学免学费政策，才不得不无奈地报考了师范大学。现实折射出教师职业的平凡性与艰苦性。即使是教师们，也常把自己比做是一支蜡烛，颇具有牺牲自己照亮他人的悲壮意味。其实，教师职业的平凡、不易出成就、艰苦与琐碎不仅在我国如此，在发达国家也是如此。在英国的一项调查发现[①]，在教师教育学院录取的打算从事教师职业的学生中，约有40%中途放弃了学业，15%改学教育学中的其他分支学科，而不是直接从事教学，另有15%的人仅仅做了三年的教师便改行了。因此，总体上，进入教师

[①] 霍姆斯. 教师的幸福感［M］. 闫慧敏, 译. 北京：中国轻工出版社, 2006：11.

教育学院的总人数中只有30%左右的人最终会选择教师作为终身职业。此外，根据英国政府的统计，教师每年平均患病休假的天数为10天，其中49%的教师病休都是因为精神原因。

教师的工资也不高，尤其是在我国这样的发展中国家，教师工资与收入具有很大的地区差异，多数基层学校的教师工资还很低，所以在教师压力源调查中，教师工资低、收入少仅次于师生关系困扰，成为教师心理压力的第二大来源。通常在发达国家，经济压力在心理压力中比重不大，工作环境中的精神因素，如生涯发展前景、晋升机会、工作乐趣、人际关系等所占比重较大，但在中国教师的调查中发现，工资低是一个主要压力源，这提醒社会和政府，要想解决教师心理健康与幸福感的问题，还是要提高教师的工资与待遇。这可能也是一个社会问题，实际上并不是由于教师相对工资低导致的，而是由于工资绝对水平低导致的。其实，在我国的各行各业中，普遍存在着基层单位收入低，多数单位工资低，只有垄断行业工资收入高的发展不平衡现象。如果全民的基本工薪水平都提高了，那么即使是中等偏下的教师工资的绝对值也升上去了，有关工资的抱怨就会少很多。

第二节 职业压力与职业倦怠

教师的职业特点和角色，使其成为心理疾病的高危人群。这里的心理疾病并不是指精神分裂等重度精神疾病，而是指消极情绪、低效率、消极认知等妨碍工作效率和幸福体验的情绪、行为和认知，也就是说，教师的职业角色影响着教师的心态，使他们在人生的体验中，比一般人更多地经历着挫折、情绪低落、错误、偏执、强求、僵化、固执、冷漠、不公正、愤怒、失望、伤心等消极体验，对人性的脆弱与错误具有更多的易感性。

时下流行的教师职业倦怠概念可以很好地概括教师的职业压力所造成的心理不健康的特点。

"倦怠"一词来自英文的burnout，也可以译成枯竭，这一概念最早出现于美国小说《一个倦怠的案例》一书中[①]。这本书主要描述了一个人的个案，此人的生涯状态不好，主要表现为极度的疲倦、工作理想的破灭和热情的丧失。后来，这一概念受到了心理学家、社会学家的追捧，并开始流行起来。根据一项研究表明，发达国家在上个世纪末，各行各业的职业倦怠达到顶点，而从2005年后有所下降。

一个倦怠的人认为自己的生命没有意义，只是行尸走肉，对自己很厌烦，感

---

① 黄国香. 中学教师职业倦怠中个人因素的研究 [D]. 北京：北京师范大学心理学院，2004：2.

觉被掏空，对人和事毫无热诚，工作变得失去意义，变成了机械化的例行公事，认为自己的努力毫无结果和成效等。研究发现，当职业为助人者时，更倾向于产生职业倦怠，如警察、律师、医生、导游、营业员等，而教师的职业也具有典型的助人者的特征，所以也是职业倦怠的高危群体。

那么，为什么助人的职业会容易产生职业倦怠呢？

表面上看职业倦怠产生于工作中的压力，如委身并奉献给一项事业，太紧张、工作时间太长，从而忽视了自身的某些重要需要。但如果对比助人者与非助人者的职业特点的区别，我们就会发现，职业倦怠主要发生在助人职业中。一个人奉献给没有产生预期回报的事业，即助人者选择了以帮助他人作为职业，而其职责就是帮助人，他靠帮助人来领工资谋生，所以受助者并没有对其进行报答和回应，而是觉得接受帮助是应当的，如医生治好了病，是其职业的基本要求，不需要患者的回报与感谢。因为患者为此服务付了费，或社会为这种服务付了费用，不需要额外的回报。再比如，一个教师为学生补课，为学生的学习成绩而着急，为学生的考试成绩而焦虑，学生及其家长并不需要回报，因为这是教师的工作，教师领取了工资，教书育人就是他的本职。但作为助人者可能帮助了他人，总是期望着能有回报，这种回报主要不是物质上的，而是精神上的和情感的上，希望受助者重视自己的服务和帮助，给自己的奉献以喝彩或鼓励。但实际上，这种情感上的回报很少。相反，助人者如果服务不周，或出现失误则极有可能会受到受助者的投诉、批评与指责，这就使得助人者焦虑不安，小心翼翼地面对受助者。在某种程度上，教师的职业像医生一样，把学生教好了被认为是本职工作，没有什么值得炫耀的，但如果没有教好，则全部是教师的责任，是因为教师水平太差，教师不会教。而如今社会总是流行这样的口号，即没有教不好的学生，只有不会教的教师。

不止于此，助人者经常与人打交道，会付出非常多的精力。有研究指出，与人接触时需要注意力集中，形成及时而正确的反馈，远远比与物体接触时需要投入更多的心理能量。当一个人面对另一个人时，其目光的注视点会多达100个以上，眼睛需要不断地扫视，耗费更多的精力，而可能我们面对一朵花、一幢房子，就不会如此紧张。所以，教师一类的助人者在与学生的接触与交往中，在与学生和家长的沟通中，更容易导致身心疲劳和挫折，即如一些学者指出的，长期与有感情的人相处，导致一种身心及精神枯竭状态[①]。

还有一点不能忽视的因素就是压力的时间，助人者感受到的对人的失望、缺少社会支持和情感的耗竭是其工作的一个组成部分，因此是天天都发生的，持续

---

① 黄国香. 中学教师职业倦怠中个人因素的研究［D］. 北京：北京师范大学心理学院，2004：3.

存在的，在永无止境的、长时间的压力冲击下，个体承受的压力就是巨大的，其忍耐性就会在紧张的情绪中流逝。正如一位中学班主任所说的，"有时早晨起来，感觉非常疲劳，从内心深处不想上班，渴望休息一天，可一想到我的那几十个学生没有人给上课，我只好硬着头皮去了学校。"

综合各种研究，我们可把教师职业倦怠的主要症状归结为以下三点：

第一个表现是情绪枯竭，即对教师这一职业不再有热情，不再有理想和想象力，甚至出现焦虑、紧张、生理疲劳或失眠等心理问题。

美国有学者认为[1]，这种情绪枯竭和挫折感，可能由于教师的期望与现实的落差过大所导致。在接受师范教育时期，人们具有足够的社会支持，如榜样的力量，家人的鼓励和儿时的经验，认为未来的教师之路一定充满光明，教师职业是完美无瑕的，是世界上最伟大的职业。可一旦真正成为一名教师，开始工作，接触的是真实的现实，原来的社会支持不再存在，理想与现实相距甚远，教师职业的光环开始褪去，而其枯燥、单调、劳累和琐碎的特点开始出现，就可能遭遇心理上的挫折和打击，表现出易怒、悲伤、失望、低自尊和冷漠等特点。

第二个表现是非人性化，即对待受助者冷漠。这可能是一种心理保护作用。为了防止心理能量的减少，教师将对自己的不满意和责备转向外界，转化成为对待受助者的冷漠。有的教师在精神或身体上体罚学生，不尊重学生做人的权利，像对待一个非人的物品一样对待受助者。尽管我们强调尊师爱生，可生活中经常会出现教师虐待或体罚学生的报道。

北京某城区的一名教师，刚带过高三后又立即被校长通知接高一年级的新生，在军训即将结束的时候，该教师与军队教官喝酒喝多了，失去了理智，在回程的大巴车上耍起了酒疯，对全体同学说，你们表现不好，给我丢脸了。于是把学生逐个叫过来掌嘴。将所有的男生打了一遍，开始叫女生过来。此时，全班同学开始反抗，向家长求助，说班主任疯了，见谁打谁。愤怒的家长们来到学校进行抗议，要求开除该教师，在强大压力下，学校将该教师开除了。但当记者事后进行调查时，发现该教师平时工作非常认真，是全校的先进工作者，其照片还展示在学校的橱窗中。

俗话说，酒后吐真言，酒后无德，平时这个教师对学生的非人性的态度压抑在心，表面上不得罪学生，内心深处却产生了强大的职业倦怠，不喜欢自己的工作，不喜欢自己的角色，并影响其对学生的态度，所以，通过酒劲其攻击性终于得到了宣泄。

在学校中，脾气好的教师是多数，但总有一些教师控制情绪能力差，被学生

---

[1] 黄国香. 中学教师职业倦怠中个人因素的研究［D］. 北京：北京师范大学心理学院，2004：4.

称为凶神恶煞型的，经常对学生动粗，令学生恐惧。虽然有些教师并不体罚学生，但其言语尖刻，严重伤害了学生脆弱的自尊心。

一天，一个叫大力的学生在上课时搞小动作，接老师话茬，班主任让他罚站。事情的起因是前一天大力妈妈出差，给他买了一块新款的塑料表，色彩鲜艳，引人注目，于是大力下意识地将自己手腕抬起来，向大家展示。班主任发现这个动作，立即讽刺说："大力，你戴了一块新手表就空显摆，你要是穿了一个新短裤，你不得把裤子脱下来让大家观赏啊！"

这个班主任老师说话尖酸刻薄，缺少对学生的人格尊重，挖苦人的语气直透人的弱点，不给人留面子，让全班同学非常惧怕她。

教师职业倦怠的第三个典型表现是成就感的降低。理想与现实的差距过大，期望的破灭，使教师在工作中降低了能力感和成就感。有学者认为①，教师可能产生四个方面的消极认知。1. 无意义感，认为自己的工作对现实世界的改善没有任何作用，教学是一个没有回报的职业。2. 无权利感，认为自己在学校的工作时间越长，越感到对周围所发生的一切没有影响力。3. 孤独感，觉得没有人真正理解和支持自己的教师工作，更不用说爱护，即使是一个教师死去或离开，也没有人知道或关心。4. 无规范感，认为学校许多规矩很可笑、很僵化，一个有理想的教师必须打破这些规矩。

上述三个方面的职业倦怠表现可以用来代表教师的心理亚健康的状态，当我们说一个人心理不健康时，并不是指一个人丧失了适应环境的功能，得住院治疗，而是说一个人情绪低落，幸福感差，缺少积极向上和朝气蓬勃的精神面貌。而鼓舞士气、提高积极情绪是我们的学校面临的一项重要任务。

第三节 教师消极心理的扩散与影响

消极心理的特点是其强度和对注意力资源的强占，一个人的好心情虽然在生活中更加普遍和易产生，但强度上远远不如消极情绪。积极情绪是非常脆弱的，根本经不住消极情绪的打击。

一个风和日丽的清晨，你走在上班的路上，马路边盛开着成片的月季，树上的鸟儿在鸣唱，你昨天晚上看了一场好电影，而且睡眠很棒，所以，今天早晨上班的路上你心情格外好，不由得哼起了小曲儿。突然，你接到校长的一个电话，说你的一个学生的家长向校长汇报，投诉你批评学生时用语不当，讽刺挖苦，使学生的自尊心受到严重打击，昨天回家大哭一场。此时，你的好心情会顿时消失得无影无踪，内心充满焦虑和内疚：自己也没有对学生说些什么过激的话啊，我

---

① 黄国香. 中学教师职业倦怠中个人因素的研究 [D]. 北京：北京师范大学心理学院，2004：4.

怎么没有意识到啊？现在的学生是怎么了，心理如此脆弱？如果家长找我，我该如何向家长解释，如何与家长沟通，此刻，我又该如何向校长解释？甚至是更糟糕、更深层的联想都会出现。要评职称了，名额很少，竞争激烈，本来就有人盯着我呢，说我年轻，资历浅，这次应当让一下，先让老教师评，还有人找茬想陷害我，专门收集我的缺点与不足，这下可糟了，这个关键时刻出了这样的事儿，这不是把我往火坑里推吗？我怎么这么倒霉啊，早不出事儿，晚不出事儿，偏偏这个节骨眼出事儿。老天啊，你为什么这样不公平？

刚才的好心情转瞬即逝，消失得无影无踪，而且你再想找也找不回来了，你甚至根本无法想象刚才的好心情是什么样，而整个神经都被焦虑和郁闷、自责与内疚所纠缠，你无暇再欣赏什么美景，什么鸟鸣，整个世界顿时一片黑暗，你甚至开始怀疑人性的善良与公正，你作为教师的付出是否值得，甚至开始怀疑生命的价值和意义。

这就是人大脑适应机制的工作结果，这就是我们进化过程中的人性。在生命过程中，大脑对于出错和纠错，对于危险和挫折具有绝对的优先反应，因为防止落后，防止被杀对于生命来说永远是第一性的，比审美和快乐更具有紧迫的适应意义。想一想，如果犯了一个致命的错误，导致命都没有了，其他的一切都谈不上了。所以，相比积极情绪来说，消极的情绪具有强度上的优先性，它往往比积极情绪更能够占据注意力的核心，而且一旦它们充斥了心灵，就很难轻易消除。消极心情或思维具有穷思竭虑的特点，虽然并不有助于问题解决，但一个人就是爱这样想、这样焦虑，仿佛能从消极思维中得到好处一样。所以，消极思维比积极思维更容易使人成瘾，消极心理的反刍比积极事情的品味持续时间更长，更不易消失。

当这个消极心理强度更强的原理体现在教师人群中，便具有扩散效应和放大的作用。作为心智不成熟的学生，在情绪上和认知上对教师有依附性，其行为反应受教师的影响很大，在一个班级中教师的情绪通常能影响整个班级气氛，从而影响每个个体。如果教师心情不佳，就会通过其行为表现出来，或压抑内向，导致注意力不集中，情绪低落与冷漠，或宣泄外向，导致对学生的挑剔与攻击，使学生感到危险、恐惧与焦虑。在一项有关团体积极率的研究中，专家发现，最积极的群体，其积极的沟通、建设性意见的提出和对人的尊重，以及对事而不对人的沟通，都远远高于消极的沟通，如批评、对人的贬低、毫无建设性地发牢骚等，基本上积极与消极的比率是3:1。其中，领导者的心理素质很重要，领导者的积极行为和积极的思维方式往往会促进团体的积极交流与沟通。

如果一个教师心情不好，足以影响周围的数十名学生，如果教师情绪低落，可以妨碍数十名听课学生的积极情绪，所以，提升教师心理健康，使教师感觉良好，积极地投入工作，积极地看待学生和工作就是一个具有重要意义的课题。提高教师的积极率,提高班级的积极率,会使学生热爱学习,热爱学校生活,热爱自己,也会使教师从中发现工作的意义,把工作当做是享受。这就可以形成一个良性循环,即越是自我积极、身心愉悦,就越能影响周围的人,使他们变得积极快乐,反过来周围人的积极快乐也会影响个人的心理感受,使之发现个人的价值和工作的意义,从而变得更加积极。

【建议参考资料】

1. 陈丽. 治校六讲——中小学校长高级研修专题课程 [M]. 北京:北京师范大学出版社,2010.
2. 霍姆斯. 教师的幸福感 [M]. 闫慧敏,译. 北京:中国轻工出版社,2006.

【问题与思考】

1. 教师的职业有哪些特点?其中对一个人影响的积极方面是什么?消极方面是什么?
2. 什么是职业倦怠?什么是教师的职业倦怠?主要的表现是什么?你能结合自己的经验描述自己的职业倦怠的特殊表现吗?
3. 身为教师可能容易产生职业倦怠,但如果考虑自己的情绪对学生的影响,你会如何调整自己的心态?

第二章 教师的人格健康及其对学生的接纳

【本章提要】

从对学生的接纳与人格和心情的关系分析，引入神经质人格这一概念。分析与描述神经质人格的特点和行为表现，动机与情绪特点，分析什么是健康和不健康的情绪。分析神经质人格对教师的教学、情绪、认知和人际关系的消极影响，结合神经质人格的分析介绍了如何战胜神经质人格的方法。

【学习重点】

1. 掌握教师对学生行为的接受是变化的这一原理。
2. 理解教师对学生的接受不仅取决于学生的表现，而且也取决于教师的人格特点和情绪。
3. 了解神经质人格的特点和机制。
4. 了解教师的神经质人格对教学、情绪、认知和师生关系的消极影响。
5. 了解战胜神经质人格的方法。

【重要术语】

教师对学生行为的接受　神经质人格　健康的消极情绪　教师神经质人格的消极作用

人格是一个人先天遗传和后天习惯综合作用下形成的稳定的认知、行为和情绪的反应模式。作为对外部世界的稳定的反应模式与结构，人格可以分为健康的和不健康的。健康的人格具有自主、主动、整合和灵活的特点，使人高效地工作，幸福地生活。而不健康的人格则可以分为多种类型，如以焦虑—抑郁为核心特点的神经质人格，以易怒和暴躁为特点的攻击型人格，以自我为中心、不能兼顾其他人利益的偏执型人格等。

其中，最妨碍工作效率、心理健康和幸福体验的，而且人数最多的不健康人格类型就是以焦虑—抑郁为核心特点的神经质人格。如果教师具有这种人格，就会通过格外好强、追求荣誉的方式，给自己和学生施加过强的压力，并通过逃避焦虑的方式，给自己造成痛苦情绪。

第一节 教师对学生的接纳

许多教师认为，自己上班时心情不好，课堂上不是发火，就是强压愤怒，并不是自己本意愿意这样，而是学生表现太差，实在令人生气。比如，学生不听指令，不举手就发言，不能按时完成随堂测验、打架骂人等，如果学生没有这样差的表现，自己就不会这样生气了；是学生糟糕的表现逼迫自己发火的，不是自己失去控制。这样的抱怨听上去有道理，但实际上，问题并不是如此简单。教师如何看待学生、如何对待学生的问题，与教师的人格特点和目前的心情有着密切的关系。

美国学者高登在《教师效能训练》一书中指出，如果我们把学生全部的行为当做一个整体，那么，其中就可以分为可接受的学生行为和不可接受的学生行为，见图2-1①。

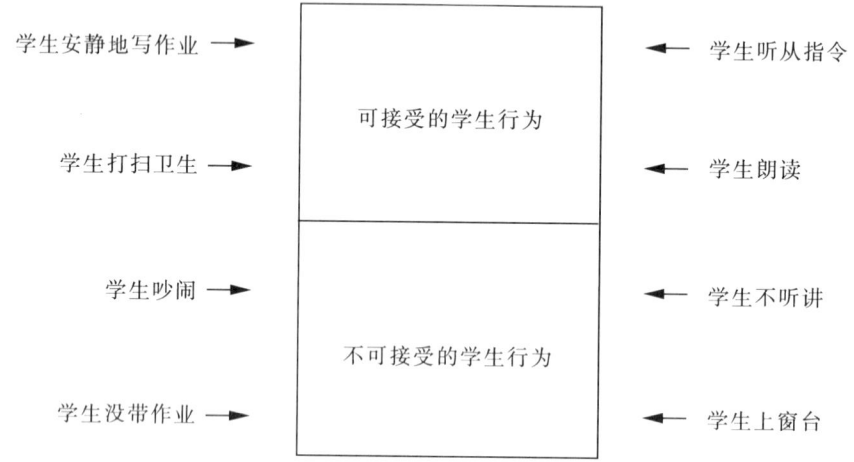

图2-1　可接受与不可接受的学生行为

然而，学生行为的可接受性与不可接受性的标准在不同的教师看来是不一样的，往往与教师的人格类型和心情有关。如果一个教师的人格中具有焦虑—抑郁的特点，他就会对自我苛求，并对学生苛求，夸大负面的行为表现，倾向于把学生的绝大部分行为都看成是不可接受的，所以整日焦虑和担忧，眼中看到的都是问题行为。这样的教师对学生的不良表现优先反应，占据注意力核心的都是学生的坏表现。

曾经有一个小学教师在学校正与高登谈论有关课题的事宜，忽然听到下课铃声响了，飞也似地跑回了教室，边跑边对他说："对不起，我得回班了，同学们出意外可了不得。"

---

① 汤玛斯·高登. 教师效能训练［M］. 欧申谈，译. 台北：新雨出版社，1982：36.

高登发现，此位教师如此焦虑，不能允许学生不在自己的看管下玩耍，只要学生离开视野就焦虑不安。不可否认，她是一个敬业的教师，但长期陷入焦虑与担惊受怕的消极情绪中，此教师的心理健康状况令人担忧。而另一位教师人格中具有自信、自主和掌控感，信任学生，发自内心地认为，无论自己还是学生，优点远比缺点多，即使出现一些小的纪律问题，也不是什么大事，看待学生还是应当看主流，如果学生一点都不吵闹，那就与其年龄特点不相符了。所以，在教学中他把精力放在如何调动学生的学习兴趣和动机，如何让学生热爱学习，在学习中具有愉快体验上，而不因为个别学生的纪律问题，使自己分心。他认为自己应当精力饱满地将注意力集中于把课讲好上，注意表扬和提问那些易不专心的学生。这样两种不同人格类型的教师，由于看问题的角度不同，所以，他们心目中可接受与不可接受的学生行为的比例就是不一样的，见图2-2①。

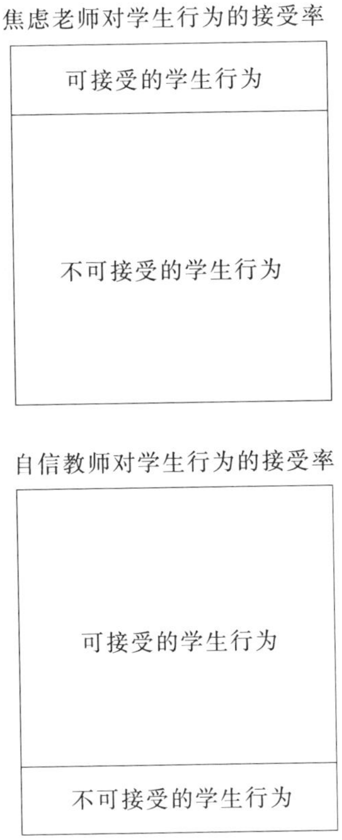

焦虑老师对学生行为的接受率

| 可接受的学生行为 |
| 不可接受的学生行为 |

自信教师对学生行为的接受率

| 可接受的学生行为 |
| 不可接受的学生行为 |

图2-2 教师对学生行为的接受率

① 汤玛斯·高登. 教师效能训练[M]. 欧申谈，译. 台北：新雨出版社，1982：38.

此外，一个教师目前的心情也可以影响其对学生行为的接受程度。如果某一个教师今天事事顺心，甚至有意外喜事，事情比预期的还要顺利，如得知自己评上高级教师职称，或听说自己儿子中考成绩优秀，被重点高中录取了，则"人逢喜事精神爽"，看谁都顺眼，认为整个世界都透射着喜气，即使发现了某个学生在课堂上捣乱，搞小动作，不仅不生气，反而与他幽默地调侃起来，把班级气氛调节得很活跃。学生如果忘带作业，这位教师也会宽容地理解，对他说，"谁都有偶尔失误的时候，下次注意就可以了。"这时，可接受的学生行为的比率就会大幅上升，而不可接受的行为比率就大幅下降。

相反，另一位教师今天事事不顺，刚出门发现车钥匙落在家中；好容易上了20层楼，又发现自家的钥匙与汽车钥匙都在昨天换下来的衣服兜里，而且跟爱人怎么也联系不上，上课又要迟到了；终于打上车赶到了学校，却看见校长正守候在自己的班级里，一脸难看的表情，下课狠狠地批评了自己一通。第二节课上，又发现几个学生捣乱，不听讲还影响别人。这位教师情绪低落到了极点，狼狈不堪，看谁都不顺眼，班会上，他发泄着自己的情绪，狠狠地责骂了学生一通。这时，他可能会认为，学生多数行为都是不可接受的，甚至学生作为一个人都是不可接受的，他对学生行为的接受比率就会大幅下降。对学生吹毛求疵，甚至某一学生对他善意的打招呼，也被认为是拍马屁。

学生的问题行为可能天天都有，时时都有，学生的表现不太可能完全符合教师的期望和要求，即使是现在班级纪律良好，没有任何问题行为，但可能过不了多久，某位同学就会有意无意地打扰别人，导致课堂秩序的混乱。在这个意义上，平均下来，某一班级与另一班级出现问题行为的差别并不大，几乎所有班级都有不和谐和混乱的时候，关键在于教师主观经验上对学生问题行为的反应与接受，在于教师是否主观上夸大了学生问题行为的程度，在于教师能否有效地应对这些问题行为。

第二节　神经质人格

什么是神经质人格呢？神经质人格就是人类成长过程中，在先天气质和后天教养因素综合作用下，以焦虑（担心失去）的形式，以自我抑制（压抑）或自我否定的方式，以主观想象的方式，满足人生重要的需求为特征的人格类型。其本质特点是对正常生活事件过于担忧和焦虑，及其产生的对真实需要和体验的抑制。所谓过于担忧和焦虑是指焦虑出于想象和病态机制，而不是如实反映了现实的危险或威胁，而真实需要和体验的抑制则是过度焦虑的行为后果。围绕此核心症状，在心理发展过程中，衍生出一套精致的自我运作系统和自我维系与自我保护机制，发展出一套稳定而具有独特适应性的信念系统和人格动力系统①。

神经质人格非常复杂，可以从三个相联系的层次来加以描述：

第一级是刻板的气质类型或神经类型。每个人生来就具有神经反应模式的个体差异，心理学称之为气质。它是人格发展的基础，也是决定"我是谁"的一个宿命力量。它相当于人格的基本素质，具有一定的稳定性。在气质或神经类型上，神经质人格的主要特点是焦虑易感性，强迫与偏执，抑制等。

1. 焦虑易感性。焦虑易感性是指神经对危险和损失等消极事件具有优先的反应。在一般人看来是中性或积极的事件，也会引起神经质人格的焦虑反应。比如，亲朋热情好客，请某人吃饭，点菜多了，可能会吃不了，此人便开始担心，怕浪费。此想法产生后，就无心吃饭了。

2. 强迫与偏执。这一特点可能也是焦虑的一个结果。受焦虑影响，个体的观念或想法缺少安全感，所以，具有"拿得起放不下"的刻板特点。做一件事情，思前想后，重复无效思维。或过分投入，钻牛角尖，易产生着魔思想，成瘾行为。这种成瘾不是出于痴迷，而出于害怕失败，害怕损失。在心理特点上，强迫表现为欲望或想法不受自由意志的控制，明明不要这样想，这样做，但就是控制不了，即压抑的失败。

3. 抑制。神经活动由两个相反的过程组成，一个是兴奋唤醒状态，另一个是抑制状态。神经质人格者在气质上更具有抑制性和不兴奋性。人格以内向为主，遇事爱想象，而不善于行动。不善于表达自己，实现自我。抑制可表现为行为的压抑，当害怕某人时，对他的不合理的行为不能有效地回应，越是对他不满，越是要压抑，因为不敢表达。冲突造成意志的瘫痪，自己反对自己，脱离现实接触。

第二级是意志缺陷，也可称为行为的被动性。这个层次是心理的，精神的，是更加高级的行为过程。在焦虑和抑制的影响下，神经质人格的自我缺少自主性，具有被动性，成长过程没有形成建设性的、稳定的信念和原则，缺少明确的人生目标和追求，相反，害怕惩罚和内疚感发展成为生活的主要动力。这种被动性表现为：

1. 行为选择缺陷，易生冲突。神经性人格者没有坚定的意志，做事优柔寡断，冲突不断，自己反对自己。他们本身很少自知这一点，只是感觉遇到两难问题时，没有主见。

2. 缺少道德愉快体验，强烈的道德禁忌体验。推动神经质人格行动的主动动机是避免痛苦，而不是追求快乐，所以行为决策总是以不要犯错误为主导的，

---

① 刘翔平．神经质人格——人类心灵痛苦的密码［M］．北京：北京师范大学出版社，2010：4．

因此道德不是引导人生的目标，做了道德的事缺少满足感，而违反了道德原则，则产生强烈的罪疚感。

3. 行为的冲动性。神经质人格者虽然经常抑制自己、压抑真正想法的表达，但并不是出于人生原则和深思熟虑，而是表达了焦虑。所以，压抑并不体现强烈的自我控制，而是非理性的害怕惩罚。所以，他们自身的控制机制并不成熟，没有发展起来，造成一方面不敢表达真实自我，另一方面受冲动驱使，不能抵御玩的诱惑、性的诱惑或赌的诱惑等。

第三级为低自尊或自尊不稳定。这是焦虑和意志缺陷在自我形成过程中造成的自我概念的低下。低自尊也叫自卑感，即发自内心的不热爱自己，或对自己的热爱不够稳定，通俗地讲，就是缺少自信心。低自尊会影响行为，具体来说，表现为：

1. 脆弱性。承受失败的能力较弱，挫折或失败往往打击了自尊，令人异常痛苦。

2. 对人的防御与怀疑。低自尊的人不信任自己，也就自然不易信任别人，对他人怀有防御之心和敌意。与人相处时不放松，不能主动关心与关爱他人，以自我为中心。

3. 以超过他人、赢得荣誉、追求优越作为人生主要目标。这个特点必须联系自卑才能理解。因为自卑，所以要变得强大，要超过所有的人。神经质人格的追求完美、超强的进取心都是作为自卑的补偿出现的，因此具有主观性和想象性，缺少现实的基础。

神经质人格的人因为先天的神经类型和后天经验的综合作用，形成了对生活中负面内容的易感性和主观的放大，他们具有谨小慎微的气质和胆怯的素质，用心理学家华生的话说是神经的"自卑素质"。在他们身上，占据着灵魂主导力量的永远是痛苦情绪和消极心态。他们总是对生活中的危险、损失、挫折和失败具有优先反应。在追求人生需求过程中是"反"着的，一方面追求需要的满足，另一方面又抑制着需求满足直接达成，他们总是朝前望着的同时，又往后看一看，左顾右盼，惊恐地满足着需要。这种分心使得他们在满足基本需要的过程中产生着内耗，所以他们经常身心疲惫，效率低下。也就是说，他们不是在感受着需要受挫时的基本痛苦，而是"处处主动"搜索着可能的多余痛苦，主动感受并咀嚼着多余痛苦。对于他们而言，痛苦—焦虑似乎是永远挥之不去的生活要素，或者说他们经常分泌痛苦的脑汁。他们像翅膀沾满了露水的蜻蜓，想要飞却总也飞不高。

这种独特的对危险、损失和错误具有优先选择和反应的自我系统，既然在人类进化过程中能够存在多年，并被保存下来，说明它一定具备某种适应的意义。消极情绪如焦虑、恐惧表明了人类对危险和损失具有优先反应，由此产生的维护面子、自我惩罚、孤僻、竞争、嫉妒、失败后的耻辱感等消极行为和情绪，在漫长的人类进化中，甚至可能比追求快乐、享受、审美、新奇、合作、幸福、安逸、冒险和安全感等积极情绪更具有适应意义。长期以来，神经质性格而不是积极自主人格成为推动人类进步的必不可少的动力。正是由于神经质人格，人们才能存活下来，也就是说在生产力不够发达的年代，快乐和幸福的个体比痛苦的个体更不具有适应性，更容易面临危险和灾难。所以，乐观在过去的几千年里，一直是一个贬义词，代表着傻、缺心眼、没有智慧。而谨慎小心才是优点，如古人强调慎独、"足智多谋"、"人无远虑必有近忧"等。害怕出错比做出成就成为更加急迫的目标。因为它是个体生存的前提，不出错是第一位的，因为出错要命；而做出成绩是第二位的，因为活得精彩是保命之后才有意义的。我们在绝大多数动物身上，也会发现保命、求安全是生命中主要的动力，具有绝对优先考虑的价值。命都没有了，还有什么享受。享受不重要，保命最为重要。尤其是一些弱小的动物，如老鼠、兔子等，怀着惊恐生存，其主要的生存本领就是逃避危险。

通过感受危险形成的焦虑、通过感受损失与失败而形成的抑郁、通过对不确定性而形成的强迫等消极情绪，往往可以使人通过努力和付出，以及对成就的过强需要、对目标行为的强迫性认真和投入，而达成事业的成功和需要的实现，具有一定的积极意义。但是这个僵化的人格动力系统也同时具有严重的消极性和不健康性，它损害了人的幸福感、内心的宁静与坦然，破坏了人的自主性和主动性，经常使人在焦虑或其他恶劣的心情中生存。它使人痛苦地追求着人生的目标，在行动过程中体验不到生命的乐趣，使人以超过基本生活痛苦的多余痛苦为代价换取成功，以过重的消极情绪负荷损害了生命的意义和成功的价值。美国学者（D. Hebb）在1974年最先为神经症作出了描述性定义的诊断标准："神经症实际上是一种不愉快的情绪状态，这种情绪是广泛和持久的，它只见于人口中的少数，没有明显的神经病变作为起源。"神经症式的痛苦是因为其独特的人格因素导致的特殊的痛苦，是看问题的角度和习惯、解决问题的方式导致的痛苦。

在一个心理健康者身上，我们可以发现痛苦与幸福情绪的纠缠经常与积极意义和建设性保持平衡，自我对痛苦基本上是可控的，在情绪痛苦面前，自我是灵活的，具有掌控感。让我们从现象学上区分心理健康者和神经质人格的痛苦情绪的表现。

首先，痛苦的程度。正常人需求受挫后，在情感体验上，其痛苦不是那么过于强烈，只是感觉有些不舒服、不快乐，有些痛苦体验但不过度。尤其是失败和挫折后，他们不倾向于责备和否定整个自我，不感到自我的可悲和卑劣。

其次，态度的灵活性。正常人在体验痛苦情绪的同时，没有被痛苦情绪所淹没和阻断，也就是说在意向上，他们是灵活的，既能体验焦虑、抑郁等消极情绪及痛苦，又能超越出来，解放自己的心理能量，努力寻求建设性的解决办法。体验情绪痛苦时，他们具有双重性，一方面被情绪痛苦打击着、受其折磨，但另一方面意志和应对能力并没有瘫痪。通俗地说，他们是勇敢的、理性的和自制的，有能力管理消极情绪而不是被消极情绪所主宰。在情绪痛苦的打击下，其注意力和认知能力具有灵活性，可以幽默，可以自嘲，可以自由地受意向支配。这种勇敢者在忍受痛苦时的坚强表现令人感叹。

最后，行动能力。正常人受到挫折后，其行动能力和行为的选择性并没有受消极情绪的损毁，心理健康者能够带着痛苦情绪做事情，正视消极情绪的存在，接受其成长过程所应负的责任，努力实现自己的潜能。在痛苦的情绪体验中，他们仍然能够完成任务，精力贯注且有效率。一句话，他们不是被痛苦情绪所控制，而是控制着痛苦情绪。在痛苦的情绪体验中，他们是主动的，充分体验了人作为主体的主动与自主力量。

相比之下，神经质人格的痛苦情绪完全是另一回事，他们的痛苦不仅在量上比一般人多，而且在痛苦的内容和性质上与一般人也是截然不同的。

首先，在量上，神经质人格的人，如抑郁的人，比一般人更多和更长时间地感受和体验了生活的烦恼和痛苦，主观体验上的痛苦与烦恼比一般人多一些。如果转化成时间，可能意味着他们一生中经历痛苦的时间比正常人多一倍，当正常人用快乐的或中性时间进行创造、解决问题和享受生活时，他们却经历着痛苦。没有任何证据表明，他们的生活中确实存在着比一般人更多的不幸、不顺和挫折事件，但神经质人格的人确实在时间和程度上，主观感觉到了更多的痛苦和烦恼。这些烦恼是与生活本身不匹配的，我们把它叫做多余的烦恼和痛苦。

其次，在质上，多余的痛苦情绪多数是他们主观虚构出来的，是因为大脑出现病态而无中生有地虚构出来了所谓"真实"的痛苦，而不是客观环境引起的真实的痛苦。

最后，多余的痛苦还意味着不能解决问题，是无用的。基本的痛苦和基本的焦虑之所以积极和健康，是因为它促使你解决问题，而多余的痛苦和多余的焦虑对于解决问题是起妨碍和损害作用的，因为它们过于强烈地麻痹人的自由意志和自主选择，使人痛苦地自责和检讨，自我羞辱，行为上逃避、情感上煎熬或冷漠，不再行动与选择。从无用和无效标准来说，这些痛苦不仅是消极的，更是多余的。

第三节　教师神经质人格的消极影响及克服方法

据估计，最为积极的、最为充盈的人占人口总数的20%[1]，而神经质人格者

---

[1] 弗雷德里克森. 积极情绪的力量［M］. 王珺，译. 北京：中国人民大学出版社，2010：129.

占到总人口中的30%—40%左右。如果一个教师具有神经质人格，就会带着过多的痛苦情绪工作和生活，更多地体验着职业倦怠和心理压力。具体来说，神经质人格对教师的消极影响可分为如下几个方面。

1. 放大工作中的挫折，失败后消极情绪的体验更加强烈和持久。神经质人格的教师在经历教学、管理学生、晋级或家庭冲突等挫折后，恶劣情绪久久不能摆脱，对挫折不能接纳，过于纠结于烦恼和失败，形成消极的心理反刍。倾向于对失败作无用思考和评价。这种对挫折的过度纠缠反过来使其不去解决问题，弥补不足，从而陷入更加恶劣的情绪中不能自拔。神经质教师要识别自己的人格弱点和运行的机制，分析并了解自我，善于斩断这个恶性循环。对于挫折与失败，要怀着接纳的态度对待，同时开放自己的行为和心灵，与现实多多接触，把主要精力放在如何应对困难和如何行动上，只有有效的行动才能使自己有好心情。

2. 放大无价值感。经历挫折后，如教学效果不好、期望与现实的落差等，神经质人格的教师倾向于怀疑自己的存在价值，将挫折转化为低下的自我概念，放大挫折的意义。某一事情做不好后，倾向于认为自己作为一个人就是失败的，自己选择了一个不适合自己的职业，自己这辈子算完了，理想破灭。这种自卑与自责由于无法证明，所以也很难驳斥，非常容易导致抑郁情绪和冷漠态度，影响对工作的投入和热情。对此的解决之道为，对困难和挫折就事论事，不要进行概括和评价，更不必联系自我概念和自我评价。今天的挫折只是今天之事，只是具体时空中的某一具体行为失误罢了，与明天无关，与未来无关，更与自己是一个什么样的人无关。要善于将行为和自我分开，人的行为总是与环境有关，有具体的诱发因素和偶然性，如晋级失败的原因就有环境的原因，比如年老教师多，碰巧有更优秀的人、名额少等，并不能说明自己是一个失败的人，是一个无价值的人。将行为与自我相联系，通常是人类的语言系统在进行错误的概括，这种自卑是主观想象出来的，要识别它，并质疑它。

3. 主观强求。神经质的教师往往比一般教师更加好强，想出人头地，希望自己的班级成绩争第一，所以，工作上可能会出现痴迷和过度投入的表现。但是，我们分析一个人的神经质人格不是看其行为表现，而是要分析其动机和情绪特点。神经质人格的教师通常是出于对自卑的补偿而追求荣誉，是出于害怕落后而争第一，是出于缺少安全感而认真工作，其工作中主观体验上并不幸福。所以，他们不能客观对待成功与荣誉的价值，而是为了争第一和超过其他人，将自己的标准和意愿强加给学生，对学生不能关爱有加，而是经常指责与批评。他们不能根据实际情况制定一个合理的、适当的标准，而是不管客观条件限制，永远争第一。在学生眼中，这样的教师是一个偏执可怕的暴君，冷酷而严厉，为了个人的成功而不顾及他人的权利，只想着自己的目标，不能兼顾大家的利益，是一个为了成绩而不择手段的人。作为教师，如果过于争强好胜，一定要反省与分析自身过于强烈的好强心后面真正的情感与动机，勿以追求理想为目标，而要以学生的成长和进步为最高目标。要怀着一颗宽容之心，思维灵活，实是求事，兼顾成功和对学生的关爱。把追求成功的过程当做是享受人生的过程，而不是必须成功，必须超过别人。

4. 夸大焦虑与危险，带着担忧上班。神经质的教师面对未来倾向于往坏的方面想，透支未来的灾难，肆意地让未来的恐惧影响当下的心情，他们的焦虑多半不会实现。正如每天下课就开始担忧学生出事一样，其实这种担忧多半不会出现，学生下课打闹是有人身危险，但这其中有偶然性和不可控性，即便是你在班级中盯着，也可能出现人身事故。所以，一方面要努力防止人身伤害事故的发生，但另一方面也不能整日为此担忧，让自己在下课后也什么事情都无法做。我们要相信未来的世界是好的，好事情多于坏事情，带着美好的期望去生活，做一个乐观的人。尤其是要学会生活在当下，不去过多地回忆过去和展望未来。

5. 固执与封闭。神经质的教师缺少安全感，不善于学习新知识和新技能，喜旧厌新，总想让环境和他人顺应自己，而不是使自己适应他人和环境，缺少幽默、灵活和变化，在课堂上缺少创造性和变化性，经常使课堂气氛沉闷与乏味，令学生厌倦。真实的世界是变化的，每天的太阳都是新的，只有接受变化和适应变化才能跟上时代的步伐。战胜神经质人格的方法之一是学会开放，接纳新生事物，吸取新信息和适应变化，认识到没有不变的事物，无论是好事还是坏事都在变化，世界每天都是新的。提高活力的重要方法之一是加强创造性和开放性，放弃循环而又无用的思维。

6. 把学生当做是手段而不是目的。由于神经质人格的教师把追求成功与成绩当成是人生的唯一目标，出于对落后的恐惧而强求成绩，所以，在他们心目中，学生本人并不重要，学生的情感需求和个人兴趣爱好并不重要，甚至学生存在与否都不重要，重要的是学生要给自己争得荣誉和成绩。学生存在的唯一价值是学习成绩好，学习用功和努力，以超过其他班级。所以，神经质人格的教师与学生交往时，往往怀着利用学生之心，而不是爱学生之心。表面上，他们关心学生，要求学生严格，但内心深处他们只关心自己的成功，只关心学生的成绩是否有所提高。他们缺少对学生真诚的情感，不能对学生感同身受，所以，学生对他们有一种恐惧感和疏远感。作为教师要识别自己不正确的追求成功的动机，加强安全感，认识到自己追求的生命意义中的偏差，调整心态和动机，把享受师生关系、关爱他人当做交往的动机，在交往中非功利化一些，真诚一些，这样学生才能真正接受你，真正喜爱你，师生关系才会充满温情与幸福。

【建议参考资料】

1. 汤玛斯·高登. 教师效能训练［M］. 欧申谈，译. 台北：新雨出版社，1982.

2. 刘翔平. 神经质人格——人格心灵痛苦的密码［M］. 北京：北京师范大学出版社，2010.

3. 弗雷德里克森. 积极情绪的力量［M］. 王珺，译. 北京：中国人民大学出版社，2010.

【问题与思考】

1. 哪些因素影响教师对学生行为的接受？其中主观因素是什么？
2. 什么是神经质人格？其心理特点和行为表现有哪些？
3. 什么是健康的消极情绪？什么是不健康的消极情绪？
4. 神经质人格者的消极情绪有什么特殊性和规律？
5. 教师的神经质人格对教师的工作与生活有什么消极影响？
6. 结合个人的经验，你还能分析教师其他类型的不健康人格特点吗？

第三章 教师的压力及应对

【本章提要】

分析教师所面对的三大类压力源，介绍长时间暴露于压力之下给教师带来的不良身心影响。概述压力管理应具有全面性、压力管理应具有恰当目标、压力管理应与日常生活融合这三大原则。重点介绍用于放松身心的三种冥想形式，并结合教师教育教学工作探讨如何应对焦虑。

【学习重点】

1. 理解不同类型压力源的特点，能够对自己的生活进行分析。
2. 认识长期暴露于压力源之下会给身心带来的不良影响。
3. 理解压力管理过程中的基本原则。
4. 掌握简单的冥想方法并运用于生活。
5. 掌握处理焦虑的方法与原则。

【重要术语】

压力源　压力管理　无意义的焦虑　接纳

现代社会的快节奏生活和职业的激烈竞争，让很多人都感觉压力巨大。对于教师这一行业中高强度高要求的日常教学工作，学校临时增加的额外活动，以及学生们造成的突发事件，都让教师面临着巨大的压力。

一方面，长期的高压力使教师自身的身心健康受到影响，另一方面，情感与精力的透支会导致教师职业倦怠，影响工作效率和教学质量。正确地认识压力，全面地管理压力，是每个教师都应重视的课题。

第一节　教师的压力源

当问及压力的问题，绝大多数教师都会报告自己压力很大，甚至处于崩溃的边缘。在方方面面的压力中，位列教师这一行业前三名的压力源分别是：工作量大，工作时间过长；对学生成绩和升学率的要求；师生关系难以处理。这三方面的问题在本书第一章已有简单叙述，相信各位老师也深有同感。除此以外，有些教师还可能面临着与同事或与领导的冲突，也有些教师面临着工作向家庭生活抢时间的问题。可见，教师的压力源是方方面面的。而在心理学的专业视角下，压力源即带来压力的各种原因，它的外延比我们一般想象的要广泛，我们这里将其划分为三类。

第一类是每天的工作生活都会面临的压力。比如前面提到的工作时间过长，工作要求过高。这类压力与日常生活同在，处理它们需要优化生活方式。尽管本书针对教师这一职业，但不同学校的教师所面临的具体工作内容、时间安排还是有所不同的。因此，建议读者根据自己所处环境的具体情况，自行探索提高工作效率的方法。不妨与自己的同事进行探讨，向效率更高的同事学习，以使自己更好地应对工作要求带来的压力。

第二类压力源包括一些偶发的事件。例如，教师自己偶尔会生病，家中可能会发生一些变故；某个学生与老师发生了冲突，或者出现与其他同学打架等问题，这些也需要老师停下手头的工作加以处理。这类压力的来源多种多样，应对这类压力的基本原则是，努力恢复生活的掌控感和节奏感，让自己的生活尽快回到正常的生活轨道中来。

第三类压力介于前两者之间，它包括那些偶然发生的日常烦心事。你上课时遇到过居然没有板擦的情况吗？你遇到过自己的红笔坏掉而又没有备用笔的情况吗？这些细小的事情看起来不会带来很大的麻烦，但如果教师此时已经处于情绪崩溃的边缘，那么它们就有可能成为教师这一天崩溃的开始。此时，教师应重新评估这些小事所带来的影响，告诉自己其实一切还在正轨上，以防止小事件引发大的情绪波动。不过，要避免日常烦心事的影响，最根本的解决之道，还是降低整体压力水平，使自己以好心情面对日常工作。

以上概括了三类压力源，那么如何减压呢？"暂时停下忙碌的工作，去海边度假一个星期，用以减轻压力。"很多人会认为这是一种好的减压与放松方式，其实这是一种误解。首先，躺在沙滩上固然是一种放松，但度假前前后后的准备，加上旅行的奔波，这些事情也会带来一定的压力。在这里，旅行实际上属于第二类压力源，因为它打乱了日常生活的安排。这也是为什么我们强调面临第二类压力源时，需要尽可能地恢复正常的生活秩序。其次，来自企业实践的结果已经表明，这种短期的休假给职员带来的压力缓解最多不会超过一个月，往往也就是维持一个星期。其原因也很简单，无论是教师还是其他行业的员工，上文所述的第一类压力源，即日常工作中的压力源，才是导致问题的关键。压力是常在的，解压也必须是常在的，一次性的休假显然不能解决问题。

第二节 压力反应及其后果

前文讨论了教师所面对的各种压力源，但压力源只是压力的一半，压力的另一半是压力状态或压力反应，即压力所带来的各种心理和生理的反应。生理学家塞里（Selye）在1956年提出了一般适应综合症（general adaptation syndrome）的概念，认为有机体面对各种各样的外界刺激时，都会有类似的症状群出现。这一概念将有机体的压力反应分为三期：

1. 警觉期，即感知到有压力时的动员阶段，调动体内的防御系统准备工作。
2. 阻抗期，身体能量充分调动，以作出应对压力事件的各种努力。
3. 衰竭期，若压力持续，有限的能量被过度消耗，有机体进入衰竭状态。

从一般适应综合症的概念不难看出，压力反应既包括短时间内帮助人们应对压力源的正常反应，也包括长时间暴露于压力之下所带来的有害反应。无论是压力的生理反应还是心理反应，短期的压力反应在日常生活中比较容易体会：想到令人焦头烂额的教学工作，会感觉烦躁；遇到各种措手不及的突发事件，会感到慌乱；在这些过程中我们稍加注意就能体会到心跳加速、血压升高等生理变化带来的感觉。而本书所重点关注的，是那些由于长时间暴露于压力之下，给教师带来的心理和生理方面的伤害。实际上，教师日复一日暴露于高强度工作之下，这比生理学家所描述的一般意义上的衰竭期的时间要长得多，日积月累所带来的可能是非常严重的后果。

第一，在心理方面，长期处于高压状态之下，很多教师会表现出一种非常典型的症候群——倦怠。倦怠会给教师的心理状态带来多方面的不良影响，既会影响教师的心情，也会影响教师的工作效率与人际关系。以下是倦怠的三种表现：

1. 情绪枯竭，即教师自身的情绪十分低落。处于此种状态的教师，在工作时，甚至仅仅是想到工作时，心情就会变得很低落。他们一整天的工作都处于消极状态，认为教育教学工作是一种折磨与煎熬，而不再是一种快乐。这说明，长期压力会影响人们的情绪状态。

2. 去人性化，即教师对他人的态度十分冷漠。处于此种状态的教师，将学生视为一种工具，而非有血有肉的人来看待。如此一来，教师对学生的态度，以及教师在教育教学时的心境，也就可想而知了。这说明，长期压力会影响人们的人际态度。

3. 低成就感，即教师对职业的评价十分糟糕。处于此种状态的教师，感到自己的工作毫无价值。这说明，长期压力会影响人们的自我评价。

第二，在生理方面，长期处于压力之下，会带来一系列的不良生理反应，甚至是严重的疾病[①]。

1. 偏头痛、紧张性头痛、背痛等：有些教师认为自己的这些问题是用脑过度或工作姿势固定所致，但它们也有可能反应了压力过大带来的交感神经系统紧张。

---

① 格林伯格. 全面压力管理 [M]. 石林, 译. 北京：高等教育出版社，2008：33-55.

2. 高血压、冠心病、中风等：在压力状态下更容易紧张、急躁，这些都会加重心血管功能的负担。对于那些脾气较为火爆的老师，在压力事件面前怎样保持平静，是需要修炼的功夫。特别是心脑血管疾病属于慢性积累的疾病，这一问题需要特别重视。

3. 痤疮、溃疡、腹泻等：受这些问题困扰的教师数量未必很多，但不要以为这只是个人体质问题，一段时间内过大的压力会导致内分泌失调和肌肉紧张，从而引发上述问题。

4. 癌症、哮喘、类风湿性关节炎等：一些教师认为压力大也就压力大了，但是长期应激状态会给免疫系统带来混乱，而这些免疫系统异常带来的疾病，其严重后果不言而喻。

至此，我们便得到了一个关于压力过程的理解：压力过程包括了各种外部和内部的刺激（压力源）和相应的生理、心理反应（压力反应），以及两者的交互作用过程。在这里，压力反应不仅作为压力源的结果，其自身也可能作为新的压力源出现。比如教师因为压力过大免疫失调而生病，进而生病又会成为教师所面临的压力。

第三节 压力管理三大原则

在介绍具体的压力管理技术之前，需要强调三个关于压力管理的基本原则。本书所介绍的压力管理技术是有限的，但是这些基本原则是通用的。对这些原则的理解，极大地影响着压力管理的成功与否。

一、压力管理的全面性

尽管没有经过系统的培训，在面对压力的过程中，教师们自己也会发展出属于自己的压力应对方式：有些教师会倾向于高效地完成工作，希望直接消灭压力源；有些教师则倾向于劳逸结合，懂得释放自己的压力。既然压力过程包括了作为前因的压力源和作为后果的压力状态，那么压力管理或者压力应对的工作也会分别针对这两者展开。事实上，改变前因和改变后果对于压力管理是同样重要的，也就是说，只有全面的压力管理，才是有效的压力管理[1]。

考虑到篇幅限制和技术的实用性，本章只介绍了冥想技术和焦虑应对技术，未对其他压力源或压力反应作更多探讨。本书其他章节涉及了如何减少人际冲突、如何增加积极情绪等内容，这实际上也可看做压力管理的一部分。再一次强调，压力是一个广泛的概念，压力管理也涉及生活的方方面面。不同的压力源和压力反应并不是简单的一一对应，生活中不同的方面会相互影响。本书的重点会

---

[1] 格林伯格. 全面压力管理[M]. 石林, 译. 北京: 高等教育出版社, 2008: 60.

放在与教师职业有关的典型问题之上，书中没有提到的其他问题，则需要您去发现去解决。

二、压力管理的目标要恰当

教师在工作中面临着较大的压力，这是不争的事实。为教师减压，也日渐成为很多学校考虑的问题。但是在强调减压的同时，需要明确的一点是，压力不仅带来消极结果，同时也会带来积极结果。处于一定的压力之下，有助于工作效率的提高。一种完全无压力的状态，不仅是不可能的，而且由于人类寻求刺激的天性，完全无压力的状态也会成为巨大的"压力"，给身心带来损害。因而，压力管理的目标并非一味的消除压力，而是在压力较大时减轻不必要的压力，并尽量将有害的压力变成有益的压力。

"减轻不必要的压力"很容易理解，何所谓"将有害的压力变成有益的压力"？在同样的环境、同样的生活轨迹之下，将有害的压力转变为有益的压力，其中的关键在于人们对压力事件的不同理解。同样进行一段演讲，将这一过程视为一种威胁的人，会产生很强的焦虑甚至恐惧感；而将这一过程视为一种挑战的人，他们体验到的可能是兴奋感等积极情绪。所以，除了采取行动，对日常生活进行调整以外，简单改变自己的态度，也可以改变压力的影响。同理，教师日复一日地进行同样的工作，难免会感到无趣与厌烦。但如果换一种心态，试着在今天的课程中最大程度地调动学生的积极性，这便构成了一种新鲜的挑战。没有一个教师是完美的，因而教育教学工作中的很多方面都给了教师"跳一跳、够一够"的空间，本书的其他章节亦从不同的角度说明人们在哪些方面能够做得更好更积极。因而，在一定的时间段内，关注自己的某一方面，重点发展自己的某一方面，这样的过程既为一成不变的日常工作提供了新鲜挑战，也为自己成为更优秀的教师逐渐地积累各方面的素养。

三、压力管理与日常生活相融合

前文关于假期的讨论已经提到，一次性的压力解决方案并不可取。也就是说，有效的压力管理方式必须能融合于日常生活之中。"我知道我需要减压，但我已经够忙了，哪里还有时间做什么冥想呢？"包括教师行业在内，在那些需要加班或者在正常工作时间之外回到家还要工作的行业群体中，我们经常能听到这样的抱怨。一方面，越是忙不过来的时候，越是需要减压的时候；另一方面，很多压力管理技术确实需要占用一定的时间。这听起来真的像个悖论，不过针对这一问题，有两点需要说明：

1. 压力管理是值得的。放松训练也好，体育运动也好，这些练习确实占用了你十五分钟或半个小时的宝贵时间。但是这种练习能让你一天的状态更好，提高你的工作效率；长期练习更能给你自己——无论是事业还是身心健康——带来巨大好处。

2. 你可以为减压抢出时间。如果一个老师并不太忙，那么他有可能还有回家看看电视的时间；即便一个老师很忙，他也能发现中午某个时间，就算拿来工作其实也没什么效率。那么，这一类时间，与其低效地放松或工作，不如把它变成科学的压力管理的时间。假设一个老师真的忙到批改作业到很晚，然后改完作业就睡觉的地步，那么，至少在他躺到床上还没睡着的这段时间，可以试着集中精神做一段冥想——刚刚紧张工作的人不可能快速入睡，一般这段时间人们的脑子里还会充斥着关于工作的各种胡思乱想，与其无谓地胡思乱想，为什么不做一次冥想呢？这里强调的是，冥想之类的放松技术，有固定时间当然是最好的，但是在日常生活中有短暂的空闲时间时，集中一下注意力放松身心也是非常有好处的——比如中午吃饭的时候。再者，学生的作业是必须在第二天返还的，但是还有很多事情可能是以一周为一个单位运行的。那么，这类工作就应更多地交给周末，减少工作日的工作量，为放松抢下时间。这里还要强调，压力是日常的，放松也是日常的。根据这一原则，不要想着周末来个彻底放松，那样的放松效果并不如平摊到一周来得科学。

第四节 压力应对之冥想术

应对压力反应，缓解情绪和生理紧张的方法有很多，如慢跑、听音乐、渐进式肌肉放松、太极、瑜伽等等。在本章中，我们重点介绍冥想这一方法，有多方面的理由：1. 这种方法并不似慢跑那样不学就会，但也不会像太极瑜伽那样需要花时间系统学习；2. 由于这种操作更多是心理层面上的，因而对于那些认为自己没有时间或没有条件进行某些放松活动的教师，这种方法随时随地可以调用；3. 冥想对心理的积极影响已经越来越多地被科学研究证实，冥想练习对本章后面介绍的焦虑应对方法大有裨益。

需要强调的是，我们这里推荐冥想，这并不意味着冥想是最好的方法。实际上，最有效的方法因人而异，重要的是适合自己。因而在如何进行放松练习这一点上，读者应多多尝试。冥想虽然并不非常复杂，但其种类和各种注意细节也很多。篇幅所限，这里只作大概的指导。无论是冥想还是其他放松方法，如果读者有兴趣学习，可以通过书籍或网络寻找相关资源。

一、身体扫描

身体扫描这一冥想方法来自内观认知疗法①，它既可以停止胡思乱想，也可

---

① HAYES S C，FOLLETTE V M，LINEHAN M M. Mindfulness and acceptance：expanding the cognitive-behavioral tradition ［M］. New York：Guilford Press，2004：21-22.

以放松身体肌肉。睡觉前或醒来后，躺在床上进行身体扫描，是一种非常好的选择。

身体扫描的基本方式如下：平躺在床上，放松身体。然后，从头到脚扫描自己的身体，去感受有没有某个部分不太舒服，有些别扭、有些紧张。找到这样一个部位之后，试着细细地观察这种感觉。在吸气的时候，试着想象将气息带到那个地方，呼气的时候，将不舒服的感觉呼出来。经过一段时间之后，你会感到那个不舒服的部位放松了很多，有可能会感到很温暖。一个部位完成之后，可以转移到另一个部位。或者将此时良好的感觉扩大到全身，随着呼吸体会这种良好的感觉。这就是身体扫描的基本过程。

二、天空比喻

"天空比喻"来自接纳与承诺疗法①，是一些针对头脑中的思维和意象而展开的冥想，它使人们"将想法仅仅当做想法"，进而帮助人们应对闯入头脑的各种想法与意象，避免不必要的穷思竭虑。

在这种冥想练习中，练习者将自己头脑中的思维和意象当做客体。为了更加形象，可以试着想象天空中有很多白云，每一朵云上都呈现着一个思维或意象，这些云朵在天上飘浮，和它上面的思维与意象一起，出现又消失。与之类似，练习者也可以使用不同形式的想象，如想象思维和意象是河流中的浮叶，在河流中从一侧流向另一侧等等。这一练习的重点在于让练习者体验一种与头脑中的思维和意象的新关系：平时，人们会陷入思维或意象的内容之中，并且从一个思维跳转到另一个思维；现在，练习者不再对思维或意象作出反应，而是静静地做一个观察者，让思维自由地出现或消失。思维与意象就像白云，而练习者自己就像天空，尽管风雨阴晴气象万千，但不变的是永恒的天空。

三、大海比喻

"天空比喻"针对思维和意象，而与之配套的"大海比喻"则针对强烈的情绪与冲动。"大海比喻"来自辩证行为疗法②，它一方面提高人们对冲动的承受力，另一方面暂时终止人们的思维以使情绪稳定。"大海比喻"并非用于放松练习，而是在焦虑或愤怒升起时使用。但鉴于其实用价值，这里一并介绍。

在这种冥想形式中，练习者将情绪想象成海浪，随着情绪的起伏，海浪也会不断地起伏。重要的是，无论海浪涌起多高，练习者都可以在自己心中为其创造

---

① HAYES S C, FOLLETTE V M, LINEHAN M M. Mindfulness and acceptance: expanding the cognitive-behavioral tradition [M]. New York: Guilford Press, 2004: 57-62.

② HAYES S C, FOLLETTE V M, LINEHAN M M. Mindfulness and acceptance: expanding the cognitive-behavioral tradition [M]. New York: Guilford Press, 2004: 38-39.

空间，因而不会为情绪所击溃；随着海浪的起伏，练习者将观察到冲动在上升到最高点之后不久就会下降，因此在冲动最强的时候依然不会失去控制。如此，练习者直面自己的情绪，全神贯注地观察其起伏，在短期内可以防止自己的行为失控，在长期可以通过暴露等机制降低对心理事件的恐惧或厌恶反应。

第五节 压力应对之焦虑应对术

很多教师不仅在工作时压力巨大，在工作外的闲暇时间还会继续因各种压力而感到焦虑。有的属于短期压力：比如准备公开课，即便已经作了充分准备，在上课之前依然会不断感到焦虑；或者今天的工作量已经完成，晚上睡觉时依然会盘算整个任务的进度与各种潜在困难。有的属于长期压力：比如学校要追求升学率，考核学生的期末考试成绩，有些教师每次想起这一问题就会焦虑；再如教师这一岗位所面临的竞争，以及自身晋升方面的巨大压力，也会让不少教师对自己的未来感到焦虑。

正如前文所言，过大的压力会给工作和个人健康带来负面影响，但适度的压力对工作和生活是有益处的。同样，尽管焦虑被看做是一种不良情绪，但我们首先应该指出的是，焦虑感是大脑给予我们的一种提醒，它提醒我们有重要的任务要完成，并不断督促我们前进。所以，我们的目的是要学会处理那些不必要的或带来负面影响的焦虑，这些焦虑主要有两方面的问题。

一、不切实际的焦虑

面对压力，有所焦虑是正常的，但焦虑的程度有可能是不正常的。人们往往会夸大潜在的威胁或损失，或者夸大坏结果发生的可能性，进而产生不切实际的焦虑。

举例而言，一名教师可能把一节公开课的失败当成是自己前程的毁灭；或者认为期末成绩不够理想，校长就会将自己解聘。无论是公开课失败，还是教学成绩不理想，都绝对不是什么好事儿。但重要的问题是，这些事情坏到什么地步？它是否意味着教师生涯的毁灭，或者最多就是晚一年晋升？将问题视做一场灾难，自然会带来不切实际的焦虑。冷静地审视潜在威胁的影响程度，就可以修正不切实际的焦虑。

一个很有趣的发现是，人们所担心的往往是事件发生的可能性，焦虑本身造成的痛苦比坏结果本身还要严重[①]。除了将不良后果视做灾难之外，人们也常因后果的严重性而高估事件发生的可能性。在为期末成绩而焦虑的时候，教师不妨

---

① 埃德尔曼. 思维改变生活：积极而实用的认知行为疗法[M]. 黄志强，殷明，译. 上海：华东师范大学出版社，2008：117-120.

想一想，自己已经并且正在努力工作，所谓功到自然成，付出的努力在那里，学生的成绩也就在那里，意外有可能发生，但那可能性实在太小了。

总之，客观地评价事态的严重性，可以缓解不切实际的焦虑。而无论是坏事情发生的可能性，还是坏事情发生后的后果，更深层的心态调整，都是要学会接受现实，接受已经发生的和必然发生的事情。

二、毫无意义的焦虑

焦虑的积极作用在于促进人们采取行动，采取有效行动也是缓解焦虑的好方法。但由于教育教学工作具有一定的时间计划，教师面临的压力源不能通过此时此刻的行动来加以解决，因而教师往往承受着毫无意义而又无法摆脱的焦虑。这种焦虑平白地增加了此时的痛苦，甚至反过来降低了此时的效率。

期末成绩的重要性是毋庸置疑的，教师为此感到焦虑能够提高工作效率，这是其积极一面。但若教师在工作以外的时间依然为此焦虑，严重影响了教师个人生活的质量，那么这种焦虑就是消极的，也是无意义的。如果教师已经为公开课作了应有的充足准备，那么依然存在的焦虑显然也不会给未来的公开课带来什么帮助。甚至有些教师为了缓解焦虑感而重复地准备功课，或者因为焦虑而做不好日常的教学工作，那么焦虑便成了一种障碍，而非工作动力。更一般地讲，如果一种焦虑几乎不能带来任何积极的影响，那么它就可以被视做一种无意义的焦虑。面对这种毫无意义的焦虑，可以尝试在以下几个层面逐步进行处理。

（一）检查焦虑是否不切实际

在焦虑发生时，首先根据前一段讨论的内容，判断焦虑的内容是否切合实际，即冷静地评估不良结果发生的可能性和严重性。如果再次评估后发现事态并不值得焦虑，焦虑感自然会缓解。

（二）确定焦虑是否毫无意义

如果事件确实值得焦虑，那么这时候就应当有意地停止自己对可能性和严重性的反刍，跳出来关注此时的焦虑是否有意义。如果此时并不能采取任何有效行动，焦虑的存在仅仅是增加痛苦，那就告诉自己，此时的焦虑是没必要的。然后，试着将注意力放在其他事情之上，比如开始手头可以进行的工作，看看是否能够不再焦虑。

（三）定时焦虑

如果以上方法不起作用，焦虑仍然时不时地闯入大脑——这往往是重大或复杂的事件引发的焦虑，它每天都会干扰生活——这时候，可以采取"固定时间焦虑法"：每天给自己留出固定的十五分钟甚至半小时的时间，专门用于焦虑每天所焦虑的事情。这样焦虑者就可以告诉自己，我已经有了充分的考虑问题的时间，我现在不必花时间在这个问题上，手头还有其他事情要办。

（四）接纳焦虑

如果上述方法都不起作用，那就应当学会与焦虑共存。第一，要理解焦虑是一种报警信号，只要潜在的威胁存在，警报就必须要存在。即便采取了前述方法，也不意味着焦虑能彻底消除。而有些特定的事件，更会频繁地不受控制地闯入大脑。第二，要明白人类可以通过勤奋与技巧学习某些知识，但是轻易忘掉某种知识的方法并不存在，教师对此更应当有所体会。特别是心理学实验证明，压抑某个想法或情绪，只会让这一想法或情绪来得更猛烈。而且，逃避焦虑感可能会让人陷入暴饮暴食、酗酒吸毒等不良行为的泥沼中。总之，大脑的运行机制决定了我们不可能随意关闭已经启动的报警装置，压抑或控制焦虑往往适得其反。

此时我们首先要承认人类的非理性，承认在理性上认为焦虑没必要并不能完全阻止焦虑的发生，承认我们既不能随意消除，也不能强行压抑心理事件。我们应当走第三条路，即选择"接纳"：接纳意味着尽管我不喜欢它，但我允许它存在；意味着尽管它存在，我却可以不受它的影响。而接纳焦虑意味着焦虑的思维虽然无法去除，但我们可以改变这些思维的功能。一个简单的方法是，给特定的焦虑思维起一个名字，或者将它看做是自己认识的一个人。当它出现的时候，跟它打一声招呼，然后自己该做什么做什么，而随便它待在那里或者离开。通过这种方式，把想法仅仅当做一个想法，让这一焦虑思维变成一个客体，而不要陷入思维内容之中。如结合前文所讲的"天空比喻"等冥想练习，我们可以更好地体会到如何将思维看做随意地闯入大脑的心理事件，进而无须对心理事件的内容作出进一步反应。

概括以上四步，处理焦虑分为两大部分：第一，当焦虑第一次发生时，重点在于得出最为理性的结论。通过仔细分析焦虑的内容，给该焦虑以定论——这既可能是一套应对问题的方案，也可能是告诉自己"我又把问题夸大了，其实没那么严重"，甚至包括"我现在什么都做不了，所以焦虑没意义"。第二，当焦虑反复发生时，重点在于处理心理事件的非理性——停止反复的计算与设想，直接跳到最为理性的结论，以此回应大脑的警报。清楚地知道此刻的报警是错误的信号，进而让残存的思维与情感以无意义的方式存在于大脑之中，让自己的行为服从正确的信号。

【建议参考资料】

1. 格林伯格. 全面压力管理 [M]. 石林, 译. 北京：高等教育出版社, 2008.
2. 埃德尔曼. 思维改变生活：积极而实用的认知行为疗法 [M]. 黄志强, 殷明, 译. 上海：华东师范大学出版社, 2008.
3. HAYES S C, FOLLETTE V M, LINEHAN M M. Mindfulness and acceptance: expanding the cognitive-behavioral tradition [M]. New York: Guilford Press, 2004.

【问题与思考】

1. 教师的主要压力源是什么?
2. 长期暴露于压力之下会带来哪些后果?
3. 放松身心的方法主要有哪些?
4. 什么是不切实际的焦虑?什么是毫无意义的焦虑?
5. 结合个人生活,谈谈你是怎样应对焦虑的,那种方法成功吗?

第四章 教师的情绪

【本章提要】

探讨积极情绪与消极情绪的功能，指出较高的积极率对生活的积极作用，进而指出教师提高积极情绪和降低消极情绪的重要性。针对如何提高教师积极情绪，讨论关注过去、关注现在、关注未来的调整生活风格的方法。针对降低消极情绪，介绍聚焦前因的应对方法和聚焦结果的应对方法。

【学习重点】

1. 了解积极情绪和消极情绪的作用和意义。
2. 了解情绪的规律和积极率对生活的意义。
3. 掌握增进积极情绪的不同方法。
4. 掌握应对消极情绪的方法及原则。

【重要术语】

积极率　昨日重现法　经验逃避　不恰当信念

教师与其他人一样几乎每天都会体验到各种情绪，有积极的也有消极的。因为各种情绪的存在，生活才丰富多彩。情绪的作用并不仅仅在于主观体验，情绪对个人身心健康，对人际交往和工作效率都有着重要的影响。

作为一个每天都要面对形形色色的人、必须付出情绪劳动的教师，应当比从事其他职业的人更理解积极情绪和消极情绪的作用和意义，为生活中的积极情绪和消极情绪设定合理的预期与目标。掌握提高积极情绪和应对消极情绪的方法，切实地调整自己的工作与生活。

第一节　正确理解积极情绪与消极情绪

积极情绪与消极情绪的划分，显然是按照主观感受的好恶来判断，人们喜欢幸福、快乐的感受，讨厌悲伤、愤怒的感受，这种主观上的感受是人们追求积极情绪，回避消极情绪的最朴素的理由。

除了情绪与幸福感的关系之外，更重要的应该是情绪的功能。尽管人们不喜欢消极情绪，但消极情绪对生存是至关重要的：厌恶让我们远离疾病，恐惧让我们远离威胁，愤怒让我们准备战斗，甚至是抑郁这种没有给大众留下任何积极印象的情绪，实际上它帮助人类在必要的阶段和情景下停止活跃，保存能量。然而，消极情绪的功能似乎还是消极的多一些，带着消极情绪生活的人对工作缺乏热情，对他人缺乏友善，而消极情绪导致免疫系统功能混乱也早已得到科学证实。

消极情绪的进化意义和功能早已为生物学家澄清，但积极情绪一直受到人们的忽视，被研究者边缘化。直到最近，心理学家弗雷德里克森才通过其一系列研究，阐明了积极情绪的功能及其进化意义[1]。从进化的角度讲，积极情绪是刺激人类探索世界的一种动力，也是促进社会生活和睦的人际粘合剂。积极情绪对人的具体影响有：处在积极情绪之下，人们的注意力范围会更宽广，创造力也更加丰富。这一点对今日的教育教学大有裨益，一个快乐的课堂不仅吸引学生们的兴趣，也可以使学生们的思维变得宽广。积极情绪不但可以拉近熟人之间的人际关系，也可以增进陌生人之间的信任，甚至消除种族歧视。此外，积极情绪意味着更多地亲近自然，更好地欣赏生活。而与消极情绪相对，积极情绪可以促进免疫系统功能的恢复，在某些案例中严重疾病的痊愈也很可能要归结于积极的心态。总之，积极情绪不仅带来主观幸福，也带来很多客观上的好处。

积极情绪和消极情绪共同具有的一个规律，就是它们会进入递增的循环。由于情绪情感会影响一个人的思维和行为，所以若一个人的生活以消极情绪为主导，他就更容易进入更加消极的状态。反之，以积极情绪为主导，他就更容易进入积极的循环。根据情绪的这一规律，弗雷德里克森等人通过研究，得出了进入积极循环的关键——积极率，即一段时间内积极情绪与消极情绪的比率。研究表明，积极率高于3:1的人，就会进入积极循环，进而开始一种朝气蓬勃的生活。生活中大多数人的积极率只在2:1左右，而抑郁症的人积极率只有1:1，甚至还不到。

因此，有意地将自己生活中的积极情绪加以提高，将消极情绪加以降低，无论对教师的教育教学工作还是个人生活，都非常有帮助。当然，正如第一章所言，积极率这一概念也意味着，消极情绪并不会不存在，积极情绪也不可能无限高，那都是不正常的生活。不过这一点对于绝大多数人而言意义不大，因为人们连3:1都达不到，更不用去顾虑超过11:1而发疯的问题。所以绝大多数人考虑的重点，应该是如何采取有效的方法，提高积极情绪的比率，降低消极情绪的影响。

第二节　教师的积极率

心理健康意味着良好的感觉和高效。美国积极情绪研究的领军人物弗雷德里

---

[1] 弗雷德里克森. 积极情绪的力量 [M]. 王珺, 译. 北京：中国人民大学出版社, 2010.

克森用积极率来表示一个人的心理健康（积极率指的是在某一个较长时间内，一个人好心情与坏心情的比率），她发现，心理最健康的人在近期内（几个月以上，甚至更长的时间）也并不是没有坏心情，因为苦难与挫折几乎是人生的必然内容，而仅仅是坏心情较少，好心情与坏心情的比率通常为3:1，甚至3:1以上，但最快乐的人或最幸福的某一段经验中也不会是1:0，也即是说不好的经验或感受总是存在的，不可能为零。她指出积极率的顶点就是11:1，不能再高了。如果再高，一个人就会变得疯狂、躁狂了。世界上，能达到这个3:1的积极率的人不算多，大概占到总人口中的20%左右。这种人被称之为充盈的人，也可以叫做朝气蓬勃的人。这种人充满了激情和想象力，幸福地工作和生活着，充分享受生命与生活。

一般人的积极率为2:1左右，即在一段相当长的时间内，好心情与坏心情之比为2:1，每产生两个好心情便产生一个坏心情。大部分人都是心理健康水平一般的人，一个平凡的人，即充满着正常的烦恼和职业倦怠，这种人能够适应日常生活，平凡而枯燥地工作和生活。普通人的生活中有快乐也有烦恼，每产生两个好心情便产生一个坏心情，可谓烦恼不断，但也快乐不绝。他们没有心理疾病，但缺少高昂的热情和想象力，每天的工作只是应付着，完成基本的要求，却并不出彩。这种人又可以叫做职业倦怠者。

第三种人是抑郁的人。抑郁情绪是现代人的精神瘟疫，随着生活水平和医疗条件的提高，许多传统疾病越来越少，但像抑郁症一类的心理疾病却越来越多。抑郁的人给人的印象是无精打采，忧心忡忡，自责又绝望，但实际上，他们也偶尔有好心情，只是非常少，积极率为1:1，甚至达不到这个比率，可能为0.8:1。他们每产生一个好心情，便产生一个坏心情，严重的抑郁者坏心情的时间远远多于好心情的时间。

那么，教师的积极率是多少？在教师中，充盈者、倦怠者和抑郁者分别占有多少？是像上述一般人一样的分布吗？我们有理由怀疑，教师中热情洋溢的充盈者可能远远少于其他职业的人数，而倦怠者的人数可能远远高于其他职业的人数。

一个人的心理健康水平受先天遗传和后天环境的综合影响，其中遗传和环境的影响因素各占50%左右，在后天的环境影响中，童年的家庭环境对心理健康水平的影响是最为重要的，家庭教养方式和父母的行为榜样形成了一个人的思维和行为习惯，甚至影响一个人的价值观，使人非理性地按照某一种思维方式感受和思考问题。但是，常常受到忽视的、影响一个人心理健康水平的重要因素就是工作环境，一个成年人生活中的主要内容是工作，是从事某种职业及在职业环境中与不同的人发生着真实的交往。这种工作环境常常决定了一个人是具有好心情还是坏心情，职业中的某些关系和要素是固定不变的，不取决于个人的态度和喜好。

第三节 如何增加积极情绪

积极情绪并不是凭空想象就能得来的。与一个人的成就或者收入一样，有付出，有行动，才能收获更多的积极情绪，提高自己生活的积极率。无论是教师还是其他岗位的人，都可以从过去、现在、未来三个方面入手，创造更多的积极情绪，改进自己的生活。

一、关注过去——增加积极事件的回忆

如果要求一名教师回忆与工作有关的，让他感到幸福快乐的时刻，他一开始能够很快地说出一些。比如，教师节学生们的感谢；获得了优秀教师的称号或者获得晋升；和学生们一起春游秋游……除此之外，他应当还能回忆起一些零碎的与学生们在一起欢笑的记忆，与同事们在办公室发生的趣事。再要求回忆更多，就成了一种绞尽脑汁的事儿了。根据日常经验就可以知道，很多令人愉悦的体验总是转瞬即逝的。除了一些令人印象非常深刻的特殊事件，很多平日里让我们兴奋、快乐、幸福、温暖的事情，随着事件的消失几乎没有给我们留下任何印象。特别是当人们被问及什么使自己幸福时，人们可能只是说出那几个因素——"我有一个优秀的女儿"，"我的家庭非常亲密融洽"——但说出这些因素时，自己却没有实际的情感体验。以上的讨论还仅仅限于有意的回忆，而在忙碌的日常生活中，那些令人幸福的回忆更消失于记忆的深处。

正是因为快乐的事件转瞬即逝，回忆这些事件，特别是再次体验这些事件带给人们的幸福，才如此不易。因而有必要使用一些技巧，将积极事件更多地唤回记忆之中，从而将积极情绪带到当下，以提高积极率，提升幸福感。尽管回忆过去听起来像是暮年之人才会做的事情，但这种方法确实很大程度上唤醒了人们的积极情绪，因而无论在人生的何种阶段，都是一种值得培养的习惯。增加积极回忆的方式并不复杂，但它需要教师们采取勤快的行动，使得这一方法确实有效①。

首先，要收集那些幸福事件的材料，以供未来回忆使用。在收集材料方面，教师们有着比其他行业更大的优势。因为每次教师节，老师们都可以收到同学们的礼物，或者是贺卡，或者是其他形式的纪念品，在老师的办公桌上也经常能看到学生赠送的小饰品。然而，这里摆出的礼物，毕竟只是全部礼物的一小部分。而更多的礼物，特别是很多贺卡，可能被永久地封存甚至被扔掉了——甚至有些老师会将学生的贺卡看都不看就直接扔掉，且不说这样的行为于情于理是否合适，对这些礼物的不珍惜对于教师自己的幸福也没有好处。当然，老师没有必要

---

① 弗雷德里克森. 积极情绪的力量 [M]. 王珺，译. 北京：中国人民大学出版社，2010.

把所有的礼物都收在家里，那样也太占空间，但至少要保留足够多的，特别是能让教师唤起幸福回忆的纪念物。除了礼物和贺卡，教师和学生在一起时拍下的照片，也是非常好的资料。而且，正如情绪会影响生活的方方面面，方方面面的资料也都可以用来促进积极情绪。这些资料不一定仅限于教育教学领域，自己与家人、与朋友的美好回忆的纪念品，或者自己个人的能够引起积极体验的纪念物，都应当收集过来以备用。当然，如果愿意，将这些资料分门别类地收集汇总也很有好处，这可以帮助人们更好地把握生活的各个方面。

然后，将这些资料汇总到一起，进行整理。一个方法是制作关于积极情绪的档案袋，将那些唤起积极情绪的纪念物放进袋子，以方便随时拿出来看一看——因为资料不少，所以不同的人可以按自己的分类方式加以分类装存。建立档案袋最关键的问题就是，档案袋需要时常更新，这不仅是为了添加更多的内容进去，更是为了经常翻看档案袋。如果建立好档案袋之后就扔在一边，那和没有这个档案袋并无区别。已经建立档案袋的教师恐怕数量不多，但是在自己的办公桌上摆一些礼物是很常见的现象。这里的一个建议就是，正如档案袋需要时时更新，桌子上的饰品不妨也周期性地有所更换——否则近在眼前的东西也会被忽略。至于教师收到的大堆大堆的贺卡，不妨把它们收在书架上。如果贺卡太多，就选择自己最喜欢的学生，每一届留几张。重要的是让贺卡的数量增长——日复一日的工作总会让人疲劳，而这些纪念品可以让教师看到自己的积累。至于获奖证书、与同学们的照片，不要都把它们收起来，在家里的墙上给它们留一部分空间，这比全部的空间都留给家庭和婚姻的照片要更好。

总之，收集那些能让自己产生积极情绪的资料，将它们整理好并经常重温，是一种很好的唤醒积极情绪的方法。这一方法的具体形式因人而异，不同的人可以开动脑筋，选择最适合自己的方式。最重要的一点，还是能够融于生活，经常地唤醒积极回忆。

二、关注现在——增加日常的积极体验

唤起过去的幸福回忆相当于增进了已经发生的积极事件的影响时间，而增加积极情绪的另一种途径就是增加日常生活中积极事件的数量。

吉尔伯特等人在研究中发现，人们并没有意识到自己花了多长时间在自己并不喜欢的事情之上，甚至有一部分人根本说不出什么事情能够让自己快乐。所以，在增加积极事件之前，首先要了解做什么事情能够提升自己的积极情绪。人们认为只要简单想一想就知道某件事对自身情绪的影响，但简单的评价与实际的经历未必一致。诺贝尔经济学奖得主卡内曼的研究表明，人们对一段经历的评价往往决定于其感受最强烈的时刻和这段经历的末尾，即所谓的"终峰理论"，这就意味着事后回忆往往并不能真实地反应出一天或一段时间的真实经历。因此，

卡内曼推荐了一种"昨日重现法"——即把要评估的那一天分成不同的时段，并记录每个时段发生了什么（某些短时间的事件如和朋友通电话可以单独列出），在第二天对前一天的每一个时段发生的事加以回忆和评价——这种方法能够更好地评定出某一天的真实经历。这一方法不仅适用于某一天，也可以以一星期为单位计算①。考虑到教师工作较为繁忙，这种方法可以用于相对轻闲的周末，去记录自己那一天的生活。看看在不同时段自己都做了什么，哪些事情能真正让自己快乐，哪些事情能增加自己的充实感，等等。根据几次记录和评估的结果，就可以决定哪些活动的频率应该增加，哪些活动的频率应该减少。也许有些教师会发现，自己从前并未注意什么让自己幸福，那么这些教师就要对业余生活作出较大调整了。

除了主动增加能带来积极体验的事件之外，珍惜每一段积极体验也非常重要。由于教师日常工作很忙碌，因而教师们很少有时间去充分品味某些时光。如果要求教师们停下脚步，欣赏一下校园里见过无数次的花花草草，这一建议听起来会有些可笑；那么要求教师们放慢节奏，品味一下见过无数次的教师节贺卡，这个建议听起来如何呢？教师们怎样对待这些贺卡呢？像批改作业一样草草阅过，甚至是直接丢在一旁？尽管教师每年都收到内容大同小异的贺卡，但是每一份贺卡都包含着学生独一无二的真挚感激。当打开贺卡的时候，试着用缓慢的语气在心里默读贺卡上的每一句话，想一想学生们天真善良的面孔，也许教师能够收获未曾经历的感动。这一建议同样适用于前文提到的回顾积极情绪档案袋时的情形，让自己随着纪念物沉浸于当时的体验，才能有近似于当时的积极体验。类似的道理还体现在日常生活之中：有些教师似乎过于敬业，以至于陪自己的孩子玩耍时脑子里还想着学生的事情；从晚餐到睡觉，一家人只是看着电视，相互之间并没有多少情感交流。生活中有很多可以让人感到幸福温暖的机会，关键在于停下来品味它们，使它们对积极情绪有所贡献。

总之，多多创造那些让自己感到快乐的经历，并且当这些经历到来时仔细品味它们，这是增加积极情绪的第二点建议。

三、关注未来——培养更好的行为习惯

人们之所以会忽略某些幸福的经历，部分原因还是人们并不知道什么使自己幸福。使用"昨日重现法"等手段可以帮助我们辨别出某些被忽略的快乐体验，但是这些接受评估的体验仅仅限于我们已经存在的日常活动中。尽管不同人的喜好因人而异，但心理学家依然发现了关于幸福的较为普遍的规律。因此，参考这

---

① 彼德森. 打开积极心理学之门 [M]. 侯玉波，王非，译. 北京：机械工业出版社，2010.

些研究成果，可以帮助人们增加一些能带来幸福，但之前未被安排进生活的活动。

心理学家通过调查，总结出了哪些因素与幸福的联系比较紧密。这些因素既包括性别、年龄等人口学变量和外向等人格特质，也包括婚姻、工作等内容。略过非常详细的数据，一些概括性的结论是值得注意的：所受教育、社会阶层、收入等因素与幸福的联系不是那么紧密，而朋友的个数、已婚还有工作（不是收入）、感恩行为等则与幸福具有在统计学上的中等程度甚至很高程度上的联系。这样的结论说明，与他人的关系、和他人在一起，对于幸福是非常重要的[①]。教师们每天在办公室和同事在一起，与同事的关系对自己的积极体验就非常重要。在个人生活中，一方面由于教师都很忙，另一方面个人生活过于"个人化"，使得很多教师并没有和自己的朋友保持密切的联系。我们建议，不妨试着给自己的亲戚或朋友们打一些电话。很多人都发现，和亲戚朋友们聊一聊比自己一个人看电视或者上网闲逛来得更愉快更充实。后文还会提到，这种来自亲友的社会支持，在应对消极情绪时也是非常重要的帮助——当然，不要只是有了坏事才和亲友倾诉。

除了人际关系应该得到重视之外，个人追求积极情绪的方法也值得讨论。前文已经说过，生活中很多愉快的体验是转瞬即逝的。首先，无论是丰富生活，还是为了让日后的回忆更加多彩，教师的业余生活还是应该尽可能多样化。把大把的时间花在同样的娱乐方式上，未来能回忆出的积极体验就非常有限。其次，心理学家的研究表明，按照享乐主义方式生活的人，从长远来看，其幸福感并不如那些追求福祉，即追求有意义生活、追求个人成长的人那么高。部分原因也许在于，追求成长者因提高自身，而在未来收获更多。但另一个相似但不同的原因是，很多娱乐带来的快感只是一时的，随着娱乐的结束几乎不会留下什么（回忆这些娱乐也不能带来当初沉浸其中的快感）；而有意义的事情所带来的充实感，在事后回顾时依然能让人们感到内心温暖。西方研究表明，参与社区服务的学生们报告他们在服务过程中感到了充实与愉悦，这与他们之前的预想并不相同，并且之后有相当一部分学生把社区服务融入了个人生活。尽管中国的教师和学生们已经疲惫得没有心思去主动参与义务劳动了，但在对待业余生活时，应当考虑到单纯的快感并不能持久这一点，并选择一些更具有长远意义（无论是利于个人成长还是留下丰富印象）的娱乐活动。正如心理学家彼得森所言，单纯地走享乐之路或福祉之路可能都不恰当，注重两者的结合才是实现幸福的最佳途径[②]。

[①②] 彼得森. 打开积极心理学之门 [M]. 候玉波，王非，译. 北京：机械工业出版社，2010.

第四节　如何应对消极情绪

一、正确地期待消极情绪

增加幸福感，提高积极率，一个方面是提高积极情绪，另一方面就是减少消极情绪。如前文所言，积极情绪与消极情绪应保持适当的比例，消极情绪的消失是不现实的也是不正常的。因而，在探讨减少消极情绪的方法之前，首先要对这一工作有正确的期待。

（一）消极事件是必然的

消极情绪往往由消极事件引起，消极情绪的不可避免也是因为生活中不可避免地会存在各种使人们感到受挫的事件。好的生活并不是消极事件的消除，恰恰相反，懂得接受生活中消极的一面，对生活有正确的期待，才能在生活中保持心境平和，进而实现情绪的积极。

消极事件的普遍性与必然性也引出了另一个问题，正所谓"幸福的生活是相似的，不幸的生活各有各的不幸"。积极情绪的增加可以找到较为通用的方法，而生活中大大小小的消极事件可谓五花八门，没有一本百科全书能帮助处理生活中的各种麻烦。因此，本章讨论消极情绪，也只能介绍改变认知和应对情绪的一般原则和技巧，这些内容需要教师们灵活地运用于日常生活之中。

（二）消极情绪是自动化的

除了消极事件的必然性之外，消极情绪的自动化也是消极情绪不可避免的另一原因。心理学的研究显示，人类大脑对恐惧的加工存在低通路和高通路两条路径，恐惧的视觉刺激经过快速而粗略的加工，经由低通路直接通达杏仁核（恐惧情绪产生的脑结构）而产生恐惧情绪；而此时经由大脑视觉皮层的，缓慢而精细的高通路的加工过程还没有完成信息处理，这就意味着有时人们在意识到自己看见恐惧信号之前，恐惧情绪已经产生了。在日常生活中，很多人在愤怒时并未经过"深思熟虑"，无明业火似乎是瞬间点燃的。这些都说明，人们的情绪在很多时候是自动化产生的。

消极情绪的自动化产生意味着：哪怕是精通心理治疗的大师，也不可能彻底地消灭消极情绪。有趣的是，因为社会文化总是压制着愤怒等消极情绪的表达，而人们也都接受"愤怒是不好的"这样的信念，所以愤怒本身的出现会造成第二次伤害，进而使情绪变得更糟，甚至会使人们为了给愤怒以合理的理由而扭曲对事实的判断。作为教师来说，理解情绪的产生，接纳情绪的存在，对保持心理健康非常重要。了解了消极情绪的自动化特点，教师在产生了愤怒、悲伤等消极情绪后，不要认为是自己的意志薄弱，对情绪的控制能力弱，自己不像别人那样理性和善于控制情绪，更不要涉及类似自己情商低的想法，其实无论对于谁来说，即使是再有修养的人，其愤怒等消极情绪都是受环境刺激直接引发的，是不能被事先压抑的，我们无论多么理性和强大，在消极情绪面前仍然只能被动迎接与回应，而不能从根本上消除。所以，教师发火或生气是自然而然的事情，说明他是一个有血有肉的人，而不是完人或圣人。

消极情绪的自动化产生还意味着：有时候人们改变了对特定问题的想法，因而感觉好了很多；但下一次问题发生时，依然可能受到消极想法和情绪的袭扰。而这正是在阅读下文时要注意的地方：下文介绍了聚焦于前因的处理，也介绍了聚焦于后果的处理，但无论是聚焦前因还是聚焦后果，这些处理的实际操作都是在情绪发生之后的操作。自动化的反应（类比低通路）是很难通过阅读本书来调整的，下文的内容是对外在问题和内在思维的再评估（类比高通路）来减轻或消除已出现的消极情绪。所以，如果消极的思维与情绪没有再出现，那当然很好；但如果它们又出现了，这也并不意味着失败——关键并不是让消极情绪不发生，而是在它发生时迅速进入事后处理的步骤。

二、聚焦前因，改变不良认知

当一个教师愤怒时，或无明火瞬间点燃的时候，作为愤怒者很容易认为是眼前发生的事情引发了自己的愤怒，从而忽略了自己对情绪所负有的责任。然而，正如古希腊哲学家爱比克泰德（Epictetus）所言，是我们的想法而非事情本身决定了我们的快乐与痛苦。尽管一瞬间的怒火似乎不经由任何想法，但愤怒者实际上抱有一些潜在的信念，比如一名教师会僵硬地认为："我的学生必须做到我提出的要求，若他们做不到就应该受到严肃批评。"如果此时教师通过自我对话，让自己持有更灵活的信念："学生能达到我的要求是最好的，但一群孩子偶尔达不到要求也很正常，何况大多数情况下他们的表现还不错。"那么教师的怒气可能会马上缓解。在另一些时候，那些导致痛苦的自动化的思维会非常清晰地出现在脑海中，比如"这次公开课太糟糕了，我作为一个教师太失败了"。如果此时教师通过自我对话，让自己对问题的看法更加客观准确："这次公开课不能算理想，但并不能说不理想就是一无是处。而且就算公开课是失败的，这也不等于我是失败的教师。一次公开课失败并不能说明什么，何况在教学的诸多方面，其实我还是不错的。"这个时候，教师就不会对公开课，更重要的是对自己，感到先前那样糟糕透顶。以上两个例子指出，我们对世界所持的信念，以及这些信念带来的隐含或明确的自动化想法，对情绪起到了极大的影响。

无论是学生达不到要求，还是公开课失败，都不是好事情，所以感到愤怒或者感觉失败，这在大方向上是没有错误的。问题在于，某些想法背后的潜在信念（学生"应该"完成要求）及其逻辑（部分的糟糕等同于完全的失败）并不恰当，使得愤怒和失望的反应过于激烈。因此，在体验负性情绪之后，尝试对不恰当的自动化思维过程及其潜在信念进行明确并加以修正，就能使得人们作出更为恰当的反应。请注意，这里的标准是"恰当"："恰当"意味着反应与实际情形相符，不应偏离事实太远，也意味着想法或情绪反应具有积极意义，而不仅仅是折磨自己。这里需要强调，如果别人侵犯了自己的权益，愤怒是恰当的；如果自己的工作没有做好，内疚是恰当的。因此，教师不能简单地认为负性情绪及其相关的信念都是不恰当的或需要调整的。

每个人遇到的事件是不同的，每个人所持的信念及其产生的想法也是不同的。在此仅讨论心理学家总结出的不恰当信念的三个主要特征：灾难化、绝对化、概括化。

1. 灾难化：教师可能会将公开课的失败当做一场灾难，觉得自己会被同事和领导瞧不起，自己会因此晋升无望，甚至会丢掉工作。生活中人们经常把一些不好的事所带来的影响无限扩大，或者对损失作出过于夸张的反应，在困难面前觉得无可忍受等。

2. 绝对化：如教师要求学生"必须"达到自己的标准，或者认为公开课如果不够成功，就是彻底的失败。这类信念表现为标准的生硬，以及逻辑上非好即坏、非黑即白的二分错误。

3. 概括化：如教师将自己公开课的失败概括成自己是失败的老师，或者教师因为自己与某位领导发生争执就认为整个学校根本不重视老师的权益。这类信念表现为将问题或结论的范围扩大化。

总之，不恰当信念往往缺乏辩证性、准确性、灵活性和接纳性。一方面，这样的思维方式非常容易引起负性的情绪；另一方面，负性情绪的存在也会使人变得非理性，因而陷入这些不恰当的思维方式。在生活中遇到负性情绪时，要对情况进行再次评估，及时调整自己不恰当的思维与信念，就能够"解决问题"，从而恰当地减缓消极情绪。

三、聚焦后果，排解消极情绪

当一个人处于消极情绪状态时，采用何种方法改变自己的心情，是一个重要的课题。因为消极情绪是常在的，因而每个人都发展了不同的应对方式。在众多的应对方式中，首先要提到两类非常不健康的方式：逃避和沉默。

由于消极情绪，特别是悲伤、痛苦、焦虑等情绪，常常给人以想要摆脱它们的冲动。人们会想各种办法从情绪中逃开，从问题中逃开，让自己不去面对将来的挑战或者忘记不好的过去。如某一位教师公开课失败，下次就回避参与公开课，甚至听到"公开课"三个字都浑身发抖。

在众多应对方式中，逃避可以说是危害最大的一个。其原因不仅仅在于逃避使得应该处理的问题未能得到处理，更在于逃避过程中所采用的方法往往具有伤害性，这包括了吸烟、酗酒、暴饮暴食等等。特别值得一提的是，外部事件可能通过逃离所在环境的办法加以解决，但对内部经验——创伤的回忆、负性的思维、厌恶的情感等——的逃避，则不能起到实际效果。因为人是具有丰富联想能力的动物，所以人在那些不相关甚至完全相反的情境中，一样能想起糟糕的场景，唤起创伤的回忆。事实上，心理学实验研究表明，有意压制情感只能让该情感在过后来得更强，而经验逃避非但没有解决问题，反而使痛苦更加强烈和普遍。可见，对包括消极情绪在内的不良体验的逃避具有非常大的伤害。临床心理学家认为，很多严重的心理疾病事实上都和经验逃避有关[1]。

相比于经验逃避，沉默这种应对方式的伤害没有那么大，但也不是一种好的应对方式。沉默，将自己的烦闷压在心里，不和任何人分享，这种情况在很多男性身上都非常普遍。教师这一行业的社会性相对较强，但处理问题的方式还是受习惯与性格的影响较大，总有个别教师因为性格和习惯的原因心里烦闷却什么都不说，把烦恼压抑在心底，他们不相信别人，非常爱面子，虚荣心很强，如果向别人袒露心声，就会觉得自己很耻辱。

沉默的坏处在哪里？首先，郁闷得不到及时消解，消极情绪一直存在不仅使主观感受很差，也影响人体免疫系统，损害身体健康。其次，不和别人交流，除了缺少其他人的情感支持，也同样少了智力支持和其他资源上的支持，加上消极情绪固着了人的思维，这些因素对问题解决也不利。再次，尽管沉默的人并没有迁怒于别人，但心中积压着郁闷的人想装着对他人友善也难以装得自然。坏心情，至少是沉闷的心情，也会影响身边的人特别是家人的幸福快乐。

除上述两种典型的不恰当应对方式之外，生活中人们使用的多数应对方式还都是较为恰当也较为有效的。在这里，介绍三种常用的应对方式以及在使用时的注意事项。

第一，关于倾诉：与沉默相对的应对方法就是倾诉。倾诉是很多人习以为常的应对方式，但对于习惯了沉默的人，尝试找人倾诉似乎并不容易，其中有很多顾虑或不习惯。这类人应该找一个可信赖的人，试着倾诉一下，经过尝试后就会发现，找人倾诉对于情绪调整和问题解决都非常有好处，而倾诉的过程、对方的反应，都不像自己所以为的那样令人尴尬。需要注意的是，需要倾诉时，要能够吸引对方的注意力，让对方了解到自己在认真地说一些问题。否则对方没有意识到问题，反应心不在焉，就很可能给倾诉者造成他人不重视自己或倾诉没有意义的印象。另一方面，倾诉也不必过于正式，给对方压力。可以选择吃饭时等情景，从一般的闲聊进入所面对的问题即可。

---

[1] HAYES S C, WILSON K G, GIFFORD E V, et al. Emotional avoidance and behavioral disorders: a functional dimensional approach to diagnosis and treatment [J]. Journal of Consulting and Clinical Psychology, 1996, 64: 1152-1168.

第二，关于娱乐：除了找家人和朋友倾诉之外，另一个较普遍的方法是进行娱乐放松活动来调整情绪。通过娱乐来提高自己的积极情绪以应对消极情绪的影响是个不错的办法，但需要确定这种娱乐不是为了暂时逃避问题、逃避焦虑和痛苦。事实上，带着焦虑和痛苦进行娱乐时，自己并不会有真正的放松感。娱乐的形式多种多样，其中有两个要素对于缓解消极情绪大有裨益：一个要素是体力活动，体育运动不仅带来乐趣，也能释放压力带来的生理紧张；另一个要素是团队活动，有其他人参与的娱乐活动，能够让人们在其中感受到社会支持。

第三，心理急救：尽管生活中大多数负性情绪只是一般事件造成的，但生活中的重大变故乃至地区性的天灾人祸，也随时可能降临到每个人头上，特别是教师更要在关键时刻为学生们撑起心灵的保护伞。本书其他部分已经提供了一些方法，这里加以提示：本书第三章介绍的"大海冥想"，是一种专门用于接纳强烈情感和冲动的练习，在极度悲伤的情况下，可以用这种方法来接纳情绪，以防止发生不当行为；另一种方法，就是本章介绍的积极情绪档案袋。这种档案袋不仅帮助唤醒积极情绪，在受到重大挫折时，这些包含着家人和亲友的关爱、肯定和美好回忆的档案袋，可以帮助受挫者找回生命的价值和活下去的信心。

【建议参考资料】

1. 弗雷德里克森. 积极情绪的力量 [M]. 王珺, 译. 北京：中国人民大学出版社, 2010.
2. 彼得森. 打开积极心理学之门 [M]. 侯玉波, 王非, 译. 北京：机械工业出版社, 2010.
3. HAYES S C, WILSON K Q, GIFFORD E V, et al. Emotional avoidance and behavioral disorders: a functional dimensional approach to diagnosis and treatment [J]. Journal of Consulting and Clinical Psychology, 1996, 64: 1152-1168.

【问题与思考】

1. 什么是积极率？提升积极率的目的是什么？
2. 什么是昨日重现法？它与简单地思考个人生活有何不同？
3. 增加积极情绪的方法有哪些？结合个人生活，谈谈还有哪些方法可以应用？
4. 不恰当信念具有哪些特点？
5. 回顾个人的生活，自己上一次感到强烈的愤怒或悲伤时是怎样处理的？
6. 回顾个人的生活，自己在应对消极情绪时有无逃避或者沉默的表现？

第五章 教师的高自尊与心理健康

【本章提要】

自尊是教师心理健康的核心变量,高自尊的教师才能热爱自己、热爱学生、抵抗挫折与失败。本章引入自尊这一概念,结合教师的经验介绍自尊对教师心理健康的影响。同时告诉教师如何评估自己的自尊。最后,结合自尊发展、认知和心理治疗等理论对教师如何提升自尊提出了几点建议。

【学习重点】

1. 了解自尊的构成,以及它为什么重要。
2. 掌握高自尊的实质是面对负性评价的稳定性这一原理。
3. 了解自尊在心理发展过程中的形成,并通过接纳自己提高自尊。
4. 了解归因在自尊中的作用,并尝试进行更加积极的归因。
5. 尝试接纳自己的认知和情绪,使自己的行为尽可能少地受到消极事件的干扰。

【重要术语】

自尊　评价性反馈　稳定性　自我接纳　积极归因

自尊是我们生活中经常会用到的一个词。尽管我们难以对其下一个具体的定义,但当我们谈到它的时候,我们都能感觉到它指的是什么。一种常用的自尊含义是:当我们描述一个人自尊很高时,可能脑海中浮现的是一个脱俗的、清高的甚至有些傲慢的形象;当我们描述一个人自尊很低时,可能会想象出一个容易受打击、自怨自艾的角色。另一种常用的自尊用法是用作宾语或主语,比如践踏自尊,调整自尊,自尊心受挫等。心理学对于自尊的看法或许更类似于第一种。无论如何作解,不可置疑的是自尊与教师的工作有着密切的关系,因为自尊代表着一个人如何看待自己在他人心目中的位置,并由此决定自己的行为反应。低自尊不但会影响教师心理健康的方方面面,更会对教师的人际关系有阻碍作用。

第一节　什么是自尊

在心理学领域中,总体来说,对自尊的理解大致分为三种。

第一种是整体自尊。这是最为中庸的一种理解，即认为自尊是持续性强、稳定性强，在不同的时间和情境条件下保持一致性的对自己的看法。根据这一看法，在教师群体中，高自尊者高度喜欢和热爱自己，并不因为他人对自己的贬低轻易自暴自弃，有利于战胜挫折，而低自尊者对自己只是略微积极地看待或者正反感情并存，对自己的正面看法不稳定或不积极，很容易受到外部影响，如低自尊的教师如果受到家长和学生的批评与指责，更有可能自恨自怨。

第二种对自尊的理解是自我评价，也就是个体评价自己能力和特性的方式，可以理解为不同于整体自尊的个别自尊，如某人对于自己特殊行为的评价。比如说，一位教师研究出了自己独特的英语教学方法，得到学生的肯定，获得了荣誉称号等，他对自己的教学能力非常有自信，这样我们就说他具有较高的职业自尊。如果一位老师业务能力一般，但非常会打理人际关系，在学校管理层中左右逢源，他对自己的人际交往能力很有自信，那么我们说他具有较高的社交自尊。迪纳等人[1]提出，由自己在某个具体领域上的自尊而产生的整体自尊是一个"自下而上"的过程，而由一种整体自尊到具体的自我评价的过程是自上而下的。整体自尊和自我评价之间的因果关系很可能是相互的。比方说一位老师刚刚获得某个教学奖项，于是他对自己的评价提升了，整体的自我概念也更加令他满意。根据弗雷德里克森的积极情绪的扩展—建构理论，在这种整体的心境下人们会更多地尝试新鲜的、不同的事物，可能作出更大胆的决定，因此他可能会去尝试自己从没进行过的另一种运动，去挑战一种新的活动。而且由于他这样做了，他在这些新领域的能力很可能也会得到提高，进一步又提高了他在具体领域的自尊心。

第三种自尊是自我价值感。和整体自尊一样，自我价值感也指的是对自己的整体感受，但两者之间的重要区别在于，自我价值感被用来描述更瞬间的情绪状态，特别是那些由好的或者坏的结果所引发的情绪。这种作为情绪状态的自尊是会随着时间和情境而发生较大变化的。例如获得一个教学奖项、得到校领导表扬，或者当他沉浸在自己动听的歌声中时，都会体会到一种强大的意义感、存在感；但随着时间流逝，随着其他不快事件的发生，这种感觉也很容易消逝。

无论从上述哪个定义都可以看出，作为与人打交道的教师，每天都会遇到形形色色的人，必须面对学生、同事和家长的评价，必须接受来自他人的态度和情感反应，而且所取得的成绩时时会与其他教师的成绩形成对比，所以，感觉到较高水平的自我价值感、自我评价和较为积极的自我看法，是更有利于自己的工作效率和心理健康的。有一个肯定自我的内核，热爱自己的强大内心力量，有助于在复杂的人际关系中进行自我定向，从而简化复杂的人际关系，以不变应万变，

---

[1] 埃德·迪纳，罗伯特·迪纳. 改变人生的快乐实验 [M]. 江舒，译. 北京：中国人民大学出版社，2010.

提高抗挫折能力，保持长久的工作动力与热情。

第二节 教师的高自尊为什么重要

自尊是一个十分基础的心理因素，它和我们生活的方方面面都有着密切的联系。下面展示了自尊与心理健康、职业倦怠、人格等多种心理学因素之间的关系。

一、自尊与心理健康

大量国内外研究证实了自尊是心理健康的重要影响因素。有研究证明，自尊与心理健康之间存在显著相关，即个体的自尊水平越高，心理健康水平越高。而自尊水平很大程度上受父母养育方式影响，早期的亲子互动影响了儿童的自我概念即自尊，从而决定了心理健康水平的高低。

主观幸福感（subjective well-being，SWB）是最近积极心理学运动兴起之后对心理健康进行评价的常用指标，主要用一个人的情绪状态（积极情绪、消极情绪）和认知评价（即对自己生活的满意程度）进行测量。自尊是一个人对自己的整体评价，而主观幸福感则是对生活的整体评价。研究表明，低自尊和低主观幸福感之间存在着内在联系。罗森伯格（Rosenberg）发现，个体总体自尊与情绪体验之间有显著相关：与快乐感的相关是 0.50，与消极情感的相关是 -0.43。

高自尊的教师往往感到生活更值得过，能够发现生命的意义，并具有更多的生活乐趣，他们热爱自己、热爱生活并且也更加热爱他人，具有更多的工作热情和乐趣，更加能够忍受工作的枯燥。并且平均而言能感受到更多的积极情绪，例如快乐、感恩等，和更少的消极情绪，比如悲伤和沮丧。

二、自尊与心理障碍

很多研究表明，低自尊与很多种心理障碍之间都有显著正相关。首先，低自尊与抑郁之间存在正相关。有研究发现，抑郁状态的个体自尊水平低于正常个体。低自尊和抑郁在心理机制上会有一些相似之处，比如消极认知，夸大负面事实等。低自尊还和社交焦虑之间存在显著相关。社交焦虑是焦虑症的一种，是指在社交情境中体验到过分的焦虑、紧张与害怕。根据贝克（Beck）等人的社交恐惧图式理论，社交恐惧来源于不合理的信念，其中就包括对自我的不良信念，比如"我不行"，这些都是低自尊的表现。自尊水平与社交焦虑存在非常显著的负相关，即低自尊的个体其社交焦虑水平更高。低自尊对于社交焦虑的影响分为两部分：一部分是直接影响社交焦虑，另一部分是通过导致评价恐惧来影响社交焦虑。

由于教师的工作内容就是直接与人交往与接触，无论是讲课，还是与同事交流，都需要和很多人打交道，如讲一堂示范课，或是开家长会，教师都要面对众多的人，很有可能是陌生人，每天都要面对来自他人的评价，教师的低自尊会导致社交焦虑，产生对人的恐惧，从而妨碍其工作效率和行为表现，甚至可能使其无法工作。例如，在公众面前的演讲恐惧是社交焦虑的一种特殊表现形式，有这种恐惧的教师将无法继续在讲台上面对大量观众。低自尊的教师特别害怕消极与否定性评价，这种害怕可能引起公众演讲焦虑，或家长会焦虑，妨碍潜能的发挥。因此，提高自尊可以使教师更少受到诸如抑郁、社交焦虑等不健康的心理状态的困扰。

低自尊还会影响教师的职业倦怠，研究发现，低自尊与职业倦怠之间存在正相关。教师职业特点决定了他们的职业倦怠感比一般人严重。有关中小学教师的问卷调查研究发现，低自尊与教师职业倦怠有正相关，与其中的情绪低落、非人性化和低成就感这三个维度均有显著的正相关。这说明，对于教师而言，自尊是个体十分有价值的一种心理资源，提高自尊可以帮助个体面对工作压力的时候顶住压力，缓解疲劳，更好地从压力中复原，从而获得健康的心理状态。

三、低自尊与攻击性

为什么有些学生攻击性强，经常把同学和教师的好意理解为恶意？这些可能都与低自尊有关。例如，有研究发现，攻击性儿童的自尊水平远低于非攻击性儿童，甚至有研究者提出，攻击性或破坏性的行为可以视为低自尊的表现形式。低自尊的个体更可能因为对自己的评价较低，在理解来自别人复杂的或无害的信息时，倾向于进行投射，即将自己的自卑投射到对方，将对方的善意或无害的意见按照自己的意图理解为恶意。如他摔倒了，你明明想帮助他，他却理解为你想显示你比他强，所以拒绝你的帮助。了解这点对于教师很有益，对于经常与人发生冲突的孩子，还是要帮助他们改变自尊，提高自尊水平，让他们发自内心地信任自己和别人的善良意愿，而不是一味地批评和惩罚，因为惩罚会加重他们的低自尊，使他们的攻击加厉。

有些教师面对不听话的、顶撞自己的学生，也表现出过度的愤怒和攻击性，他们倾向于认为，只要发生了师生冲突，自己就一定要取胜，否则就会丢面子，无法管教学生，所以，经常在师生冲突中失去理性，失去情绪的控制，其背后的原因正是在于低自尊。其逻辑是，如果我某句话或某一行为没有占上风，我这个人就是低人一等的，我就不是一个有能力的人，不是一个有威信的人，这种自我价值的威胁正是情绪失控的来源。如果一个教师从内心中认为自己是有价值的，是受欢迎的，自己作为人是一个好人、可爱的人，那么面对个别学生的恶语，他也会生气与不满，但不至于如此愤怒和失去理性，而是会就事论事地进行说教与批评，而不会过度情绪化。

第三节 如何了解自己的自尊水平

在自尊的测量中，应用最为广泛的是罗森伯格于1965年编制的自尊量表（SES），该量表已被译成多种语言。该量表由10个条目组成，设计中充分考虑了测定的方便，受试者可以直接报告这些描述是否符合他们自己。

表5-1 自尊量表（SES）

指出你在多大程度上同意下列说法，并在最能描述你对自己的感受的数字上画圈。这个量表可以作为你的一个指导。

	完全不同意	不同意	同意	完全同意
1. 有时我认为自己一无是处。	0	1	2	3
2. 我认为自己很不错。	0	1	2	3
3. 总的来说，我倾向于认为自己是个失败者。	0	1	2	3
4. 我希望对自己能有更多尊敬。	0	1	2	3
5. 有时我确实感到自己很无用。	0	1	2	3
6. 我认为自己是个有价值的人，至少不比别人差。	0	1	2	3
7. 总体上我对自己很满意。	0	1	2	3
8. 我感觉自己没多少值得骄傲的地方。	0	1	2	3
9. 我觉得自己有很多优秀的品质。	0	1	2	3
10. 我可以做得和大多数人一样好。	0	1	2	3

注：要计算分数，首先把5个负向题的得分（1，3，4，5，8）翻转过来：0=3；1=2；2=1；3=0；然后把10个项目的得分相加。你的总分应该在0到30之间。分数越高，自尊水平越高。

目前，该量表有中国的修订版，各位教师可以参考。在使用此问卷时，得到的分数只是一个相对水平，如果希望对自己的自尊水平给出一个相对客观的解释，需要在大量测试的基础上得出常模，得到教师群体的一般水平后才能了解自己在人群中的相对水平。

值得注意的是，以SES为代表的自尊测量尽管应用广泛，但是这种问卷是基于自我报告法，即答卷人有意识地报告自己的情况。在这种情况下，如果答卷者不够坦诚，分数就可能受到自我展示与防御的影响。例如一个人在他人面前习惯于表现得很强势，喜欢展示自己的能力，则在答卷时可能得到更高的自尊；答卷者也有可能不愿意承认自己存在的问题，对自己价值的防御可能自动地使得自尊成绩偏高。因此，有学者提出了内隐自尊的概念。内隐自尊一般是利用电脑程序进行。例如，被试在看到与自己有关的词（"我"、"我们"、"自己"等）时按下键盘上的一个键，在看到某个正向色彩的事物时（例如花朵的图片）也按同一个键，一般内隐自尊更强的人的反应会更迅速。然而由于操作较复杂，这种测量方法应用的广泛性有限。

总之，教师应当先了解自己的自尊水平，尤其需要知道自己的自尊水平与其他人相比处于何等位置，才能够知道是否有必要提高自己的自尊。

第四节 自尊与对评价性反馈的反应

教师的高自尊有什么作用呢？教师为什么需要提高自尊水平？在心理学中，关于自尊备受关注的一个领域是，自尊对于一个人如何接受评价性反馈的影响。教师在生活中会遇到各种各样的评价性反馈：自己写了一个教案、演示了一堂课，校领导会给予评价；自己参加竞技性的体育运动，也会有输赢。值得注意的是，研究表明在正向反馈的情况下人们的反应很一致。也就是说，当我们得到别人的表扬、赢得了一场球赛，那么无论高自尊水平的人还是低自尊水平的人都会有好心情、对自己很满意。高自尊的作用主要体现在当人们面对消极反馈时，能产生积极的反应。有证据表明，当面对失败时，低自尊者的情绪会更加低落、对自己评价更低，而且在行为上更难以采取进一步的主动。下面的几个研究证实了这种关系。

第一个研究考察了自尊对于情绪的影响。研究者对被试施测 SES 自尊量表，并按照得分挑出自尊最高的 1/3 和最低的 1/3 两个组。研究者让他们做一套智商测验，测验的成绩实际上由研究者操纵，因此被试们就得到了关于自己智商的虚构的信息。实验结果显示，当得知自己测验结果失败时，高低自尊两组被试在一般情绪测验上的得分都有所下降，也就是说会变得悲伤、不高兴和沮丧（尽管高自尊组的情绪下降稍弱一些）；但当测量自我价值感这种特殊的情感时，两组便出现了显著的差异。高自尊组基本上没有显示出自我价值感的下降，而低自尊组的下降很明显。也就是说尽管刚刚的测验说明自己不行，高自尊组对自己的整体感觉仍然良好，仍然感到自己是值得骄傲的、令人满意的，而低自尊组则感觉到羞耻和惭愧，这些都是整体上否定自己的消极情绪。

低自尊者的另一个显著特点是对自己的评价不够稳定，当得知测验结果不好后，他们倾向于认为自己的社交能力、相貌和其他能力也都很低。说明他们很容易受到某一次特殊事件的影响，并且泛化到整个自我，甚至是完全没有关系的领域中去。

这些对于教师心理健康都有启发意义。教师的工作经常会受到来自他人的评价，如公开课、家长的评价和学生的评价、学校领导和同行的评价，而且很可能与同事的成就进行对比。一个教师无论如何优秀，讲课如何有水平，也不能保证不受他人的低评价。原因有两点：第一，一个人不可能每节课都精神饱满，充满激情，总有情绪低落和疲劳的时候；第二，每个人都有自己的爱好，评价一位教师时，可能各有所爱，观点不会完全一致。从这个意义上说，教师受到贬低几乎是必然的，随时可见的和经常发生的，因此，高自尊水平就显得非常重要。如果一个教师低自尊，会因为自己在领导安排的一项任务上做得很失败而认为自己能力低下、没有希望，或者一次低评价就认为自己工作不行，也没有别的爱好和特长，家庭不幸福，人际关系也不会打理，总之觉得自己什么都做不好。

  从心理健康的角度讲，我们认为，自尊对情绪和认知的影响是短暂的，而最重要的是对行为的影响。如果低自尊者的这一人格特质阻碍了某一教师下一步行为的主动性，使其退缩，就会限制其进一步扩展可用的资源，从而可能导致能力的下降，这就进入了一个恶性循环。有证据表明低自尊确实会阻碍行为。首先，低自尊者不愿意进行冒险行为，他们的行为往往表现得很保守。这是因为，一旦他们在风险中决策失误，消极的反馈将严厉地拷问他们的自我，他们会被后悔和自我怀疑所充斥。为了保护自己，他们尽量选择收益更低但更加稳妥的策略。其次，低自尊与自我妨碍行为有关。自我妨碍是指人们有时候会为自己的成功设置障碍，以便能保持自己一直能胜任的形象。最常见的一个例子是学生在考试之前不复习，这样即便考得不好也不会归结于自己能力低下。低自尊者的自尊不稳定，他们难以接受失败，因此会更多地诉诸这一策略。有一个有趣的发现：高自尊者也会自我妨碍，只不过是在当测验能够检验出高水平的时候。举个例子，期末考试的时候高自尊者更可能努力复习，而低自尊者可能自我妨碍；而参加某个小竞赛的时候，高自尊者可能不去准备，低自尊者则努力准备。自我妨碍缓冲了对低自尊者的打击，而加强了高自尊者的成就感。再次，失败之后，低自尊者的任务表现和坚持性都不如高自尊者。例如：考试的时候某一道题不会做了，跳过去；又一道题不会做，于是开始紧张；再一道题不会做，就完全乱了阵脚，无法集中精神继续做题，甚至放弃考试。低自尊者一旦失败，就会有思想包袱，开始关注于自我怀疑，而不是把精力用在解决问题上。

  综上所述，自尊对一个人的最大影响就在于，它相当于自我这艘巨舰的龙骨和压舱物。对高自尊者来说，船的龙骨更坚实、压舱物更沉稳，因此船体就不容易在风浪中摇摆；低自尊者则容易受到生活中小挫折的影响，认知、情绪都容易波动，而且最重要的是，一旦这种波动阻止了进一步的行为，自我就会陷入"低自尊—低价值感—无作为—无能力—更低的自尊"这样一个无限沉沦的漩涡，难以解脱出来。

  有一个很有意思的现象：日常生活中，当老百姓谈论一个人"高自尊"的时候，它的含义并不等同于我们在这里用学术语言讨论的"高自尊"。口语中的"高自尊"甚至略带贬义，类似于指一个人恃才傲物、自命不凡。其实口语中还有这样一种说法："自尊受到打击。"然而用我们的观点来看，自尊之稳定是不会受到打击的，因为能够受到打击的只会是虚假的高自尊，因为真正的高自尊，其本身就代表了一种稳定性。所以，区别这两种用法有助于我们理解自尊的含义。

第五节　如何提高自尊水平

自尊具有稳定性，但这并不代表我们不能改变它。著名精神分析学者霍妮说："一个人大量的体验足以改变人格。"就像我们可以改造航空母舰一样，自尊也可以遵循一些思路而得到提高。下面的一些做法有助于培养高自尊。

一、培养自爱和自我接纳

首先，我们要知道心理学中关于自尊形成的一种普遍的看法：自尊来源于童年早期经历中亲子关系的内化。当孩子做出自己的一个行为时，我们可以看到两种类型的家长反应：第一种反应是理性的，严厉的，有时也被称做"父性原理"，即按照孩子的表现施予赏罚；第二种反应是感性的，温柔的，称做"母性原理"，这种是指不论孩子做出了什么，家长都首先是抱有一种无条件接纳态度。在后一种反应中，家长依靠亲子间耐心的沟通来向孩子说明哪里做得不对，但是在整个过程中都传达出"我们是爱你的、接纳你的"这样一种信号。在这种情况下，孩子会接受到这一信号，并且在潜移默化中内化这样一种信念：我是被爱的，有价值的；我的价值是内在的，不取决于我做事情的成功还是失败。因此，在童年期培养的自尊就逐渐独立出来，在他今后的人生中发挥砥柱的作用。一些实证研究支持了这样一个过程假设。例如，卡瓦什（G. F. Kawash）[1]等人发现，父母对子女的接受与儿童的自尊发展有极显著的正相关，而父母对子女的控制则与儿童的自尊有极显著的负相关。国内研究者也得出了类似的结果：张文新和林崇德发现，青少年的自尊与其所感受到的来自父母的情感温暖与理解有显著的正相关，而与父母的惩罚严厉、拒绝、否认，父母的过分干涉、过分保护有显著的或极显著的负相关；父母的教养方式能够很好地预测青少年自尊的高低。

因此，培养自尊就是一个逐渐爱自己、接纳自己的过程。自己确实会做出一些错事，但这些错事并不代表自己的全部。即便自己在所有的尝试上都失败了，仍然要接纳自己，因为从主体的角度来看，就会发现自己本意是好的，这一点是无论多少人的反对也不可能否认的。他人从外部观察自己，将自己作为客体得出的结论永远无法取代我们用心灵的眼睛从内部观察自己所体验到的感受。对自己的爱在应对逆境的时候起到决定性的作用。

举例来说，如果一位教师喜欢教授数学，希望能够教出更好的学生，获得更好的成绩，因此努力工作，设计更新的教学策略。但是在每年的评教中却总没有机会获得提拔，总是被安排教年级里最差的几个班。在这时候可以尝试着不去评价自己，尝试不要因为自己在一件事情上总不得志就否定自己。工作不是全部，对数学、对学生的爱都是自己的一部分。别人如何评价是他们的事情，无论如何

---

[1] 布朗. 自我 [M]. 陈浩莺, 译. 北京：人民邮电出版社，2004：183-193.

自己都要发自内心地爱自己。

二、积极归因

第二种思路是改变归因。归因是指人们对他人或自己的行为结果进行分析，推论这些行为原因的过程。或许很多人认为归因是一件很自然的事情，我们都能够观察到谁做出了什么事情，得到了什么结果，其中的因果关系不是明摆着的吗？前文中介绍过的实验就是一个很好的例子，可以说明我们的归因并不可靠：参加实验的被试得到了关于自己某一项能力的成绩，当得到失败的结果时，不论自尊高低，他们对自己这项能力的评价都显著下降，说明他们把测验的失败归因为自身的能力不行。可是事实完全是另一码事：成绩是被实验者操纵的。日常生活中，我们的归因也会有很大的选择余地：在大厅里，我和一个同事打招呼，他没有理会我，这是因为什么？我们可以相信是因为他讨厌自己，或者是他没注意到打招呼，或者是他太匆忙了等等。上面提到的数学老师得不到提拔，也完全有可能是其他的老师靠关系可以进行暗箱操作等。

美国著名学者韦纳将归因用可控性、内外在和稳定性三个维度划分入 8 个类别。下图列举了这 8 个类型的典型原因。

表 5-2　根据韦纳的归因理论制成的典型原因列表

可控性	内外在　稳定性	内 部		外 部	
		稳定	不稳定	稳定	不稳定
可控		持续努力	方法	教师水平	他人帮助
不可控		能力	心境	任务难度	运气

那么当面对一个失败，比如说自己带的班纪律不好，成绩垫底时，你会归因为什么呢？是归因为自己不适合做这项工作（内在、稳定、不可控）、自己工作还不够努力（内在、不稳定、可控）、自己工作不得法（内在、不稳定、可控），还是自己意志力薄弱，推行一个计划受到阻力总是半途而废（内在、稳定、不可控）呢？真正的原因往往谁也不清楚，就像前面的实验里，如果实验者在实验结束的时候没有告知被试，那么他们一辈子都不会知道自己被骗了。从这个意义上讲，归因并不重要。但是归因的重要之处在于，它影响人们下一步的行为。如果归因为努力和方法，下一步会更用心地工作、查找方法上的不合理之处，因而提高自己的工作能力，自我评价、自尊也就有可能随之提高；但是如果归因为自己不适合这项工作，或者自己意志力薄弱，下一步可能就会回避困难的工作、逃避责任，甚至退出这一行，这些都不是建设性的解决问题的方式，会使人们陷入低

自尊的怪圈。

在日常生活与工作中，理性地去寻找一个外在的、可控的原因经常会有难度，而相比之下，能力低、意志力低这些抽象的帽子倒是很容易戴。但是从长远来看，不论能力低、意志力低是否是事实，这样归因都会导致被动的行为和低自尊的结果，对自己是没有好处的。比如说，一个人每遇到一件事情的失败就归结到自己的意志弱、自己的能力低上，那么在他面对生活和工作中新的挑战的时候，他头脑中只会充斥着越来越多的自我怀疑。他不会因为这些自我怀疑而去更努力地工作；相反，自我怀疑只会使他无法集中精神去做手头的事情，削弱了他做好事情的信心、工作过程中体验到的意义感以及做成事情之后的成就感。这样的归因到头来会成为自我实现的预言，能力低的归因可能真正导致低能力。所以，培养自尊也要靠一种信念，要在生活中积极地寻找对自己有利的证据，相信自己做得对、做得好。

三、接纳消极情绪与认知

第三种思路涉及理性地看待我们的认知和情绪。前文的研究提到，失败体验会导致低自尊者产生泛化的、弥散性的负性情绪体验和对自己的认知评价；前文也提到，正是因为阻碍了行为，所以负性的认知和情绪才具有很强的破坏力，而如果不对行为产生影响，这些认知和情绪的负面作用也是十分有限的。因此，这里我们的思路就是打破认知、情绪到行为之间的连锁关系，不要让负面的认知和情绪影响到我们的正常生活。

一种叫做接受与承诺疗法（ACT）的心理疗法正是精通此道，它教会人们要冷静地跳出自己的思维和情绪，以一种更自主的视角对待它们，而不是沉溺于认知与情绪的流沙之中任其摆布——这种技术被称做"去融合"，意指打破负性思维、情绪与行为之间的连结。其创始人海耶斯说，"逃避感受有可能人为地放大痛苦，也正是因为逃避，阻碍了积极的行动。"设想如下一种情境：

你躺在床上，过去了十分钟，睡意渐浓了起来。这时候，一个小的响动引起了你的一点点注意。这个响动是如此之小，以至于根本就不会对你的睡眠产生什么实质性的影响，因为你曾经在8人间宿舍中生活过很长时间，在那种喧闹的环境下自己都能入睡。但是你开始关注这个响动：它是什么？或许是屋外的枯枝划过地面的声音，或许是屋内的土鳖在墙角爬动的声音，或许是窗后隔壁家搬东西的声音。然后你得出结论，这不是屋外风吹动枯枝什么的声音。于是你开始想自己是否要做些什么来阻止这种噪音。这时候由于这些思考，你的思维又开始活跃起来，你的睡意已经不再增加了。进而你又发现这种响动更像是土鳖在爬动的声音。这就麻烦了，因为起床去捉土鳖是很烦人的一件事情，你不愿去做，所以还是睡觉吧。过了一会儿，响动又来了。你又转念一想，其实去捉土鳖也是一个选择，自己也不是没捉过，捉过之后睡得就安稳了。好像听到你在想什么似的，动静又消失了。这一晚上如此反复了很多回，你最终起身去翻墙角，寻找那只弄出噪音的虫子。

在这样一个情境中，问题最终解决了，但是这个人损失了睡眠时间。如果他从一开始就想：土鳖也好，枯枝也罢，邻居更是跟我没关系，我只要睡我的，那么这个噪音的强度并不足以将我吵醒，那么他可能十分钟就入睡了。阻止他睡眠的不是响动，而是他的纠结。我们的认知和情绪正是以同样的方式作用于我们。我们在生活中时而会对自己感觉不好、情绪差，这很正常；但是有些人会更多地去沉思自己的这些思维和情绪，这样正常的痛苦就演化成为了折磨，正是折磨阻止我们进行真正的生活。海耶斯提出了一个著名的棋盘比喻：在一个棋局上，白子代表我们的积极情绪和认知，而黑子代表我们的消极情绪和认知。我们应该在哪里呢？我们应该操纵白方打败黑方吗？还是应该试图直接控制黑方？海耶斯说：积极生活的要旨在于，我们应该作棋盘，全盘接纳我们的情绪和认知。没错，它们对我是重要的，但它们并不是我本身。情绪和认知无论是积极还是消极，生活还要继续，我该做什么还是要去做什么。这样，认知和情绪就始终无法决定我们在生活中的选择，我们会学会与消极的想法和情绪共存，同时让它们对自己行动的影响程度降到最小。

【建议参考资料】

1. 布朗. 自我 [M]. 陈浩莺, 译. 北京：人民邮电出版社, 2004.
2. 埃德·迪纳, 罗伯特·迪纳. 改变人生的快乐实验 [M]. 江舒, 译. 北京：中国人民大学出版社, 2010.

【问题与思考】

1. 什么是自尊？尝试对其描述或下定义。
2. 自尊影响人的哪些方面？
3. 目前评价自尊的方式有哪些？
4. 自尊在个体面对评价性反馈的过程中起到什么样的作用？
5. 有哪些提高自尊的方法？

第六章　教师如何运用乐观来应对挫折

【本章提要】

本章以乐观为基础，介绍如何应对教师职业生涯中的高挫折。教师职业是一个容易产生高挫折反应的职业：教学成功是正常的，但效果不好，则是教师的责任。培养教师的乐观精神非常重要，本章介绍了多种方法以帮助教师保持乐观的心态。

【学习重点】

1. 了解挫折的反应类型。
2. 掌握挫折情景、挫折反应及挫折认知三者之间的关系。
3. 理解归因乐观理论中归因的三个维度。
4. 理解什么是乐观及如何培养乐观。

【重要术语】

挫折反应　归因乐观　乐观精神培养

第一节　教师的高挫折

在教师的工作中，充满了各种各样的挑战。在教师生涯的每个阶段都面临着特定的挫折情景。例如对新手教师来说，是权威建立的艰难过程；对于业务骨干来说，是考试排名的挑战的巨大压力；对中年教师来说，是职称评定的连连失利；对即将退休的教师来说，是与学生的代沟越来越大，等等。还有另外一些挫折情景是在每个阶段都可能遇见的，例如与同事发生的冲突、学生家长的不理解等等。

小王是一名重点师范大学毕业的应届毕业生。她从小就向往着教师的工作，梦想着自己有一天能够站在讲台上，面对台下殷切的渴望知识的目光，侃侃而谈，将自己所知道的一切都告诉给学生，不仅仅是课本上的知识，还有人生的哲理。自己要当一名平易近人的教师，和学生们像朋友一样和平地相处，学生们有任何心事都愿意告诉自己，请求自己的帮助……第一天上讲台的时候，由于太过激动，她说话的声音都颤抖了。这却让台下这帮14岁的孩子们发现了端倪，他们相互使了个眼色，就哄笑了起来，一瞬间，教室里乱翻了天。小王站在讲台上，满脸通红，不知如何是好……

这些挫折给教师的日常工作、生活，以及心理健康带来了巨大的影响。有的影响甚至持续很久，引发较大的身心疾病。

那么挫折到底是什么呢？一般说来，挫折包含挫折情景、挫折反应、挫折认知三个方面。

1. 挫折情景，指个体的需要不能获得满足的情景。这种阻碍需求满足的障碍或干扰有可能是来自内部的，也有可能是来自外部的。在上述例子中，小王的挫折情景就是在课堂上，被学生哄笑了。

2. 挫折反应，指伴随着挫折认知，对于自己的需要不能满足而产生的情绪和行为反应，如愤怒、焦虑、紧张、躲避或攻击等。在上述例子中，小王当场脸就红了，不知如何是好。之后有两天不敢直视学生们的眼神，但是和老教师谈过一次以后，她开始认真地模仿学习名师们的上课风格，打算从头开始做起。

3. 挫折认知，指个体对挫折情境的知觉、认识和评价。这种认知有可能是积极的，有可能是消极的。在上述例子中，小王同时拥有积极的和消极的挫折认知。她一方面觉得自己丢了脸，非常下不来台，甚至对带头起哄的那个男生很是恼火。另一方面她也觉得这是件挺正常的事，早就听老教师们说过，刚上讲台时都会有这么一个过程，相信自己会顺利度过的。

本节中，将就挫折的这三个方面展开叙述。

一、教师的挫折情景

从种类上来分，教师受到挫折的情景类型多种多样、几乎无法穷尽，而且同一个情景对不同的教师来说，也有着很不一样的意义，所以在这里就不再一一列举了。只举例说明几个教师容易感受到挫折的主要情景，从中可以分析归纳得出一些教师的基本冲突。

（一）心理落差：现实与梦想完全不一样

正如本章开篇提到的小王的例子，很多教师怀抱着美好的愿望开始教师的生涯。教师本身的工作任务就是接收并传授历史上和现实中理想的、正面的、真善美的东西，他（她）所接受和传播的是"理应如何"的东西。教师工作的对象又是天真纯洁的青少年，容易按"理应如何"来对待。

但是现实的社会和学校环境中，并不都是理想化的。现实中还有不理想的、假丑恶的一面，还有不合理的一面，甚至在有时还可能相当严重。这种现实感就构成了对理想化的尖锐冲突。

学校领导要教育教师正确理解"光明的前途"和"曲折的道路"的关系。这个工作要做得细致，不能简单化，那种随便扣以"不满现实"的粗暴做法，只会加深教师心理上的冲突和挫折，不利于实际问题的解决。

（二）角色转换：面对学生的成功

初中教师李老师从教二十余年了，一转眼就接近50岁了，这期间他送走了9届学生。由于和每届学生处得都挺融洽，每到过年和教师节的时候，总会有毕业的学生前来探望或者打来电话。每到这个时候，李老师的心中真是五味杂陈，尤其是听到一些当年很不起眼的学生如今都获得了事业上的成功，心里更不是个滋味。一方面当然为学生感到骄傲和自豪，还能用这些成功的例子来鼓励现在的学生好好学习；但是另一方面，想到自己已经快要50岁了，从教这些学生开始到现在，虽然职称上升了不少，但是整体生活还是没有什么变化的，和学生对比起来，总是少了一些精彩。

作为中小学教师，在教学生涯中必然会送走数届甚至数十届毕业生，也会时不时地听到来自毕业学生的消息。当听到学生的工作成就和社会地位很高时，教师很难接受这个角色的转换，很容易觉得这些学生还是当年的孩子，怎么一下子就变成了比自己社会经济地位高的、更有影响力的人了。在对比之下教师容易产生自卑感，这种情况更容易发生在初级学校（如小学）教师身上。

（三）身份认同："先生"还是"服务员"？

在我国历史上，教师一直是受到极大尊重的职业。然而随着时代的进步发展，人们开始有了更多的自主性和怀疑批判精神，导致的结果之一是教师的地位在社会中有所降低。虽然大部分学生还是非常尊敬教师的，但是近年来，从网络上时有爆出学生或学生家长殴打教师的严重事件，让教师内心安全感进一步降低。例如，王老师一下课就气冲冲地冲进办公室，将教案扔到桌上，发出很大的声音，把办公室里别的老师都吓了一跳。她大声抱怨："现在的孩子没法儿管了！说他一句，回我十句！还说什么我没资格管他，他到这里来是交了学费的！"

（四）不确定性：成就需要与成功可能性冲突

教师工作的地位和性质造成了教师强烈的成就需要。教师一般都以自己教育对象在德才方面的成长作为自己事业成就的重要标志。但是，教师工作的特点，又造成了教师在成功可能上的某种不确定性，正是这种不确定性构成了与成就需要的经常冲突。

学生在德才上是否能够成功，并不完全是教师能够决定的，虽然学校因素影响非常大，但同时还有遗传、教养方式、社会环境等因素的影响。而在学校里，一名教师和每名学生的相处时间也是有限的。这一切都导致学生的成长变数非常大，也就反映为教师主观上成功期望的不确定性。

二、教师的挫折反应

在遭受挫折之后，个体会有诸多的挫折反应。正如上文举例中提到的诸位教师一样，不同的教师有不同的反应，有的是大声叫嚷，有的是感到泄气。这些挫折反应中,有的是行为的反应,有的是情绪的反应。那么这些挫折反应大概分为哪几种类型呢?

(一) 攻击性

李校长新官上任三把火,打算从全校的纪律问题抓起,首先就是迟到问题。他在全校教师大会上反复强调了守时,并公布了教师的考勤制度。他运筹帷幄,相信这些措施能够起到立竿见影的效果。第二天他起了个大早,没想到却因为某些原因公路被封了一个小时。当他赶到学校的时候,已经迟到了20分钟。他感到非常沮丧,对着前来汇报工作的教务主任大发雷霆。教务主任气急败坏,冲出校长办公室对在不远处指导学生做清洁的一个年轻教师大肆挑剔。年轻教师莫名其妙,又感到失了面子,对学生立刻口气严厉起来,并在当天的课堂上对考试失利的学生冷嘲热讽。

这样的事例在学校里每天不停地发生。在精神分析学派中,这叫做"转移",是指一个人受到挫折后产生的强烈的侵犯和对抗的情绪反应,并不直接攻击阻碍达到目标的人或事物,如与阻碍自己的领导争吵,甚至动手,而是转向攻击某种替代的人或事物,而且找的这个替代品,往往是比自己地位低或能力弱的个体或物品。

(二) 抑郁

自从在年级教师会上因为班上学生成绩下滑的问题被年级主任点名批评后,钱老师满肚子委屈找不到人诉说。当天被点名的时候大家都转头看自己的情景一直在脑海里重放,她觉得这次脸丢得太大了,说不定全校的教师都知道了。她不好意思参加学校教师节的聚餐,也推辞了艺术节的指挥任务。慢慢地,学生的篮球联赛她也不去了,工会的短途旅行也不去了。久而久之,办公室里很少听到她的声音了。

在挫折应激中,若机体应付能力不能适应环境条件的变化,不能控制应激,而产生心理挫折,引起一系列的情绪反应。有的个体会情绪消沉、失望、抑郁、沮丧,严重的可产生轻生念头或行为。

(三) 情感疏离

刘老师一直是学校的优秀教师,教学一把手,班务也管得井井有条,才32岁就担任了年级组长的职务。近来刘老师发现自己和以前不一样了,在学校时的笑容不如以前多了,新来的教师请教一些问题的时候也不那么热情了,同事们和自己的距离好像不如以前近了。上课的时候也越来越缺乏耐心,看到那几个成绩比较差的学生就气不打一处来,有一天甚至将一个学生错误率高的作业本当着全班同学的面撕得粉碎。回到家的时候总是感到很累,不想说话,也不想理会3岁儿子要求抱抱的请求。家里人很担心他,问他工作上是不是出了什么问题?刘老师答不上来,只好躲开他们的询问,自顾自地上网去了。

有一些人受到挫折后，不以愤怒和攻击的形式表现，而是采取一种无动于衷的冷淡态度。实际上，挫折者绝不是没有心理上的不满和愤怒情绪，而只是将这种情绪反应暂时压抑下去，在外部行为上表现出沉默冷淡的样子。当一个人在职业生涯中受到挫折，而又无法脱离这种状况时，往往会产生冷漠的反应，其结果是对工作丧失热情，以致消极怠工。

教师是一个高强度的工作，特别是有晚自习的初高中教师。在学校整体上课之前要到学校，晚自习下了之后才能够回到家里。一天在学校的时间长达十几个小时，和家人相处的时间相当短。而且在学校的时候除了备课、上课以外，还要和学生进行交流、答疑，参加各种教研会议，批改作业等。而且上课的内容变化很少，需要学习和成长的地方也比较少，成长感的缺失会让教师怀疑工作的价值。同时由于重复而产生的厌烦感也会增加心理的负面感受。与此同时，学校对教师的要求非常高，随着绩效工资制度的实施，每学年数次考试班级平均分对教师来说是一次绩效考核，压力骤涨。久而久之，教师容易产生职业枯竭，其中最明显的变化就是情感疏离。

（四）自尊降低

由于应激引起的机体内稳态的紊乱使人自主感、自信心受到影响或破坏，因而造成自我评价能力降低。另外，应激源往往具有较大威胁性，如健康受损害、亲人丧亡，会使人感到悲观、沮丧和抑郁而导致自我价值感的下降。

（五）积极行为

积极行为主要有升华、补偿、改变等。升华是指个体将痛苦、不安等情绪转化为奋发图强、争取上进的积极情绪的行为。补偿是指个体在某一目标上受挫折，暂时放弃这个目标，以另一目标的成功来加以补偿的行为。比如，在课堂教学中一些青年教师由于急于求成，导致教学失败，从而产生心理挫折，他可以在班级管理教科研等方面积极投入，以寻求心理补偿，消除心理挫折。改变是指当个体发现目标难以实现时，主动降低目标和抱负水平，或重新选择达到目标的行为方式。

上述行为反应中，只有积极行为才是最有效和最为适应的反应策略，从而可以有效地解决问题，缓解挫折产生的压力。

第二节 教师如何运用乐观战胜挫折感

乐观是战胜挫折的法宝，乐观的人相信明天会更好，而且对挫折与失败有能力进行重新评价与解释。在充满挫折环境的学校中，做一个乐观的教师有助于提高抗挫折能力，提高幸福感。

一、教师如何善用积极的归因

教师面对挫折时，从积极的角度进行归因是非常有助于对抗挫折的。正如认知治疗的名言，困扰人们的不是事物本身，而是人们对事物的态度。经历挫折后，教师可以通过重新解释原因来消除挫折感和无助感。

什么是归因乐观呢？归因理论认为，人们不断地在试图确定事件的原因。凯利（Harold Kelley）指出，当人们试图解释某个人的行为时，会从三个方面的有关信息来评估：区别性、一贯性和一致性。如孙老师在课堂上遇到一个叫豆豆的同学捣乱不听讲，他可能从三个方面解释事情发生的原因：

1. 区别性：这种行为是否只是在这个情境下才发生呢？是不是只有上我这个科目课程的时候才这样呢？

2. 一贯性：是否这个行为在这个情境下会一再出现？是不是每次我上课的时候都这样呢？

3. 一致性：是否其余人也会在同样的情境下表现出这个行为呢？班上其他同学是否也表现了一样的行为？

塞利格曼认为，乐观就是将事务进行积极归因的一种倾向，他将这种倾向命名为乐观归因风格。根据他的研究发现，哪怕遭遇的是同一件不愉快事情，不同个体可能会对这件事情进行截然相反的归因。你怎么看待发生在身边的事？就是这个视角，意味着你是否乐观。乐观归因风格所用的维度是"稳定—不稳定"、"内部—外部"、"特定—普遍"三个，见表6-1。

表6-1 归因风格表

		特定	普遍
内部	稳定	①我就是没有办法成为好的老师，对豆豆这种学生一筹莫展。	⑤我没有办法成为好的老师，没有办法和学生建立关系。
	不稳定	②我最近遇到了烦心事，对豆豆的耐心越来越少了，估计过一段时间能好起来。	⑥我最近遇到了烦心事，没有办法处理好课堂纪律和师生关系问题了。
外部	稳定	③豆豆就是针对我的，他是故意给我捣乱！	⑦豆豆上所有的课都这样，可能是有多动症，需要和他的家长就此事沟通一下。
	不稳定	④豆豆有时候调皮，有时候不调皮。他在和我对着干的时候估计是遇到了什么事情。	⑧豆豆情绪不稳定，一天上课安静，第二天就肯定不安静。

很明显，孙老师的归因方式是第三种。塞利格曼认为，将事物原因归于外部的、不稳定的和特定的因素时，就是乐观的；相反，归于内部的、稳定的和普遍的因素就是悲观的。上面的例子中，如果孙老师认为豆豆这种行为和自己没有太多关系，而且这种情况并不是每次都出现的（正如上面的④），是不是他的这种愤怒情绪就会缓解很多呢？但是孙老师一旦认为这种情况是不可控不可改变的，就有可能出现沮丧、消沉。不同的解释风格就会导致不一样的心情和行为

表现。

很有意思的是,乐观主义者和悲观主义者无论遇到好事还是坏事,他们的归因方法几乎完全不同。乐观主义者在遇到好事的时候,通常采用内部、稳定、普遍的归因,提高自我效能感;遇到不好的事情时,往往作出的是外部、不稳定、特定的归因,保护了自己的自我评价。而悲观主义者却刚好相反。

表6-2 好事:毕业时你带的班级中恋恋不舍的感情明显高于别的班

	乐观主义者		悲观主义者
内部	我成功是因为我非常关心他们,和他们建立了相当好的关系。	外部	这一届学生真是重感情啊!
稳定	其实我一直能和学生友好相处,只是这一次表现了出来。	不稳定	唉,碰到哪些学生都是看运气啊。
普遍	我只要表现出真实的想法,就能和任意一个班的学生关系很好。	特定	这一届学生特别好,下一届就说不好了。
	形成了良好的自我评价,对未来有很多期待,促进自己采取行动,再次获得成就感。		感到幸运,高兴的同时担心未来的命运。犹豫不决,担心现在的好运转瞬即逝,不愿意开始新的工作。

表6-3 坏事:毕业时你带的班级好像没有什么留恋,毕业典礼一结束就散去了

	乐观主义者		悲观主义者
外部	可能是因为这次升学考试的题目过难,让他们没有心思将不舍之情表现出来。	内部	我就觉得我不能当好教师,果然我是对的。
不稳定	他们并不总是这样的,这次是一个特例。	稳定	每一次毕业典礼后学生都是这样的,肯定是什么地方出了问题。
特定	虽然在毕业典礼上没有表现出来,但是到他们接到入学通知书的时候一定会联系我的。	普遍	他们没有集体荣誉感又不是这一件事情上体现的,运动会、家长会、科技节都这样。
	不被困境所累,尽快摆脱逆境,以问题为中心,缩小失败带来的伤害,继续工作。		感到无力感和无望感,觉得难以胜任,整个生活都受到了影响,难以继。

二、乐观给教师工作、生活带来的好处

乐观对个人来说,有什么样的积极作用呢?能给人带来什么样的好处呢?心理学家对此进行了各方面的研究。研究发现,乐观程度高的学生,其大学学习成绩也更好,而乐观程度低的学生,大学学习成绩也较差。乐观对成绩的预测,比用中学学业测验成绩要准确得多!乐观与夫妻关系的积极评价有很大的关系,并且能够预测长期的婚姻满意度。在遇到挫折和压力事件时,乐观者表现更好。乐

观的青少年，在面对父母离异时，更少出现身体疾病、抑郁和自杀；乐观能够提高免疫力，有益于身体恢复健康。倘若一个人得了心脏病，就很悲观，心情沮丧，那么他死亡的概率一下子就提高了 3 倍。

具体来说，乐观通过影响人的行为来发挥其作用。主要包括三方面内容。

(一) 乐观者对目标的坚持性更强

中国的研究者侯典牧做了一个有趣的实验。他随机选取了 300 多名大学生参加实验，这些大学生被随机分成了两组。实验开始时，对每组大学生都说一样的指导语，让他们参加一项智力测验，并特别强调这个智力测验是中等难度的。

说到这里，不得不指出，如果问任何一个人这样的问题："与全世界所有人相比较，我的智力水平比其中的____% 要好。"绝大部分人都会认为自己的智力高于全世界 50% 的人，甚至更高。我们中的确有非常聪明的人，但是绝大部分人都比 50% 的人智力更高，当然是不可能的，只是我们每一个人都对自己有乐观的认知偏差罢了。所以可以预想，当特别告诉这些大学生，这个智力测验属于中等难度时，他们都会预计自己将拿到一个不错的分数。

但实际上，两组被试的题目是不一样的。第一组被试的题目简单，第二组的题目难，并没有给他们所谓的中等难度的题目。做完测试后很快给出每一个人的分数，可想而知，第一组被试的分数都相当不错，第二组则比较糟糕。

这个时候，研究者问所有的大学生这样一个问题：下次还有这样的测验，你还愿意参加吗？这时候能够看到，乐观程度高的人和乐观程度低的人，坚持程度差异很大。乐观的人更不容易受到反馈的影响，更有意愿继续参与活动。

国外也有研究表明，当人们对未来的预期更加乐观时，在行为上会更加有坚持性，能够付出更多的时间和精力。

不同乐观程度的教师或许设定了同样的工作目标，但是他们在达到自己目标的过程中可能有比较大的差异。乐观程度高的教师更加积极地期待着实现自己的目标，而且还表现出更多的执着。悲观的教师或许认为自己的目标非常重要，但是很难执着于接近这个目标，好像总会停留在某一步，放弃努力。

(二) 获得更多的资源

除了对目标更加坚持以外，高乐观程度的人容易获得更多的支持资源。就仿佛是特别有运气一般。

对香港下岗妇女的调查研究表明，乐观是一种应对失业危机的重要个人资源，高乐观的妇女比低乐观的妇女能更好地把自己与失业问题分离开来，生活得更好。在面对亲人去世时，乐观者更可能意识到生命的脆弱，将重心放到当下，不再对死亡恐惧等。

乐观者和悲观者在遇到上面提到的这些压力事件时，有着非常不一样的行为模式。众多研究表明，乐观者有更高的自尊水平，在遇到挫折时，会用一种更积极的心态来评价和分析压力情境，采用任务定向的应对策略，寻找问题解决的方法，寻求社会支持系统，自我接纳并进行自我改进，积极再定义压力事件，利用爱好或兴趣转移注意力克服困难，获取更多的资源帮助自己前进。

而不那么乐观的人会体验到更多的压力，更容易采用情绪定向的应对方式，例如转移，逃避、退缩等策略以应付预料到的压力事件，尽量少的付出努力，远离失败情景。

（三）满意度更高

21世纪初时，美国学者报告了一项研究。他们在大学毕业纪念册上挑选了141幅照片，将照片上的表情分为了三大类：没有笑容的、露出僵硬的职业微笑（被称为"泛美航空式"笑容）的，及露出真诚的笑容的。在这些照片主人27岁、43岁和52岁时分别对其进行访谈，问及她们的婚姻状况和生活满意度。结果发现，露出真诚笑容的被试，在往后的30年里，结婚比例较高、比较倾向维持婚姻关系，也体验到比较高的生活满意度。研究者于是作出结论：一瞬间积极情绪的产物———一幅照片，却令人信服地预测了长寿情况和婚姻满意度。

高乐观更能够增加满意度，增加婚姻的幸福感。

显然，乐观的教师可能对自己的工作、生活满意度更好，因而也更加幸福。

三、教师如何学会乐观

作为教师首先也要看到悲观的益处，不能过分乐观，如悲观的时候可以让人更加清醒，对事物坏的方面作更多的准备。的确，悲观者在遇到一个可能的挫折情景时，常常采用这样的手段来保护自己：

1. 降低自己的期望。假设事情不会很顺利，结局会很糟糕。

2. 考虑到最坏的情景。悲观主义者会思考这件事所有的糟糕结局，并着重在心里刻画可能出现的最糟糕的情景。

3. 作好应对失败的准备。悲观主义者的脑海中常常不断浮现那些不好的结局，并一遍遍地寻找应对方法。他们不断地思考和准备，想要找到在最坏情境下最可能获得成功的应对方式。

这大约就是人们认为的"悲观的有用之处"。让人们意识到困难的存在，并且作好应对的准备。这种方法被叫做"防御型悲观主义"，悲观主义者通常用这种方法来缓解自己的焦虑，好像将注意力转移到了"如何解决这些问题"上来，也获得了一些控制感。

但是我们也要看到，用这种方法的人，思维一直围绕在"可能的失败"、"失败的具体情境"、"失败是怎么导致的"、"如何预防失败"这些问题上，他们每时每刻想到的还是"失败"，在脑海中的各种预演占据了大量的时间和精力，严重阻碍了选择的范畴，妨碍活力与创造性。而且可能带给别人你没有自信、没有能力的感觉。这种感觉带给人们的坏处，可能比好处更加多一些。

那么，如何才能更加乐观一些呢？塞利格曼认为，乐观的解释风格是可以在后天的生活过程中习得和重塑的。在实际治疗中，塞利格曼将内在—外在、稳定—不稳定、特定—普遍三个维度纳入了归因重构中。而采用的技术主要来自贝克和埃利斯的认知治疗中。在归因重构练习中，参与者学习如何控制和分析情绪变化的情景，然后修正自己的悲观观念，使自己的解释风格更加乐观。

（一）分析和解释

在消极的情境下，参与者被指导用 ABC 理论分析和解释不幸、不幸发生之前的想法，以及情绪变化的结果。

A：指发生的事件（学生 A 连续一个礼拜没有交家庭作业）。

B：指人们对事件所持的观念或信念（他是一个糟糕的学生，连这么点儿作业都没有办法完成，也有可能是故意和我作对）。

C：指观念或信念所引起的情绪及行为后果（我的心情变得更加糟糕了。若 1 分 = 非常快乐，10 分 = 非常抑郁，分数为 8 分）。

可以用这个方法让参与者进行无数次练习，并要让其意识到悲观信念和积极信念的差异。这些信念影响了我们的心情变化。

（二）转移注意力

在情绪不好时，应该怎样做才能最快地平复心情呢？转移注意力就是让参与者从不断的悲观解释以及由此引发的消极情绪中尽快脱离出来。主要的方法包括"停—想—做"。在心中对自己大喊"停"，把注意力集中到外界的事物上；过会儿再思考这个问题；不幸的事情发生时，立即写下对它的悲观解释。

（三）辩论

通过与不合理信念辩论，帮助参与者认清其悲观信念的不合理性，进而放弃这些不合理的信念，并建立新的乐观信念。在辩论的过程中，分别就证据、其他可能性、意义和功能性四个方面进行讨论：

1. 这种悲观解释的证据是什么？这些证据是否属实？

2. 是否可能有其他的乐观解释，让我们把不幸归因于外部的、特殊的和暂时的因素？

3. 如果我找不出一个合理的乐观解释，这种悲观解释的消极影响是长期的还是暂时的？

4. 如果不能决定哪种解释的证据更充分，那么哪种解释对我产生积极情绪和达成目标是最有用的？

将上述三种技术整合起来，就是 ABCDE 技术。

A：事件（学生 A 连续一个礼拜没有交家庭作业）。

B：信念（他是一个糟糕的学生，连这么点作业都没有办法完成，也有可能是故意和我作对)。

C：结果（我的心情变得更加糟糕了。若1分=非常快乐，10分=非常抑郁，本来是4分，现在是8分）。

D：辩论（证据：一个礼拜前他还能够按时交作业，但是能看出来他的作业写得越来越敷衍了，这个变化大概是从一个月前开始的。和交作业情况同时发生的是他的外表也越来越邋遢了。其他可能：或许是他家里发生了变故，导致了他现在的情况。功能：觉得学生可能家里有变故，让我对他的情绪从愤怒转变为了担忧，感到的攻击性也减少了）。

E：效果（现在感到好一些了，从8分降到了5分）。

综上所述，乐观是可以习得的，但是需要不断练习。

【建议参考资料】

1. 塞利格曼．活出最乐观的自己［M］．洪兰，译．沈阳：万卷出版公司，2010.
2. BECK J S. 认知疗法：基础与应用［M］．翟书涛，译．北京：中国轻工业出版社，2001.
3. 塞利格曼．真实的幸福［M］洪兰，译．沈阳：万卷出版公司，2010.

【问题与思考】

1. 遇到挫折的时候，你最常有哪种挫折反应？结果是什么？
2. 回忆最近一个礼拜发生的一个挫折事件（可以是非常小的挫折事件），试着用归因的三个维度六个方面来分别分析，看能够得出哪些归因。然后看一看，事件发生时你的归因是属于哪种，这些归因中哪些能够让你感觉更好？
3. 你通常是如何应对挫折的？哪些方法是有效的？哪些方法是无效的？
4. 除了本书介绍的方法，你还有哪些保持乐观的方法？

第七章 提升教师的职业幸福感

【本章提要】

本章主要介绍教师职业幸福感的含义及其影响因素。教师的职业幸福感是以自身的标准对从事的教师工作产生的持续稳定的快乐体验，主要受个人、学校制度及社会环境的影响。在此基础上，本章还论述了如何从个人修养、学校制度建设和社会环境的改变等角度，全面提升教师的职业幸福感。

【学习重点】

1. 了解幸福感与教师的职业幸福感的区别与联系。
2. 掌握影响教师职业幸福感的因素。
3. 理解影响教师职业幸福感三个因素的关系。
4. 了解如何从个人修养做起提高教师幸福感。
5. 思考学校与社会应当促进与提高教师的幸福感。

【重要术语】

幸福感　教师职业幸福感　提升幸福感　积极情绪

第一节　教师职业幸福感的含义

一、什么是幸福感

什么是幸福感呢？从哲学传统上看，有关幸福的概念与理论可以归结为两种基本的类型：快乐论（hedonic）和实现论（eudaimonic）。快乐论认为幸福是一种快乐的体验；实现论则认为幸福不仅仅是快乐，更是个人潜能的实现。积极心理学对幸福的研究存在两种取向，即主观幸福感（subjective well-being，SWB）和心理幸福感（psychology well-being，PWB）。主观幸福感是对生活满意度产生的一种积极心理体验，是与一个人的社会环境、教育、工作、成就、健康和目标实现及社会关系相关的；而心理幸福感则是指一个人充分地实现了心理潜能而产生的积极的和有意义的情感体验，是对过去、现在和未来的一种乐观、流畅和弹性心理。积极情感是主观幸福感的一面镜子，而积极和乐观状态是心理幸福感的本质。

本书认为，主观幸福感是一种心理体验，是对生活的客观条件和所处状态的一种感受，又是对生活的主观意义和满足程度的一种主观判断，是一种积极的心理体验。它包括积极的认知和积极的情感，见表7-1。

表7-1 主观幸福感的成分

	认知成分	情感成分	
领域	满意度	积极情感	消极情感
自我	重要他人对自己生活的看法	幸福	痛苦
家庭	对当前生活的满意度	兴高采烈	悲伤
同事	重要他人对自己生活的看法	狂喜	妒嫉
健康	对过去的满意度	骄傲	愤怒
收入	对未来的满意度	高兴	压抑
工作	改变生活的愿望	欢乐	内疚或羞愧
休闲	对当前生活的满意度	满足	焦虑

积极心理学认为，幸福感是一种能给人带来收益的心理资本，它来源于三个层面，即情感幸福感、心理幸福感和社会幸福感。

情感幸福感主要由来自身体及生活方面给自己带来的积极的情绪体验。如生活满意感、满足、喜悦、快乐、幸福、兴奋、激动等等。身体的愉快来自感官，感觉来自于外界事物对感官的刺激，如美丽的鲜花和各种味道。看到色彩斑斓的大自然，顿时心旷神怡，欢快无比；吃到一顿可口美味的饭菜，心满意足。

心理幸福感主要是来自于自我接纳、个人成长、人生目标、对环境的控制感、自主性、与他人的积极关系等方面产生的积极体验。如对自己获得的成功充满自豪感，对自己执着追求的人生目标充满强烈的愿望，对自己感兴趣的活动专注、执迷、沉浸，对拥有亲密的朋友和家人感到温暖和幸福。

社会幸福感来源于一个人在社会活动或工作中得到社会认同、实现自我价值、为社会作出贡献、获得成就感时的一种幸福体验。如一个人得到社会的积极肯定，获得荣誉感，能够充分地展示自我的才华，为社会作出贡献，由此而产生的幸福体验，就是社会幸福感。

法国作家法朗士写过一篇题为《衬衫》的小说，说的是有个国王得了一种怪病，整天郁郁不乐。医生告诉他，必须穿上一件快活幸福的人的贴身衬衫，才能把病治好。于是国王就派人去找这件衬衫。使者找遍了这个国家的王公贵族、富商巨贾，但是这些人尽管表面上很快活，内心却无不为自己的贪婪、嫉妒以及对金钱和权势的欲望所苦，使者大大失望了。后来偶然碰到一个矮小的农民牟世克，他生活艰苦却很幸福，使者赶紧向牟世克索取衬衫，向他不断地许愿：无论是用黄金还是用土地来交换都行。但使者失望了，原来牟世克根本没有衬衫。

这个小故事告诉我们，幸福不取决于富有与贫穷，幸福也不取决于外在的拥有与缺失，而是我们每个人的主观感受，并且幸福就掌握在我们每个人自己的手中。

微软创办人盖茨在退出微软公司后，将自己580亿美元财产全数捐给慈善基金"比尔和梅琳达盖茨基金会"，一分一毫也没留给自己的子女，并从此开始了他人生的另一辉煌事业，帮助全世界的穷人，特别是艾滋病人，这让他体验到社会的幸福感。

一个农民工看到自己一砖一砖建筑起的高楼大厦时，也体验到社会幸福感；一名教师看到所教的学生成长成才时，也会体验到社会幸福感。

积极心理学领域的旗手塞利格曼先生说：真正的幸福应该是快乐与意义的结合。它包括三个要素：意义、快乐与投入。真正快乐的人会在自己觉得有意义的生活方式里享受它的点点滴滴。

二、什么是教师的职业幸福感

职业是指"个性的发挥，任务的实现和维持生活的连续性的人类活动"。职业幸福感就是指人们在这种人类活动中的幸福体验。霍恩（Joan E. van Horn）认为职业幸福感是个体对自身工作的各个方面的积极评价，包括情感、动机、行为、认知和身心幸福五个维度[①]。

而教师职业幸福感就是以自身的标准对从事的教师工作产生的持续稳定的快乐体验。这个定义中，自身的标准就是老师个人的主观判断，而且这种幸福感包含着快乐的积极情绪体验，是在教师的教育教学工作中产生的。

檀传宝认为，教师幸福就是教师在自己的工作中自由实现自己的职业理想的一种教育主体生存状态。教师幸福具有精神性、关系性、集体性和无限性四个特点。教师幸福的实现需要两个方面的前提条件：一是狭义幸福能力的培育，即主体必须具有健康向上的人生观、价值观和品位人生的价值性条件；二是广义幸福能力的培育，即主体具体的实践幸福的能力[②]。

教师职业幸福感就是指教师在教育工作中需要获得满足、自由实现自己的职业理想、发挥自己潜能并伴随着力量增长所获得的持续快乐体验。也有人说，教师的职业幸福感就是教师在创造物质生活和精神生活的实践中，感受理想目标与理想实现而得到的精神满足，从而在追求这个目标与理想的过程中得到的愉悦感受，是教师从工作理想到现实的最美的情感体验。

---

① SELIGMAN M E P. Authentic happiness: using the new positive psychology to realize your potential for lasting fulfillment [M]. New York: Free Press, 2002.

② 檀传宝. 论教师的幸福 [J]. 教育科学, 2002（1）.

本书认为，教师职业幸福感是指教师在从事教育教学职业活动中的幸福体验。它包括两个成分：一是教师对职业工作的满意感，即认知成分；二是教师在职业工作中体验到的快乐情感，如快乐、满足、喜悦，即情感成分。

教师职业幸福感来源于教师的日常教育教学工作带来的快乐、兴趣、热爱，来自学生的成长与发展带来的欣慰与成就感，即情感幸福感；来自教师业务水平提高，专业发展，实现自我价值时的自我满足感，即心理幸福感；来自从事教师这个职业时的积极创造，来自于教师在教育过程中体验到的社会价值感，实现自己教师理想的社会成就感。

第二节　影响教师职业幸福感的因素

曾瑜2007年对成都市中学教师幸福感的调查表明[1]，中学教师获得职业幸福感的主要原因有：工作本身有趣、工作中常能获得成功、学生的关心、领导的肯定和支持，分别有30.2%、22.1%、14.0%、10.5%的教师认为这些原因是最重要的原因。而所有的原因被教师多选的频率相差不多，除"家长的支持和肯定"是低于10%，其他的原因都在10%到20%之间。可见，除上述主要原因外，其他的因素也是教师获得职业幸福感的原因。中学教师职业幸福感低下的主要原因有：工作烦琐机械、很少获得成就感，分别有39.0%、18.6%的教师认为这些原因是最重要的原因。另外，家长的不理解、工作中没有安全感和稳定感也是比较重要的原因，选择这两项的教师比率为14.6%、10.4%。

杭州有一所中学曾以"教师的职业幸福感"为主题进行了问卷调查，结果发现排名第一的最让老师们感到快乐的居然是休息，第二才是经济收入、学生取得好成绩和得到领导表扬等等。

束从敏归纳国外研究表明[2]，影响教师工作满意度和幸福感的因素很多，主要是教师难以控制的因素，如：对教师的期望；学校的管理风格；经济支持；班级规模；工作条件；人口学特征；教师能否参与到学校的决策中；教育过程中的成就感；学生的成长和进步；教师的班级教育实践和教师所承担的角色和责任；学校环境，尤其是学校管理者对教师职业幸福的获得和保持起着重大的作用。此外，教师自身特征和外部环境的交互作用，与工龄的长短成反比；而且，性别因素也有一定的影响，女教师往往比男教师在工作过程中获得更多的职业满意度和幸福感。

---

[1] 曾瑜．成都市中学教师职业幸福感研究［D］．重庆：西南大学，2007.
[2] 束从敏．幼儿教师职业幸福感研究［D］．南京：南京师范大学，2003.

胡小丽的硕士论文结果也表明①：不同教龄的教师在教师职业幸福感上存在非常显著的差异。工作1—5年的老师，与教龄6—10年、11—20年、21—30年以上的老师都存在非常显著的差异。工作0—1年的老师幸福感得分显著高于其他教龄的群体；工作2—5年的老师与工作11—20年、21—30年以上的老师都存在非常显著的差异，工作1—5年教师的职业幸福感得分较高。这一研究结果与以往对教师职业倦怠感的研究结果一致。教师工作六年是职业枯竭的一个拐点，也是教师幸福感的一个拐点。

从上面的实证研究中我们可以把影响教师职业幸福感的因素归结为三个方面：个人层面、学校层面和社会层面。

一、个人层面

（一）缺乏对教师职业的正确理解和坚定的信念

信念是一个人的动力系统。教师职业信念是指教师在对自己所从事的职业有了一定认识的基础上在教师劳动价值方面所产生的坚信不疑的态度。一个能真正明白教师生涯意义的教师，才会懂得教育本身的意义，才会生发出对教育事业的热爱和对学生的爱，激发出教育的热情。有些教师是为了个人的"生存"或"饭碗"而"活"在教师行业中，甚至是混在教师队伍中，认为教师职业比较稳定，工资待遇有保障，又有寒暑假。而一旦从事这个行业后，感受到工作带来的压力和挫折时，一些教师就会动摇或消沉。有位老师说："我感觉不到什么幸福，有学生问我他们将来可以做什么，我第一反应就是告诉他们，将来一定不要做教师。"

（二）紧张的人际关系导致教师失去和谐的工作环境

由于教师工作的相对独立性，教师与教师之间缺乏协调性。加上评职称、绩效工资改革等因素，往往导致教师之间相互竞争和攀比，造成人际关系紧张和冲突。由于年龄的限制，中小学生心理不够成熟，不理解老师的一片苦心，对老师的教育采取抵触和反抗，师生之间缺乏融洽性，造成师生关系紧张，使教师产生压力感。

（三）缺少教师专业成长使教师失去了职业幸福感的助动器

专业成长是教师职业幸福感的重要来源。一些教师在教育教学岗位上几年甚至几十年如一日地工作，反复教授同一门课程，面对同样年龄段的学生，教学方式一成不变，教材内容缺乏生动的补充，教学手段陈旧落后，久而久之，出现了专业枯竭。近几年来教学改革一直没有停止过，教学手段不断变化——从传统的

---

① 胡小丽. 中学教师职业幸福感结构及其影响因素研究［D］. 长春：吉林大学，2007.

粉笔到多媒体教学手段的运用，课堂教学模式推陈出新——从传统的讲授到情境教学、合作学习、探究式学习，教育对象心理发展的特点也随之不断地发生变化。所以教师需要不断地学习新的教学方法、教学手段以及新的教材体系，才能适应教学的改革，否则教师就会难于胜任课堂教学。

（四）过大的生活压力和过重的经济负担使教师无法体验到职业的快乐

相对来说，教师的工作待遇与教师的付出相比还是偏低，特别是一些不发达地区的教师，生活上的实际问题长期得不到解决，老师又没有其他的渠道获得额外的报酬，加上得不到家人和社会的支持和理解，没有获得必要的精神安慰，也造成了老师的心理压力，使其无法产生职业幸福感。

（五）身心不健康影响教师的职业幸福感

过度完美主义、目标取向、对自身的要求过高等独特的个性品质会影响到教师对工作和压力的评估和认识，容易引发内心的挫折感，导致职业倦怠甚至心理枯竭，影响教师的职业幸福感。

教师的职业特点导致教师群体易患一些身体上的疾病，这也是扼杀教师职业幸福感的杀手。田俊等人研究发现，男性教师的 2 周患病率为 41.40%，慢性病患病率为 58.53%；女性教师的 2 周患病率为 47.24%，慢性病患病率为 61.60%。在男女教师的 2 周患病及慢性疾病中，慢性咽炎及声带疾病、消化道溃疡占比较大比率。此外，贫血、心脏病、高血压、支气管炎也是教师的常见病。同时有资料显示，不少教师患有肌肉、骨关节方面的疾病，其中以腰酸背痛、颈部和上背肌肉疼痛症候及右肩肌腱炎居多。

（六）忽视了家庭的和睦，疏于对子女的教育影响了教师的职业幸福感

老师的工作繁重而没有极限，一天工作十多个小时，从早忙到晚，在学校累了一天，回到家还要备课和改作业。往往身心疲惫。调查显示：48.5% 的人认为自己"工作太累"，37.4% 的教师工作时间超过 8 小时，最长的达 15 小时。一般教师都是早上 6 点出家门，晚上 6 点进家门，尽心管了别人的孩子，耽搁了自己的孩子，回到家里疲惫不堪，往往还要继续做与教育有关的事情。与家人沟通缺少时间与耐心，造成家人的不理解，家庭矛盾时有发生。甚至有时教师在学校受了学生和领导的气，这种气没有及时地消散，便会把这种消极心情带回家中，发到爱人或孩子身上，产生踢猫效应。而且由于教师在教学生涯中总会看到许多优秀的孩子，因此也希望自己的孩子出类拔萃，当孩子的学业成绩达不到要求时，教师往往对自己的孩子横加指责，缺乏宽容和耐心，结果导致一些老师在子女教育问题上产生了很强的挫败感，认为自己可以教得好很多孩子，却教不好自己的孩子，感到灰心失意。

二、学校层面

从学校层面看,影响教师职业幸福感的因素有:教师的教育教学任务繁重,工作时间长,工作刚性制度多,加上复杂而紧张的人际关系,只注重分数和效率的学校管理体制等。

(一)学校领导的理念中没有教师幸福感的概念

长期以来,我国的学校领导总认为教师的职责就是教好学生,上好课,常常只看教师教学的成效,而极少关注到教师内心的体验,教师是否在教育教学工作中体验到职业幸福感。提升教师的职业幸福感,需要从一个新的视角来看待教师的工作、教师的价值和教师的贡献。我国的学校领导往往对教师责备和批评多,看到教师的不足和弱点多,而没有以积极的视角来看待教师。我们需要转换视角,站在一个新的视野去看待教师的职业幸福感。

(二)学校的管理体制和领导管理方式不当

学校领导者对教师的评价不公正,对教师挑剔过多,当众批评,挫伤教师自尊心;忽视教师的自主性和创造性,过多干涉教师参加正当的业务进修和社会活动,使老师感觉在学校的地位低下,得不到应有的尊重,名目繁多的各级各类检查、考评、验收也使教师们穷于应付。

(三)学校的评价机制不公正,挫伤了教师工作的积极性

很多地区的教育系统依然把升学率、优良率作为衡量一个学校优劣的唯一标准,导致以升学率衡量一个学校办学质量的好坏,以考上重点中学或大学的学生数量来衡量一个教师教学质量的优劣,这给教师带来重重的压力。面对现行教育体制改革、绩效工资改革、教师聘任、末位淘汰等新制度的施行,每位教师都感到了前所未有的压力,这样不仅挫伤了教师的积极性,也激化了学校领导与教师及教师之间的矛盾。

(四)没有关爱教师幸福的校园文化氛围

一些学校在校园文化中倡导"一切为了学生的发展"、"以学生为本",注重了对学生道德品德的教育,为学生的发展提供了各种各样的平台,但唯独忘记了在学校教育教学活动中的教师主体。既没有反映教师风采风貌的校园文化,也没有关注教师职业幸福感的文化视点,所以教师被称为"被爱遗忘的角落"。

(五)缺少促进教师专业成长的平台

教师的专业成长需要学校领导为教师搭建平台,如提供学习的机会,保障学习的时间,外出参观考察,组建各种学习型团队,开展各种教研活动、教学竞赛评比活动等等。但学校往往"只让马儿奔跑,而不让马儿吃草"。很少给教师提供教学反思和学习的机会。

（六）不关心教师的家庭和生活

一些学校领导长期以来忽视了对教职工家庭生活的关心。要求教师要对学生做家访，但却从来没有想到要对教师做家访。有些教师家庭经济负担沉重、生活压力大，生活环境艰苦，但由于学校领导没有关心过问，使得教师们在心理上感受不到来自领导的关心和理解，也体验不到教师职业的幸福感。

三、社会层面

从社会层面看，影响教师职业幸福感的因素主要是经济待遇不高、社会期待高、压力大、工作紧张而劳累，缺乏社会和家长的理解和支持。有位校长说，老师也是社会的最弱势群体，有理无处说。

（一）社会赋予教师太多的复杂角色

既承担教书育人的社会责任，又具有引导孩子身心健康的职能，还要担负起保障学生生命安全的重大职责，甚至强调家校合一，还要教育影响家长，转变家长的教育观念，农村的教师还要保证孩子不辍学、不流失，监护留守儿童成长。老师的角色过于繁杂，造成了老师巨大的心理负担。老师的工作时间大大超过8小时，甚至长达12小时以上，长期的超负荷，导致教师产生过大的心理压力。校园中频繁出现的校园安全事件，也让教师承受了极大的心理压力，生怕孩子在学校出事，特别是生命安全事件，使教师一进校门就绷紧了神经，处于高度紧张的状态中。

（二）家长和学生都对老师寄予了过高的期望

一些家长把教育孩子的责任全部推到老师身上，孩子学不好或出现行为问题动辄就找学校老师，特别是一些留守孩子，家长无暇顾及，造成教师额外的工作负荷，产生心理压力感。

（三）教师的社会地位和待遇偏低

现在虽然教师的社会地位和待遇有所提高，但与教师所付出的劳动时间和工作压力相比，以及与公务员相比，教师的社会地位还是偏低的。因教师每天工作十多个小时，除了工资收入外，基本没有额外的收入，特别是在一些边远地区的村镇学校，教师的工资还常常被拖欠，教师所教班级学生数额偏多，一个班往往近70人，教师的教学负担很重。农村中学的一些教师早上五点多就要到学校，晚上十点多还要到学校管理学生晚自习和住校，工作特别辛苦。

（四）社会媒体的宣传报道有失偏颇

现在社会媒体对负面教育事件的报道居多，如关于校园安全、学生自杀、教师伤害学生、教师教学事故等现象的报道远远多于对广大一线教师在教育教学工作岗位上尽心尽力、勤勤恳恳地工作、付出，每年培养出成千上万优秀人才的报道。媒体对教育现象抨击和指责的多，而赞扬和歌颂的少，这使得教师在社会中的负面形象多于正面形象，心理上产生了巨大的落差。

第三节 如何提升教师的职业幸福感

从上面的分析中，可以了解到影响教师的职业幸福感的因素主要来自个人、学校和社会三个方面，那如何提升教师的职业幸福感呢？可以针对性地从上述三个方面入手。

一、个人层面

（一）坚定的教育信念和对教育事业的热爱是教师职业幸福感的根本来源

孟子认为："君子有三乐，而王天下不与存焉，父母俱存，兄弟无故，一乐也；仰不愧于天，俯不怍于人，二乐也；得天下英才而教育之，三乐也。"

教师把自己置身于教育事业中，热爱教师工作，从工作中获得快乐，这是教师职业幸福感的主要来源。

如何看待教师职业？把它作为一个饭碗还是作为一种事业，这在教师心里引起的反应是截然不同的，对其职业幸福感的影响也是截然不同的。

蔡元培先生对职业境界的描述如下。自然境界：把职业当做一个谋生的手段，养家糊口的饭碗，凭本能工作；功利境界：为某种功利的目的努力工作，一旦功利目的达到了或达不到，就放弃努力；道德境界：赋予职业以道德意义，为服务对象一生的幸福努力工作；天地境界：自觉把自己的工作与全人类的进步文化事业联系起来并努力工作。

处于后两种境界的教师，有强烈的使命感、事业心、上进心、成就欲、成功感，他们以自己的职业为荣，能排除干扰和杂念，保持平和与愉悦的工作心情。他们明知道教师的工作时间之长，心思之重，体能消耗之大，情感付出之多是其他职业所无法比拟的，但是既然选择了这种职业，就无怨无悔，永不满足，永创佳绩。他们有很高的理想抱负，甘冒风险、喜欢挑战性的工作，重成就、轻金钱，善于从工作的成功中得到快乐。他们的求知欲比别人强得多，而物质的需求比别人淡薄得多，即使在贫困环境中，他们也能安贫乐道，耐得住寂寞，敬业爱岗。对于他们来说，工作着是美丽的，忙碌着是快乐的。

教育是什么？老一辈教育家陶行知说过："人生为一大事来。"对人大附中刘彭芝校长来说：教育，是她的人生大事；爱，则是她在教育岗位上敬德修业的源动力。刘彭芝校长认为，人们对教育可以有各种各样的理解，但在教育中贯总一切、贯穿始终的应该是"爱"。爱是自然流溢出来的奉献。刘彭芝在她的专著《人生为一大事来》中写道："爱是教育的最高境界，有没有深爱、大爱，是教书匠和教育家的分野之一。"有了爱，教育工作者才能视学校为家庭，视学生为子女，视同事为手足；才能有信念、有责任、有激情；才能把教育事业当做人生大事，全心全意，坚定不移，无怨无悔。她说："爱的极限是什么？是崇拜。我崇拜我的学生，他们值得我崇拜。"

全国十佳班主任郑丹娜老师9年来给学生回复的"悄悄话"总计超过360万字，相当于10部长篇小说；从2000年开始，她坚持每晚主动给一位学生家长打电话，7年下来，她和家长累计通话时间已经超过了6万分钟——今年33岁的郑丹娜老师以这样一份沉甸甸的"清单"阐释自己爱的艺术。郑老师说，"爱是可以传递的"，郑老师就是把这份对学生的爱以悄悄话的方式传递给学生，同时也在这种爱的传递中获得了职业的幸福感。

鄢月钿老师的《优秀教师的十大标准》一书说到：做你所爱的，爱你所爱的，点燃你工作的激情。要么不做，要做就全身心投入，千万不要带着情绪进教室。因为，只要你爱你的工作，爱教育，你就会得到许多人无法体验到的幸福和快乐。什么是幸福？当学生感到幸福的时候，你将感到幸福；当学生感到幸福的时候，你的幸福将是几十个学生的幸福的总和。教一辈子书，有那么多的学生的幸福叠加，那种教育的幸福，将随着人生走向生命的尽头而愈显灿烂辉煌。爱你的教育吧，不管它是不是你最初的梦想和追求。因为，教育，值得你做。当你心无旁骛地工作时，工作的乐趣也就离你不远了，人生的精彩也离你不远了。

李镇西老师在《爱心与教育》中提到：教师的最高境界，是把教育看成是幸福的事，追求做最好的老师。没有最好，只有更好。做最好的自己。成为最好的我。第二，做到三心、三家。三心即童心、爱心、责任心。童心，即和学生有共同的兴趣和爱好；爱心，即在日常生活中有依恋、思念、想念的感情。责任心，就是要与学生一道成长，为共和国培养现代公民。三家，即专家、思想家、心理学家。

（二）在教育教学工作中体验教师职业带来的幸福感

幸福是一种心灵的体验，要用心去感受，要用情去触摸。体验幸福也是一种能力。幸福的最高层次是社会幸福感，这种幸福感来自对社会的贡献，在社会奉献中体验到的幸福感。工作是生命中最珍贵的礼物，感恩是对工作最有力的回报。弗洛姆曾说："幸福本身不是结果，而是伴随着力量增长的体验。"在学生的成长与进步中，教师体验到了"给予"所带来的幸福。"给予"不是奉献，"给予"是潜能的最高表达。在给予的行为中表示了生命的存在。给予本身便是极大的快乐。

高尔基说："工作愉快，人生便是天堂；工作痛苦，人生便是地狱。"人的一生都希冀快乐，但只有经过工作得来的快乐，才是真正的快乐。人的一生中大部分时间是在工作中度过的，如果我们在工作中能得到快乐的话，那么我们的一生也将是快乐的。达芬奇说："勤劳一日，可得一夜安眠；勤劳一生，可得幸福长眠。"与其抱怨工作，不如享受工作，从工作中得到快乐。投入工作，沉浸在

"知人之所感";既能分享他人情感,对他人的处境感同身受,又能客观理解、分析他人情感,并能分离他人的情绪和情感。

(四)设定自己专业发展的目标

目标是人生的指南针,不仅能够指明人生的方向,而且具有激励作用。有了目标,才会有生命的意义,才能在实现目标的过程中感受到成功的快乐。当然目标既要高于实际,又不能过于脱离自己的实际。过高的不切合实际的目标会让人望而止步,产生挫败感。设定一个长远的目标,然后把长远的目标划分为可以一步步实现的小目标,就像一个个站牌,每个达到了,就会从中体验到快乐、幸福,也可以及时调整,激励自己不断朝目标努力。

教师需要专业的成长。我们常常把教师比喻成辛勤浇灌的园丁,要求教师要给学生一瓢水,自己必须有一桶水。我们还常常把教师比喻成"春蚕"和"蜡烛",丝尽泪干,奉献一生。当然这是对教师职业的赞美,但这也易导致教师的职业枯竭。一个有职业幸福感的老师,一定要有专业成长的目标,一定要在专业上不断地提升自己,不断地汲取知识的养分,打造出一堂堂精美的课,在专业的成长中实现自己的教育理想和自身价值。

(五)和谐的人际关系是教师职业幸福的润滑油

要在学校中营造良好的人际关系,要求教师善于与人沟通,要能开放自己,表露自己的价值观、兴趣、爱好和待人处事的原则。对他人开放也意味着信任他人,他人才有可能相应地开放自我,只有这样,才能发现志同道合者,才有交流沟通的可能。若是一味地封闭自我,沟通和交流便不可能,要掌握沟通的技巧,在沟通过程中不要以自我为中心,应设身处地地为他人着想,了解他人的思想观点,要善于倾听他人的意见。不盲从,不丧失自我,这也是与领导、同事建立良好关系的重要条件之一。与人交往必先尊重自己的立场,如果对方的要求违背自己为人处事的基本原则与立场,就应说"不",但在拒绝他人时,应避免伤害他人的自尊心,切忌标榜自己清正、高洁而指责他人污浊、不堪共处,最好能公开自己为人处事的原则,这样他人一般也不会强人所难。

(六)家庭的幸福是教师职业幸福感的并蒂莲

家庭的幸福能给教师提供更好的心理和生理的亲密感,特别是教师如果能体验到家庭的温馨与和谐,儿女的成长与成材,家人的支持和亲人的关爱,可以增进教师的主观幸福感,而这种主观幸福感又促进了教师的职业幸福感。

二、学校层面

校长是学校工作的领导者和组织者,也是教师专业发展和教育教学工作的促进者和肯定者,同时也是对教师尊重、关爱的体现者。从前面对教师幸福感来源及影响教师幸福感的因素方面来看,校长的理念、学校管理的体制及文化氛围都会对教师的幸福感产生影响。那么作为校长该如何提升教师的职业幸福感呢？

（一）找到提升教师职业幸福感的切入点

幸福感是一种主观体验，教师的职业幸福感来源于教师教育教学工作中的主观体验。提升教师的职业幸福感不是一句空洞的口号，要落实到教师的教育教学工作中。俗话说，幸福的人都是一样的，不幸的人各有各的不幸。其实幸福的感受也各有各的不同。作为校长首先要了解自己学校老师的职业幸福感，只有真正地理解了老师的心理需要，才能为提升老师的职业幸福感做实实在在的事。理解教师的职业幸福感，首先要了解教师的心理需要，了解教师职业幸福感的来源和影响老师幸福感的主要因素。可以采用问卷的方式进行调查，也可以通过访谈不同年龄阶段、不同工作岗位的教师，了解教师的心理需要。

根据人本主义心理学家马斯洛的需要层次理论，人的需要是有层次的，可以由高级到低级划分为五个层次，如下图所示。

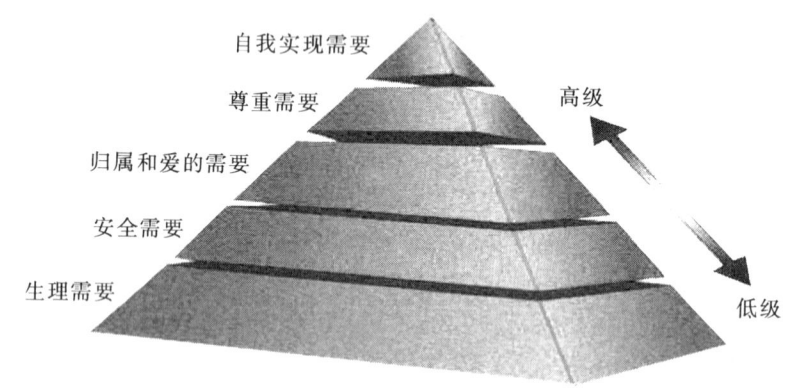

图7-2 马斯洛的需要层次理论图示

最低层次是生理需要，包括一个人的最基本的生活需求；第二个层次是安全需要，包括需要获得生命的安全和心理的安全感；第三个层次是归属与爱的需要，包括心理的归属感，家庭、亲朋好友和社会的支持与爱，既需要付出爱，也需要得到爱；第四个层次是尊重的需要，指一个人需要得到他人和社会对自己人格的尊重，对所付出的劳动的尊重以及对自己所处的社会地位的尊重；第五个层次是自我价值实现的需要，这是一个人最高层次的心理需要，指一个人需要通过社会的付出实现自己的人生价值。当一个人的基本需要得到满足时，他便会产生满意感，低层次的需要得到满足时，会产生身体上的快乐和短暂的幸福，而高层次的需要得到满足会产生心理的幸福感和社会幸福感。

2004年，北京市广渠门中学的吴甡校长曾对自己学校的教师进行了幸福感指数的调查，发现广渠门中学老师的幸福感主要来自三个方面：一是人际关系和谐；二是提高专业水平；三是提升生活品质。而其中和谐的人际关系最为重要。这说明当时广渠门中学教师的心理需要最主要是归属与爱的需要。所以吴甡校长找到了提升自己学校教师职业幸福感的切入点。他让学校工会牵头，为教师组织了十多个俱乐部，使教师找到了心灵的家园，有了心理的归属感，也通过俱乐部的活动增强了人与人之间的交流和关爱，提升了教师的幸福感。学校还设有专门的教师休息室，室内的矿泉水和酸奶都是免费的，以让教师在辛苦工作之余得到心情的放松。学校还有一个"发泄室"，屋里挂有沙袋，墙上贴着标语："将烦恼击碎，让快乐永驻"，让教师们通过击打沙袋来消除烦恼。

吴甡校长在对教师幸福感的调研基础上，开展教师职业幸福感论坛，让教师分享幸福感，进一步提出了"以生命影响生命"的理念，激发教师的教育激情，创造每一个精彩的课堂。从"改善人际关系"到"以生命影响生命"，其实是跨越了两个层次的心理需要，从教师心理的归属与爱到实现教师的自我价值。

北京实验二小的李烈校长响亮地提出了"双主体育人"思想。"学生是学习活动的主体，教师是教育活动的主体。"而"双主体育人"的治校理念不是闭门造车，而是李烈校长在长期的教育教学工作中探索和感悟到的，并且在全体教师会上提出来，会后也经过了全体教师的广泛讨论。李烈校长认为关注人，不是简单的物质满足，关注人就要关注人生命价值和职业价值的统一；关注人，就一定要关注到人内心深处。只有走进人内心深处，才能真正获得影响这个人的力量。而人内心最深处的需要是：价值和尊严！要最大可能地帮助每一位教师实现自我的价值，提升自我的价值，从而提升其做人的尊严感。正是切身地感受到教师的心理需要，李烈校长为提升教师的幸福感找到了切入点。

北京市阜成门外第一小学在了解教师幸福感时发现，由于小学教师工作特别繁忙，无暇与家人交流和沟通，久而久之，忽略了亲情，淡漠了家庭的幸福。学校工会组织了一项活动，专门把一家著名影楼的照相师请到学校，由学校出钱，在休息日为学校的老师一家一家地拍摄结婚纪念照，有的年龄大的老师从来都没有披过美丽的婚纱，幸福地流出了眼泪，有的老师一家三口拍摄了温馨的婚纱照。

北京二中了解到教师长期地伏案工作，积劳成疾，导致很多老师腰椎和颈部都出了问题，而教师又没有整块的时间去医院治疗。学校就专门请来了按摩专家，每周固定几个时间点来学校专门为老师按摩治疗。

不同的人体验到的幸福感也有所不同。比如老年教师需要得到尊重，需要体验自己的成就感。吴甡校长为学校一名即将退休的老实验员开了教学经验研讨会，让那位老教师在学校和同事对自己一生事业的肯定和赞赏中圆满地为自己的教育生涯划上了句号，心中充满了无以言表的幸福感。

（二）引领提升教师的职业幸福感的价值理念

北京广渠门中学的吴甡校长提出"栽培生命"的教育理念，认为生命的成长，一定要用幸福的生命去影响。教师的面貌和状态直接影响到学生的成长。教师的幸福感提高了，工作愉快，自然提高了工作质量，也就提升了对学生的影响。用生命影响生命，幸福快乐的教师可以培养更加幸福快乐的学生，幸福快乐可以让教师"排毒养颜"，他把"关注教师的幸福感"当做重中之重。勇于给年经老师压担子，让他们接受挑战，在工作中给予老师心理的支持，在经费保障上给老师公平的待遇，让老师觉得是为自己干，而不是为别人干，这不仅调动了老师的工作积极性，也让老师体验到来自领导肯定和支持的那份幸福感。

曾担任广渠门中学宏志班班主任的李志宇老师说："在广渠门中学工作感到特别幸福，因为我们有一位理解和支持我们的好校长。"

李烈校长说："'让每个人成为最好的自我'，是我担任校长八年来苦苦追寻的目标。""我做校长，不是要'管'教师，而是要为教师成长服务，我要帮助每一位教师找到工作的快乐！"这一点，每一个实验二小的老师都深有感受。一位到实验二小时间不长的新教师说："以爱育爱激发了我的工作热情和工作潜能。"而与李校长搭档多年的副校长冯红体会更深："以爱育爱教会了我们老师爱的能力。"

（三）建立提升教师幸福感的管理制度

调查表明，学校的管理、考评和聘任机制是影响教师职业幸福感的重要因素。因此，要使教师有职业幸福感，学校首先应从这三个机制入手，构建起和谐的校园氛围，创造幸福的管理，尊重和激励教师，使教师因为和谐而热爱，因为热爱而投入，因为投入而幸福。美国著名的心理学家赫兹伯格提出，"领导的赏识"是重要的激励因素和手段。因为，对教师来说，它意味着自己在组织中的位置、自己获得发展机会的多寡、工作能否顺利进行和获得成功、工作成绩是否得到认可等等，而所有这些都影响着教师的幸福体验。

教师是一个特殊的群体，教师的工作具有极大的创造性和人本性。校长应高度关注教师的职业特点，充分地尊重教师及教师的劳动，发挥教师在教育教学管理中的自主性和能动性，为教师创造和谐的工作环境。和谐的工作环境是实现学校发展目标的重要条件，和谐的环境和团队能产生强大的凝聚力和向心力，能调动教师各方面的积极性。因此，学校应实行开放的、人性化的民主管理，充分发挥教代会的作用，尊重教师的民主决策权利，赋予教师更多的自主权和发言权，让教师能更多地参与学校事务的决策，这样有助于激发教师的工作热情和动力，从而使教师具有更强的责任感。

建立公平、合理的考评机制。职称评定的公正、公平成为了影响教师职业幸福感获得的主要因素，所以校长在学校管理中应该建立职称评定的公正、公平、公开体系，赏罚分明，以区别教师的教学效果，体现公平精神。在评优中，优化一些不合理的倾斜性政策，在年度考核、各项荣誉的评比、外出学习的推选等等工作中应尽量做到公平而合理，改变以学生的成绩作为评价的唯一标准，确立多元的评价标准，从师德水平、知识结构、法制意识、工作能力、工作业绩等多方面，采取教师自评、学生评、家长评、同事评相结合的评价方式，发展性地考评教师，给老师们创造一个合理、公平、宽松、愉快的工作环境，以期实现创造幸福的管理。

（四）营造教师幸福感的文化氛围

教师的职业幸福感虽然是教师个体的主观体验，但却是在学校文化的氛围中润育和体验到的。"一方文化养一方人"，不同的学校教师的职业幸福感的成分也有所不同。

现在无论社会还是学校提的最多的一句口号是："一切为了孩子、为了孩子的一切。"对教师更多地是赞美教师的春蚕精神和蜡烛精神，强调教师的奉献和责任，但往往忽略了教师在学校的地位和心理需求。其实教师也是发展中的人，也需要得到社会的关爱。正如一位教师所说："社会对我们的期望值越来越高。但我们也是社会中的普通一员，而不是纯粹的机器。或许我们有超常的业务与道德素质，但不可能要求我们没有喜怒哀乐，请给予我们多一些关爱和宽容，用平常心来看待我们。""当我在工作中遭遇失败时，我需要关爱，因为这时关爱犹如在冰上的春风，可以让小河快乐地流淌，如果这时吹来的是批评，只能让冰结得更厚；当我在事业上遇到困难时，这时的关爱虽然不能直接解决问题，但是可以像春天的鲜花开放，如果这时，我得到的是冷漠，那么，我会觉得自己愚笨得让人感到厌烦；当我在生活中遇到烦恼时，我需要关爱，关爱就像一副灵丹妙药，可以让我的烦恼化解，可以让我幸福，如果这时我孤立无援地探索，我会感到寂寞和无助。"

可见，校长也应对教师这一行业给予更多的理解和尊重。教师是学生幸福人生的创造者，只有教师"幸福地教"，学生才能"幸福地学"。

（五）为教师搭建专业发展的平台

寻求专业发展是教师职业幸福感的重要来源，教师满足了生活的需要和尊重的需求之后，更渴望得到专业上的引领，实现自身的创造价值。校长要积极为教师创造专业发展的平台，支持教师参加各种教研、教学活动；提供经费、时间并根据实际情况帮助教师学习、"充电"；对中、青年教师，学校应创造条件，鼓励他们进一步深造。通过"走出去，请进来"的方法，把教学、科研紧密地联系在一起，开拓教师的视野，扩大教师的知识面和信息源。

"要给学生一瓢水，自己必须要有一桶水。"这常常是对教师知识的要求，但老师在日复一日的工作中，每学期重复教着相同的课，对教材的内容滚瓜烂熟，对常规的教学方法也驾轻就熟，往往会陷于一种麻木惰性的状态中，这也是我们常说的职业倦怠。而促成教师的专业成长，就能消除教师的职业倦怠感，提升教育的幸福感。教师在专业上成长，不断获取新的知识，丰富自己的知识系统，提高自己的教育教学水平，特别是成为教学骨干、优秀教师，让教师体验到事业的成熟感，体验到自我价值的实现，就会收获职业幸福感。

北京十一学校李希贵校长认为，在学校管理者心目中，应该是教师排第一，学生排第二，从而提出"学生第二"的管理理念。一直以来，教师都扮演着"红烛"、"人梯"的角色，在学生的背后默默付出、默默奉献，不为管理者所关注，似乎教师就应该是没有七情六欲的神，不会为柴米油盐而犯愁，不会有孩子发高烧、父母需照顾的情况，不会因为开不完的会议和写不完的计划、教案、作业批改记录、教科研手册以及听课、评课等等的劳作而感到身心疲惫。在大家都在向老师提要求的时候，李希贵校长提出了一个响亮的口号：学生第二。教育是塑造人的事业，以学生为本，塑造他们美好的人生，是我们不懈的追求。可是，要知道，这一切都只能通过教师来完成，用幸福去塑造幸福，用美好才能塑造美好，"亲其师"才能"信其道"，任何关爱都必须经过人的传递才显得真切、动人，谁都没有办法改变这一点。

教师的专业成长使教师有了职业成熟感，体验到自我价值的实现，从而获得了心理幸福感。

（六）激励教师，引领教师实现自己的职业理想和教育抱负

心理学理论告诉我们，在正确的价值观引导下，人的激励力量就越大，越注重自己的工作进步与发展，具有社会价值和竞争性的工作，能够激发教师的职业幸福感。要使中学教师热爱自己的职业，充分发挥工作动力，就必须丰富自我的期望感，提高自我发展的期望，引领教师进行职业规划。学校应多给教师创造荣誉的目标。如：优秀教师、最受学生欢迎的教师、市级骨干、区级骨干、校级名师、优秀教育工作者、校级优质课等。给教师以荣誉，从精神上对教师予以激励，教师获得荣誉的过程是教师追求教育价值的过程，也是学校蓬勃风尚孕育的过程。在各种各样的评优中，促使教师从一个成功迈向另一个成功，使其感受到成功的喜悦，提升了职业幸福感。

（七）打造和谐积极向上的人际关系和专业成长的团队

和谐的人际关系是构建和谐校园必不可少的，也是幸福感的重要因素。校长可以通过全体职工大会、年级组会议、行政会议、座谈讨论会、个别交流等方式，为老师营造和谐的人际文化氛围。

（八）关注教师的身心健康

教师由于职业工作的特点，长期伏案工作，站的时间也比较长，易患一些颈椎、肩部和腰椎类的职业病。学校应关心教师的身体健康。为教师提供一些保健、锻炼身体的方式和条件。

北京二中专门为教师请了专业的按摩师，每周定期到学校为教师推拿按摩。

北京鲁迅中学长期坚持要求教师每天打太极拳，很多老师受益很大。还有一些学校要求教师与学生一起每天坚持锻炼一小时，改善教师的身体状况。

（九）关心教师的家庭生活

教师承担着繁重的教育教学工作，格外需要家庭的支持和关心，而教师的家庭也需要感受到来自学校领导的关心和爱护。学校领导也要深入到教师的家庭中，送温暖，送关爱。例如：在教职工过生日时给予祝福、送蛋糕，节假日探望慰问教师家属，实行哺乳期教师弹性工作制度，每年暑期组织教师旅游、休养等。

北京阜成门外第一小学为了营造教师和谐的家庭，为教师拍全家福，让教师重温家庭的幸福和甜蜜。有些学校组织教师全家一起外出郊游、踏青，组织教师家庭体育活动、文化活动，让教师不仅找到了家庭的温暖，也感受到来自工作团体这种大家庭的支持和关爱。

（十）为教师、学生、家庭搭建情感沟通交流的平台

在工作中，家长的一言一行都牵动着教师的心，因为在教师工作的评价和认识上，家长一方面是社会的代言人，另一方面还是教师工作质量的直接评价者。家长的信任、尊重和肯定意味着相信教师的教育能力、人格力量，是对教师辛勤劳动的承认和报偿。这种被承认、认可的体验是一种幸福的体验。

学校定期召开家长会，让家长了解老师的工作，特别是在家长会上为教师、家长和学生提供一个共同交流，分享互动的环境，让家长更多地理解教师的付出，是对教师职业的最好奖赏。同时也可以调动家长的社会资源，让家长为班级的建设和孩子的成长献计献策。

（十一）为教师提供心理学的保健知识、提供专家的支持系统

现在学校领导都极为关注学生的心理健康，其实教师的心理健康同样需要关注。学校都建立了学生的心理辅导室，也应为我们的教师建立心理保健室。学校可以定期请心理学方面的专家为教师提供理论的指导和帮助，也可以为教师提供一个场所，倾诉心理的烦恼，排解心理的压力，提供心理咨询与辅导。可以是个体辅导，也可以进行团体辅导，还可以以素质拓展训练的方式提升教师的心理素质，挖掘教师的心理潜能，升华教师的优势资源。

三、社会层面

（一）关爱教师，理解和支持教育事业，营造良好的社会氛围

教师职业被誉为太阳底下最光辉的职业，教师一度扮演着"圣人"的崇高角色。人们给了教师太多的光环，赋予教师太多的职责和角色。教师既是学生的教育者，又是孩子的保护神，出一点儿事就是教师的责任，孩子在学校学不好是教师的职责，"没有教不好的孩子，只有不会教的教师"，这句话像一副沉重的

枷锁套在教师的脖子上。除了教学，教师还必须对学生的安全负责，一旦出了事，就是教师的责任。人们已经习惯于对教师提出种种要求，特别是新课改背景下，管理者、家长及社会大众对教师的角色期望更是越来越理想化。但教师首先是一个普通人，他有物质的欲望和追求。人的幸福的实现，不能离开人的基本需要和欲望的满足，因为"需要"是生存的基本物质前提，如果没有了生存的基本保障，人便无法生活，人的"幸福"也无从谈起。因此，要使教师获得幸福必须是先满足教师的基本物质需要和心理安全需要。把教师当做一个有着各种需求的普通人来看，对教师角色合理期望，对教师的物质追求给予认可，对教师的职业价值给予更高的肯定，为教师提供良好的社会环境。只有这样，教师才可能真正自由自在地完善自身素质和提高教育教学水平，从而有助于教师主体力量的发挥和生命境界的提升，真正形成深入主体生命内核的幸福感。

（二）改进教育行政部门的管理制度

讨论教师幸福问题，就教育行政部门而言，需要改进管理制度，保障教师在职业生涯中的正当权益。教师权益是教师依法享有的权利，包括教师作为普通公民的权益和作为教育教学专业人员所特有的权益。在现实的教育生活中，教师的正当权益并没有获得应有的切实保障，其遭受侵犯的现象依然存在，这在有些地方和学校甚至相当严重。为此，一方面，管理者要采取充分有效的措施维护教师的各种正当权益，尊重教师的劳动及其价值；另一方面，要唤醒并增强教师自身的维权意识。在某种意义上说，教师正当权益的维护，是教师职业人生幸福的基础和保障。

另外，教育行政部门对学校对教师的评价也对教师产生着重要的影响。单一的以学生学习成绩来鉴别教师教学业绩的评价理念与方式限制了教师教学的主体性、成就感，削弱了对自身可持续发展的需求动机，加大了其对教师职业的忧虑。因此，教育行政部门和学校对教师的评价应在评价主体、评价内容和评价方式上作出根本性的调整，要对教师的职业价值观、学生发展观、教学能力、专业知识、工作业绩、发展潜力等方面进行综合评价，要把过程性评价和终结性评价相结合，要让教师自评、同行评议、学生评议、家长参评相结合，更要让教师在职业中体验到成就感，从而构建保障教师合理竞争、不断提高的评价体系。

（三）社会媒体应该正面报道教师，多歌颂教师的美德和感人事迹

社会媒体引导着社会的舆论导向，也对社会主流价值观念起着引领和调节的作用。广大一线教师每天在学校教育教学工作中兢兢业业地工作、默默无闻地奉献。在鲜活的课堂上和生动的校园里，每时每刻都在发生着感人的事迹，平凡的故事，激荡着影响生命的音符。这些事迹需要我们的媒体去挖掘、去歌颂、去宣传。全国优秀班主任、北京市劳模郑丹娜老师说的好，"爱是可以传递的"，在学校里我们的老师以生命影响生命，谱写着一曲曲感人的乐章，老师与学生正在

进行着爱的传递，而我们的媒体应该有责任把这种爱传播到社会中，让更多的人加入到提升教师幸福感的行列中，支持关爱教育事业，关心理解我们的教师，让教师感受到社会的支持与关爱，继而把这种爱转化为对学生的爱和教育教学的动力，形成一个和谐、循环的爱的生态环境。

【建议参考资料】

1. 檀传宝. 论教师的幸福［J］. 教育科学，2002（1）.
2. 曾瑜. 成都市中学教师职业幸福感研究［D］. 重庆：西南大学，2007.
3. 束从敏. 幼儿教师职业幸福感研究［D］. 南京：南京师范大学，2003.
4. 胡小丽. 中学教师职业幸福感结构及其影响因素研究［D］. 长春：吉林大学，2007.
5. SELIGMAN M E P. Authentic happiness：using the new positive psychology to realize your potential for lasting fulfillment［M］. New York：Free Press，2002.

【问题与思考】

1. 主观幸福感是什么？它与教师职业幸福感的区别与联系是什么？
2. 分析一下自身是否幸福，影响自身幸福感的因素有哪些。
3. 回忆平时最幸福的时刻，你平常是如何提高幸福感的？什么是最有效的方法？
4. 你认为学校和社会可以从哪些方面为提升教师幸福感作出改进？

第八章 做一个感恩的教师

【本章提要】

感恩可以作为一种提升教师积极情绪、加强师生间人际关系的积极行为。本章将主要探讨什么是心理学意义上的感恩，感恩在教师日常生活中的积极作用，教师如何了解自己的感恩水平，以及指导教师提高感恩水平。在感恩的氛围下，教师不但可以提升自己的身心健康，也可以感染学生们，使其更加具有感恩的品质。

【学习重点】

1. 了解什么是感恩。
2. 了解自己的感恩水平。
3. 掌握如何提升自己和学生的感恩水平的方法。

【重要术语】

感恩干预　感恩测量　积极作用

我国自古以来就是一个懂得感恩的国家，从"鸦有反哺之孝，羊知跪乳之恩"到"滴水之恩，当涌泉相报"，从"谁言寸草心，报得三春晖"到"衔环结草，以恩报德"，都表现了我国的感恩思想。作为老师，我们更加得到学生们的赞美，得到学生们的感恩。人们常用"一日为师，终身为父"来表达学生们对老师们的感恩之情。学生们会用常回校看看来对老师们的恩情进行回馈，当然老师们更多的体会是当学生们有了成就，对老师进行的言语上面的表达。这些都是感恩的重要组成部分。

本章我们将从积极心理学中的感恩与教师的感恩说起，了解一下感恩的定义，感恩的积极作用以及感恩的干预。这将使教师们更加了解感恩，也更能发挥感恩的积极作用，使自己更加快乐和健康。

第一节　什么是感恩

西塞罗曾经说："感恩不但是一切美德中最伟大的，而且是其他美德存在的基础。"因为感恩在人际交往中无处不在，学生在学校生活中最信任的是老师，老师也是他们一切行为规范的标准，所以，如果他们的老师感恩水平高，那他们也会被影响从而具有很高的感恩水平。那么，什么是感恩呢？它有什么样的标准呢？我们如何去测量自己的感恩水平呢？下面我们就一起来对感恩进行更深一步的探讨。

一、什么是感恩

李老师是一位勤勤恳恳工作的好老师，不光经验丰富，而且很有教学技巧，他手中训练出来的学生，都很有学习方法，加之努力，所以成绩一直很好。7月刚刚送走了一批高三学生，学生们考取的学校都很满意。他很高兴，在家中踏踏实实地休息了一个假期。9月开学以后，很快就迎来了9月10日教师节，刚毕业的学生有十多位在北京上大学的，约好了一起回来看老师，买了康乃馨，送了贺卡，跟李老师在办公室里欢乐地聊了一个小时高中三年的趣闻。最后由于李老师要去接着上课了，他们才依依不舍地离开学校，并和老师约定，第一学期期末考试结束后，大家会再次来看李老师，跟李老师汇报他们在大学时候的优异成绩。李老师很高兴，祝福了他们，带着开心愉快的心情继续迎接下一批学生。一进教室，他就活力万分地和同学们开始了新的征程。

李老师的经历，应该是很多教师都经常遇到的。而很多教师却没有特别重视和回顾，觉得这是例行公事，是理所当然，但仔细想想，这里面包含了感恩的所有成分，也是感恩在生活中的具体表现。如果我们时刻能体会到这种感恩的经历，时刻能感受这种感恩的情绪，我们也就会更加积极地生活。那么感恩到底是什么呢？

长久以来，对于感恩的定义心理学家们有着自己的看法。

感恩（gratitude）一词源于拉丁词根 gratia，意为优美、高尚、感谢，衍生出来的意思就是带着善良的心、慷慨的心做事，感受给予和获得之美。

心理学的调查研究发现，感恩就是对外界（超自然界、自然界、人）的积极刺激进行感知后，产生的持久的、稳定的感谢状态，而且这种状态具有泛化的性质。所以作为一种积极的关系，如果我们在接受了别人的恩惠时，发自内心地表达出感恩，这种情感就会被别人感知到，从而更加愿意对我们施惠，我们本身也从中得到了益处，同时更愿意对别人进行施惠。这种良性的循环一旦建立，人们之间的关系就会发展得很好，更加被社会认可，社会更加和谐，我们的主观幸福感也会随之增强。

在李老师的例子中，学生们在高中学习阶段受到李老师的教导，由于李老师高超的教学方法和不懈的努力，孩子们学习成绩很优秀，他们感知到了老师对他们的恩情，把这种恩情融入到学习中去，从而用学习成绩的提升回馈老师，李老师也会感受到这种积极的反馈，从而更加努力工作，让学生们学到更多的知识。

这种良性循环不但可以提高彼此的人际关系，而且能促进双方将自己的本职事情做好。在毕业之后，这种恩情可以延续，学生们会持续带着这种感恩的情感，以积极的心态迎接其他可能面对的老师，而李老师也会因为之前的施恩行为的强化变得更加愿意施恩。

如果我们的老师都先做出施恩的行为，作为一个理性的学生会感知到，也会回馈老师，这样，师生关系的建立也就很容易了。教学工作的开展也会轻松很多。

二、我的感恩程度有多高

相信很多老师都觉得自己很懂得感恩，是不是不需要提高感恩水平了？还有一些老师会觉得不知道自己的感恩程度。那么，这个感恩水平如何去测量呢？积极心理学家对感恩的测量作了很多尝试，最终确定下来一个普遍适用的量表——GRAT感恩量表。

沃特金斯（Watkins）等人[①]在研究了主观幸福感、亲社会行为与感恩的关系之后，编制了一套量表，来测量感恩的程度。量表有三个维度，即富足感（Ab, a sense of abundance），是对生活整体的一种满意的感觉，有点类似于生活满意度。普通感恩（SA, simple appreciation），即对自然之美、上帝之美的感恩。感激别人（AO, appreciation for others），专指对人的感恩。最终确定了44道题目构成GRAT量表（见表8-1）。

表8-1　GRAT感恩量表

请从下面五个数字中选择一个数字，来表示你同意下面描述的程度
1　　　　2　　　　3　　　　4　　　　5
非常不同意　　　　无所谓　　　　非常同意
（1）如果没有很多人的帮助，我不知道我现在会在哪儿（AO）
（2*）我觉得生活给了我当头一棒（Ab）
（3*）好像所有人在生活中都比我获得的好处多（Ab）
（4*）我总是得不到和别人一样多的休息时间（Ab）
（5）有时我会痴迷于落日的美丽（SA）
（6）我的生活很好（Ab）
（7*）我生活的供给总是不足，经常会缺这少那（Ab）
（8）我经常想，活着就是幸福（SA）
（9）我经常会沉浸在自然的美丽之中（SA）
（10）我对我受到的教育很感恩（Ab）

---

① WATKINS P C, WOODWARD K, STONE T, et al. Gratitude and happiness: development of a measure of gratitude, and relationship with subjective well-being [J]. Social Behavior and Personality, 2003, 31 (5): 431-452.

（续表）

（11）我的生活中经常会有一些人给我一些有价值的指导，这些对我的成功很重要（AO）
（12*）好像人们经常想阻止我的进步（Ab）
（13）我觉得虽然你的功绩很重要，但是记住别人是如何帮助你成功的更加重要（AO）
（14*）我觉得，在生活中我应该得到更多好东西（Ab）
（15）每年秋天我都会享受地观察叶子变黄的美景（SA）
（16）在我基本掌控了生活之后，我不禁会想起那些一路上支持和帮助过我的人们（AO）
（17）感恩的一部分是享受它的美（AO）
（18）有时我会沉浸在音乐的优美之中（SA）
（19）我非常感谢父母对我的教育（AO）
（20*）即使没有别人的帮助和支持，我也会因为我个人的努力达到现在的成就（AO）
（21*）在圣诞节我收到的礼物无论数量还是质量都不如别人（Ab）
（22）有时我会觉得为什么我如此幸运地出生在这么好的环境中（AO）
（23）我最喜欢的节日是感恩节（AO）
（24）我觉得我是个非常幸运的人（Ab）
（25）我觉得在生活旅途中，适时地停下来欣赏一下身边的美景很重要（SA）
（26*）有太多的坏事发生在我身上（Ab）
（27）我对季节的交替感到很舒服（SA）
（28*）审视我的所经所历，我真的觉得世界欠我的太多了（Ab）
（29）我觉得一些好事儿在别人身上发生就一定会在我身上发生（Ab）
（30）我很喜欢坐下来欣赏雪花飘落（SA）
（31*）我觉得我遇到了太多的坏事（Ab）
（32*）虽然我的道德修养比很多人强，但是却没有得到应有的公平回报（Ab）
（33）吃饭过后，我经常会想，这顿饭真是太棒了（AO）
（34）我很喜欢听冬天炉火噼啪作响的声音（SA）
（35）我觉得坐下来想想自己的幸福觉得很舒服（SA）
（36）我觉得能欣赏生活中的小事儿很重要（SA）
（37*）我觉得生活快把我撕裂了（Ab）
（38）我经常会深深地感谢那些帮我做事的人（AO）
（39*）我觉得很多人都不喜欢我（Ab）
（40）生活中的无时无刻的小幸福就是人生的最大幸福（SA）
（41）我爱春天满眼的绿色（SA）
（42*）我似乎从来都没得到过别人那么多的休息时间（Ab）
（43）我觉得要感激自己所过的每一天（SA）
（44）我非常感谢我的朋友们和家人（AO）

计分标准：

1代表1分，2代表2分，以此类推，满分为220分。

其中题号后面带有"*"的题目，请反向记分，即选择1代表5分，选择2代表4分，选择3代表3分，选择4代表2分，选择5代表1分。其他题目按原来分数记分。

在算得总分之后：

（1）得分在160分以上的老师，你的感恩度处在很高的水平，希望你能时刻提醒自己感受施恩的快乐，感受受惠的满足，感受感恩这个过程中自己的积极体验。

（2）得分在120—160分的老师，你的感恩度处在中等水平，希望你能通过我们下面讲述的提高感恩的方法，多加练习，最终成为一个高感恩水平的人。

（3）得分在120分以下的老师，希望你能重视感恩在生活中的积极作用，通过我们下面讲述的提高感恩的方法，让自己慢慢体会感恩的美丽，体会它带给我们的积极影响。

注意：在每道题后面的括号中有两个英文字母，其中Ab代表富足感，SA代表普通感激，AO代表感激别人，每一项可以单独加和，成为每一个维度的分数。这也可以让你更加了解，自己的哪个维度的分比较低，从而更加注意在这方面的感恩体验。

你的测量结果如何呢？一般来说新教师的感恩水平会普遍比资深教师高一些，因为他们对工作的投入比较多，更关注学生的情感和自己的情感体验。而得到一些学生的积极回馈会更大地提高他们的主观幸福感，从而影响感恩水平。

而资深教师可能将很多施恩、受惠的经历平淡化，认为是理所当然，这会影响感恩的敏感程度，因为感恩本身是一种感知和行为的共同体，如果感知能力下降，就会直接导致感恩过程的缺失。所以，希望能在接下来的讨论中，更多地注意到感知施恩、感知受惠的能力。

第二节 感恩的积极作用

一、感恩能提高主观幸福感

主观幸福感（subjective well-being，SWB）主要是指个体依据自己设定的标准对自己的生活质量所作的整体评价。积极心理学认为主观幸福感是一个人积极心理的重要指标。

如果教师对学生表达善意，关心和照顾，行为友善，慷慨无私，并被学生感知到时，学生会对老师表达感恩，这种积极的情绪如果也被老师感受到了，他会因此而认为自己是一个善良的人并且被别人所认同，这种社会认知资源促使他保持施惠的行为。而且在多次建立这种刺激—反应链接之后，这种施惠行为会泛化到其他的行为或者其他的学生身上，良性循环建立之后，积极情绪会持续地被感受到。这样，教师的主观幸福感就会随之提高。

2008年，弗罗（Froh）等人①通过实验对感恩和主观幸福感进行了研究。他们把平均年龄为12岁的221名学生，随机分配到三个组，1. 感恩组（76人，接受的刺激是在纸上列出5件这两天发生的值得你感恩的事情）；2. 烦恼组（80人，接受的刺激是在纸上列出5件这两天发生的令你烦恼、麻烦的事情）；3. 控制组（65人，不接受任何刺激）。结果显示，感恩组的主观幸福感明显高于烦恼组和控制组，并且具有一定的持久性。在三周后的后测实验中这种现象仍然存在。与此同时，弗罗发现了一个有意思的现象，感恩组的被试在消极情感的体验方面比另外两个组显著地减少，而且这个现象在三周后的后测中也同时保持了一致性。

所以，感恩作为一种具有持久性的积极情感，可以使教师在获得幸福感的同时消除消极的情感，更可以使教师的施恩行为泛化到更多的学生身上，从而使整个生活充满了感恩的味道。同样的一枝玫瑰，有人说，"花下有刺，真讨厌"，有人说，"刺上有花，真好"。看到刺的人，挑着毛病、盯着不足，他们注定是不快乐的。而看到花的人，则有着感恩的心，尽管刺扎手，但那些刺上却有着芬芳的花朵，于是他能感受到幸福。所以，拥有感恩心的人是幸福的。我们的幸福生活也将会在这种氛围中持续增温。

二、感恩能增强社会支持

社会支持（social support）是指个体从他人或社会网络中获得的一般或特定的支持性资源，这种资源可以帮助个体应付工作生活中的问题与危机。而这种社会支持是在互动过程中逐渐变化的。良性的社会支持循环系统是建立在支持者与被支持者相互信任，共创的社会关系基础之上的。一旦相互间的社会关系破裂，这套社会支持系统也会随之土崩瓦解。所以，虽然社会支持对于我们的工作绩效、主观幸福感、身心健康、压力应对都有正面的影响，但是其实它也是比较容易被破坏的。对于这一点，有研究显示，感恩对于社会支持的维护有着很好的作用。

教师是一个压力很高的行业，自身的工作业绩、学生的学习成绩、各种事务性考核是每一个老师都会面临的，而无数研究表明，丰富的社会支持可以让教师在应对压力的时候轻松、从容一些。这些社会支持包括家庭的支持、学校的支持、社会的支持。

一方面，当一个教师具有较高的感恩水平时，他们往往表现出更具有亲和

---

① FROH J J, YURKEWICZ C, KASHDAN T B. Gratitude and subjective well-being in early adolescence: examining gender differences [J]. Original Research Article Journal of Adolescence, 2009, 32 (3): 633-650.

力,更加随和,因此更容易与他人产生积极的关系。如上面所说,当教师给予他人恩惠的时候,他人会感知到并作出感恩的回应,这时,教师会在自我评价上对自己进行积极的评价,认为自己是一个善良的人,同时感受到的感恩也对这个积极的评价进行了验证性的强化。这使得教师更愿意做出亲社会行为,同时愿意泛化到更多的人身上。这会使得他在社会支持系统中稳固自己的地位。

另一方面,那些受到恩惠的人在接受到教师的恩惠时,会对自己同样作出积极的评价,他会认为这是自己的道德水平高或者人格特征优秀而应得的恩惠,并且这种积极的自我评价是道德上的积极自我评价,会促使他进行感恩的行为来巩固这种积极评价。

上述这两方面的作用力推动了社会关系的稳固,也使这套社会支持系统更加持久地发展。这种关系如同图8-1所示,中间的弹簧表示螺旋上升的社会支持系统,越靠上面说明这个系统越完善和牢固。而作为施惠者的老师A和作为受惠者的B,要通过感恩或者其他的手段才可以使彼此上升到上一个平台去继续发展这套社会支持系统,一旦他们下面的支撑没有了,就会掉到下一个平台,社会支持系统随之也会松垮。

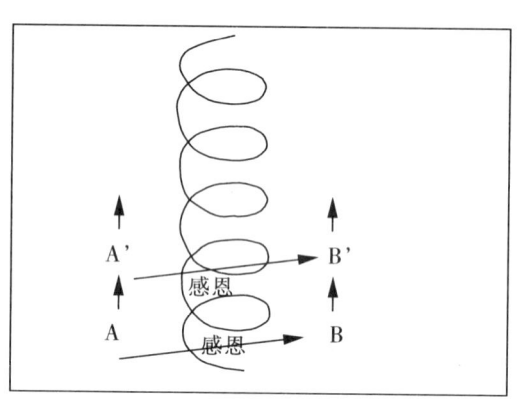

图8-1 感恩与社会支持的关系模型

三、感恩能让我们更健康

(一)感恩与宽容的关系

感恩和宽容看似是对完全不同的对象的两个相反的概念,实际上他们之间有很大的关系。一个老师如果时刻怀着感恩的心,那么他对很多事情就会有不同的归因,例如,学生有时候会为难老师,上课接下茬,如果教师把这些情况积极地进行外部归因,认为可能是他的家庭教育有缺陷,或者他有控制冲动的障碍(注意力多动缺陷),或者只是暂时的冲动行为,而不会认为他就是一个品行不良的坏孩子。这样的归因方式,可以让我们更容易地去理解学生的不良行为,并产生宽容。这样去看学生,教师本身不会产生消极情绪来影响教学,另一方面也给学生做出一个榜样,让他们知道即使你为难老师,老师也是宽容的,学生们得到了积极的关注,这种索要关注的消极行为也会减少了。

(二) 感恩与睡眠的关系

睡眠质量与心理健康有着非常重要的关系。伍德(Wood)等人[1]对睡眠与感恩的关系进行了研究,发现感恩水平高的人具有更好的睡眠质量。研究分析,感恩水平高的人在睡眠的初期更倾向于想一些积极的事情,而不会去纠缠在那些消极事情的解释上面。这有助于前睡眠状态的心理平静。在生活中,我们也会发现,如果今天的心情不好,睡眠质量就会下降,由于没睡好觉,第二天的心情也会不好,如此恶性循环,生活和健康质量都会越来越差。但是如果我们能一直保持一颗感恩的心,能对事情抱着宽容的态度,就不会有那么多烦心的事情干扰我们,我们也就更容易使自己平静下来去睡觉了。

教师在一天的教学中肯定会有一些消极事件发生,因为他每天会面对那么多的学生,那么多的情况。如果用感恩的心态去面对这些应激事件,则会很快忘记烦恼,积极地应对接下来的教学。

感恩对于我们的生活还有着很多的影响,而这些影响对于我们的生活和健康都是极其重要的。相信老师们都会很希望自己能够时刻怀着一颗感恩的心去对待学生,这样既可以使师生关系得到完善,用心感受美好的生活,又可以使自己的身心健康得到保持;既得到了学生的积极反馈,又强化了对自己的积极自我评价。感恩是一种积极的情感体验。

既然如此,我们应该如何学会感恩呢?

第三节 教师如何提高感恩水平

一、感恩需要不断练习

记感恩日记是一个有效的方法。心理学家埃蒙斯(Emmons)[2]曾对大学生群体进行实验,让大学生们每天记录5件自己觉得感恩的事情,第二天将自己写的交到实验人员手中。连续这样的步骤,持续三周(21天)。最终发现,在实验开始之前与结束之后,被试的感恩水平有显著的提高,并且这种提高持续到实验结束后的三个月仍然有效。可见,感恩作为一种积极的品质,不是一天就可以养成的,需要长期的练习。

在日常生活中,感恩之事并不少见,要看我们能否去仔细发现。例如,学生

---

[1] WOOD A M, JOSEPH S, LINLEY P A. Coping style as a psychological resource of grateful people [J]. Journal of Social and Clinical Psychology, 2007, 26 (9): 1076 - 1093.

[2] EMMONS R A, MCCULLOUGH M E. Counting blessings versus burdens: an experimental investigation of gratitude and subjective well-being in daily life [J]. Journal of Personality and Social Psychology, 2003, 83: 377 - 389.

每天见到老师都会鞠躬问好,笑脸相迎,这就值得我们去感恩,因为学生们很尊重老师。或者是学生在课堂上主动、积极地回答问题,这也就值得我们感恩,因为学生们尊重老师的劳动。再或者逢年过节,一张小小的卡片,一只小小的纸鹤,带着学生们的祝福,带着学生们的愿望送到了老师手中,这也是值得我们感恩的,因为学生们很爱老师。积少成多,日积月累,我们的感恩水平就会逐渐上升,因为我们被一点一滴的小事感动,也会因此作出让别人感动的小事,良性循环,我们的生活也就充满了感恩与幸福。

二、感恩需要强力行动

感恩不仅需要想法,还要付诸行动。

塞利格曼曾把大学生被试分为两组[①],第一组让其进行细数感恩(counting blessing),即每天只在纸上写5件自己觉得感恩的事儿。第二组让其进行感恩拜访,即直接去你认为值得你感恩的人家中,面对面地对其表达感恩之情。或拿出之前写好的感谢信,在感恩对象面前读给他听。在实验结束后,两组大学生的感恩水平都有显著提高。而第二组的大学生感恩水平提高的比第一组多。可见,对个体越有挑战性的感恩行为,对个体感恩水平的提高越有作用。作为教师,其实也可以经常做一些挑战性的感恩行为,例如当众对学生进行感恩表达。这要求教师破除面子问题,真诚面对现实。

我们也可以对自己的父母、自己的同事进行感恩的表达。这样也同样会增强我们的感恩水平,因为这种表达中包含一个非常重要的因素,就是让施恩者知道受惠者因其行为所感动,并愿意付出行动来回报这份恩情。如前所述,这种刺激、强化的过程能很好地提升彼此的幸福感、感恩水平和人际关系的紧密度。教师可以经常做出一些强力的行为去表达自己的感恩之情,让感恩成为一种习惯,让感恩成为一种平常化的表达方式。

三、感恩需要氛围

感恩的环境有助于人们感恩。

西点军校曾经用猴子做过一个实验。一个笼子里有五只猴子,笼子顶上挂着一串香蕉。规则是,无论谁碰香蕉,作为惩罚,实验人员都会用高压水枪喷所有五只猴子。在经过了一段时间的实验之后,五只猴子都明白了这个规则,所以谁都不会去碰触香蕉。这时实验者从这五只猴子中拿走了一只,同时放进了一只新来的猴子。这只猴子由于不懂之前的规则,自然就会去够香蕉吃。结果还没等猴

[①] SELIGMAN M E P, STEEN T A, PARK N, et al. Positive psychology progress: empirical validation of interventions [J]. American Psychologist, 2005, 60 (5): 410-421.

子碰到香蕉，它先被另外四只以前就在笼子里面的猴子痛打了一顿。新猴子不明白为什么，又去碰，又被打，经过几次的尝试，它慢慢明白了，香蕉是不能碰的。于是它也遵守了这个规则。实验人员依照此种方法把之前就在笼子里面的另外四只猴子一个一个地用新的猴子换走。这些新猴子一个一个地明白了不能碰触香蕉，碰触就会被打。最后原来的五只猴子都被换走了。但是却有一件东西留下了，那就是"氛围"，也就是谁都不能去碰触香蕉。在我们人类社会也是这样的，我们习惯于遵从之前建立好的"氛围"，如果一所学校有个不成文的规定，每天必须提前5到10分钟到学校，大家一起打扫办公室的卫生，那无论是哪个新来的教师，都会去遵守，因为"氛围"就是这样，比你资历老的教师都这样，你肯定也会学着这样做。

感恩也是这样，每个人都希望自己处在一个感恩的氛围里面，这样自己感恩别人的恩惠，别人感恩自己的恩惠，良性循环就能进行下去。但是，殊不知，这种氛围是靠我们自己建立起来的。作为一个理性的人，如果你对我施恩，那我也会愿意去对你施恩。如果你总对我表达感恩之情，那我也会慢慢地愿意对你表达感恩之情，这样感恩的氛围也就建立起来了。

美德是会传染的，尤其是自上而下的传染。可想而知，一个学校的校领导是感恩水平很高的人，那么手下的老师们也一定会模仿领导的品质。所以，如果你是一个校领导，请以身作则，让氛围建立起来。如果你是一个普通教师，也请你为身边的人做出榜样，毕竟感恩对我们个体也是有积极作用的。

第四节 让我们一起去感恩

作为教师，我们每天都能有很多感恩别人的机会，就让我们抓住每一个点滴的感动去体会感恩带给我们的积极作用吧。作为教师，我们可以通过以身作则，让同事们、学生们体会到感恩的好处，让他们也能从中受益，最终成为感恩氛围中的一份子。作为教师，我们在享受着别人感恩我们劳动的同时，更应该勇敢地表达出我们对他人的感恩之情，这种良性的关系才能更加稳固。

感恩，是我们每个人生活中不可或缺的阳光雨露。无论你是何等的尊贵，或是怎样地看似卑微；无论你生活在何地何处，或是你有着怎样特别的生活经历，只要你胸中常常怀着一颗感恩的心，随之而来的，就必然会是诸如温暖、自信、坚定、善良等等这些美好的处世品格。自然而然地，你的生活中便有了一处处动人的风景。

正如《佛经》所曰：感激养育你的人，因为他给予了你的生命；感激培养你的人，因为他传给了你的智慧；感激提携你的人，因为他提供了你的机遇；感激帮助你的人，因为他摆脱了你的困境；感激伤害你的人，因为他磨炼了你的意志；感激欺骗你的人，因为他增长了你的见识；感激鞭打你的人，因为他清除了你的业障；感激遗弃你的人，因为他教训了你的自立；感激陷害你的人，因为他强化了你的能力；感激斥责你的人，因为他助长了你的定慧。

让我们共同怀着感恩之心去做事、做人吧。它不但会让我们本身幸福，还会让世界充满爱。

【建议参考资料】

1. WATKINS P C, WOODWARD K, STONE T, et al. Gratitude and happiness: development of a measure of gratitude, and relationship with subjective well-being [J]. Social Behavior and Personality, 2003, 31 (5): 431-452.

2. FROH J J, YURKEWICZ C, KASHDAN T B. Gratitude and subjective well-being in early adolescence: examining gender differences [J]. Original Research Article Journal of Adolescence, 2009, 32 (3): 633-650.

3. WOOD A M, JOSEPH S, LINLEY P A. Coping style as a psychological resource of grateful people [J]. Journal of Social and Clinical Psychology, 2007, 26 (9): 1076-1093.

4. EMMONS R A, MCCULLOUGH M E. Counting blessings versus burdens: an experimental investigation of gratitude and subjective well-being in daily life [J]. Journal of Personality and Social Psychology, 2003, 83: 377-389.

5. SELIGMAN M E P, STEEN T A, PARK N, et al. Positive psychology progress: empirical validation of interventions [J]. American Psychologist, 2005, 60 (5): 410-421.

【问题与思考】

1. 什么是感恩？
2. 感恩对个体生活有什么积极作用？
3. 如何提升一个人的感恩水平？
4. 感恩的积极作用的机理是什么？

第九章 做一个宽容的教师

【本章提要】

教师每天都会遇到很多应激事件，尤其是一些使其愤怒的事件，这时宽容就会体现出其价值。本章主要探讨什么是宽容，在生活中如何去做到以宽容之心待人，宽容给我们带来什么样的身心上的帮助。希望教师可以通过提升自己的宽容水平，将宽容作为一种处理矛盾、冲突的方式，更好地应对生活中的事件。这样也可以与学生有更好的人际关系，促进学生的成长。

【学习重点】

1. 了解什么是宽容。
2. 了解自己的宽容水平。
3. 宽容的积极作用有哪些。
4. 掌握如何提升自己和学生的宽容水平。

【重要术语】

宽容　宽容测量　宽容的培养

教师的职业要求每天都要和很多学生、家长和同事接触与交往，难免会产生人际冲突。因此，教师可能每天会遇到很多的应激事件。例如，学生不听指令，不尊重教师，甚至教师之间也会因琐事而产生矛盾。面对这些突如其来的事件，教师很难安心工作，很难从愤怒中走出来。这时就需要积极心理学中的另一个法宝——宽容。

在中国的道德传统中，宽容一直被奉为最重要的道德基础之一。"宰相肚里能撑船"，"宽容别人就等于宽容自己"等俗话也都是我们时刻挂在嘴边用来宽慰别人、宽慰自己的话。的确，宽容无论是对人际关系的和谐、社会的和平，还是对个体自身的身心健康都是有很大好处的。

佛学与基督教也都崇尚宽容。佛曰："宽容别人，升华自我。"因为只有心中无恨，才能内心平静，也才能成佛。《马太福音》中也有："你们饶恕人的过犯，你们的天父也必饶恕你们的过犯。"由此可见，宽容不但是"与人方便"，更是"自己方便"。著名法国作家雨果指出，世界上最宽阔的是海洋，比海洋宽阔的是天空，比天空更宽阔的是人的胸怀。

第一节 什么是宽容

王老师的班级中有一个男学生小王，学习成绩不佳，平时老实听话，他是单亲家庭长大，跟着父亲生活。父亲是出租车司机，每天工作很辛苦，且文化程度不高，无法对他的学业进行很好的指导和监督。小王虽然比较努力，但成绩始终不太好。一天，小王因为没交作业，被王老师叫到办公室说明问题，一向比较老实的小王被叫到办公室后什么都不说。王老师很生气，就让小王停一节课，去补作业。这句话一出，小王被惹怒了，大发雷霆。冲着王老师大声叫嚷说自己就是不会，就是不想写。然后拿起书包夺门而出，摔门而去。王老师被这突如其来的事件气得胸口疼，半天都没喘匀气，旁边两个老师也愤愤不平地说这个学生太不懂事。

在这个案例中，我们看到一个应激事件"小王对王老师大嚷大叫并夺门而出"，这其实是在日常教学中都可能会遇到的一种情况。这时小王对老师进行了冒犯，在这个过程中，王老师会经历一个消极情绪上升的过程，同时伴随着对小王的负性评价，并可能会伺机报复小王的这种冒犯行为。感到愤怒并想以牙还牙是很正常的被冒犯者的反应。

但是这种自然的情绪可能产生更有害的结果。如果教师使用以牙还牙的态度去对待学生，那势必会造成矛盾的激化，这一方面不利于教学，不利于师生关系，另一方面对教师自己的身心健康也是有害的。

此时，我们可以通过一个更加积极的方式去解决这个问题，那就是——宽容。

对宽容最早的一个阐述来自犹太教与基督教。在犹太教的圣经中，Salah代表宽容，是指上帝对人们的罪恶的消除。而在基督教中，Aphiemi代表宽容，意思是消除罪恶，免除惩罚，恢复上帝和犯罪者的和谐关系。也就是说，其实无论是犹太教还是基督教，他们都宣扬犯错者如能改过自新，则应该被宽容。同时，基督教更进一步宣扬，上帝对人类是无条件地爱的。英语中的"forgive"在《牛津高阶词典》中意为：停止对他人的愤怒和责备，停止想要去惩罚他人的行为。从古至今，人们对宽容的定义是相似的，是希望个体宽容别人的过错，饶恕别人的罪恶。

诺斯（North）曾对宽容下了定义："宽容是个体消除对冒犯者的消极情感和判断，而予以同情、仁慈和关爱的过程。"宽容是一个认知、情感两维的概念，即个体需要对冒犯者的行为重新归因或积极再评价，使之成为一个可以接受的行为，从而使消极的情感转为中性的或温和的。同时调动积极情感对冒犯者给予同情和理解。而恩赖特（Enright）等人[①]则认为，宽容不仅包括认知和情感的成分，还应该有行为的成分。即应该用行动来表达个体对冒犯者的宽容。宽容是被冒犯者在受到不公正的待遇后，对冒犯者消极认知、情绪、行为反应的消退，同时出现积极认知、情绪、行为反应的过程。这个过程包括三个层面，即认知层面，个体不再产生报复的思维，而表现出积极的思维，如同情对方、尊重对方；情感层面，个体不再有愤怒、悲伤等消极情感而是表现为同情、爱心等积极情感；行为层面，个体不再去做出报复性的冲动行为，而是进行一些亲社会行为，例如帮助他人。

在王老师的案例中，很明显，他已经对小王产生了消极的认知和情绪，只是还未发展到消极的行为。这种情况下，他如果再进一步，很容易因一时的冲动而做出一些不利于师生关系的行为，例如请家长、罚站。而如果王老师能通过对小王发生冒犯事件时的情绪的体察，对小王进行共情，站在小王的立场考虑一下，是否是因为家庭原因导致的作业未交？还是因为学生理解能力不强，无法按要求完成作业？还是因为太喜欢下一节课，所以说要停课就很生气？还是因为怕停课没面子？这样的思维方式代替了"小王就是要冒犯我"的思维方式，会让王老师愤怒程度降低，同时更加客观地考虑如何解决问题。

如果王老师能经过如上的思考，则其已经完成了第一步的宽容过程，即消极情绪降低。在宽容的整个过程中，更重要的是用积极的情绪和行为去代替消极的行为。

让我们看看王老师是如何选择了宽容，做到了宽容的：

王老师的情绪慢慢达到了平静的状态。他叫了小王的一个好朋友到办公室详细了解了一下这两天小王的情绪和家中发生了什么事情。小王的朋友告诉王老师，小王开出租车的爸爸前天因为喝酒被警察抓住并罚了钱，吊销了六个月的驾照。这足以对小王的家庭产生巨大影响，因为这意味着接下来几个月的生活来源没有了。小王的爸爸就借酒消愁并且拿小王当出气筒，打了小王一顿。王老师了解了情况之后，对小王由愤怒变为了同情，并且考虑到小王的学习基础本来就不太好，这两天又没能有效地学习和复习，没能完成作业是比较正常的。加之王老师要小王不去上的课是数学课，更是小王的薄弱科目。所以小王的情绪非常大，也属于正常。王老师想到这里，情绪更加平和，决定原谅小王的做法，并且去班

---

① HUANG S T, ENRIGHT R D. Forgiveness and anger-related emotions in Taiwan: implications for therapy [J]. Psychotherapy: Theory/Research/Practice/Training, 2000, 37 (1): 71-79.

里找小王，跟他说放学后可以到办公室找老师，老师给他补一下这几天落下的知识，也为他答疑一些没听懂的内容。小王哭着对王老师说："对不起，王老师，谢谢您"。

可见，宽容就是用积极的情绪、思维、行为去代替消极的情绪、思维、行为。这不但可以让我们自己免得生气，更可以让学生们知道，老师是爱他们的。

第二节 宽容的测量

看到了宽容在教育过程中的积极作用，一定有很多教师都希望能像王老师一样做一个宽容的人，那么我们如何才能知道我们的宽容水平有多高呢？对于个体宽容程度的测量，心理学界普遍使用的是量表的自我报告方式。测量宽容的主要量表分为人际宽容量表和自我宽容量表两种。也有研究者将两者的题目放在同一个量表进行施测的。

沃尔（Wohl）[1] 编制的《状态自我宽容量表》（State Self-Forgiveness Scale，SSFS）是被使用比较频繁的宽容量表。该量表具有两个维度，共17个题目，分别是"自我宽容感觉和行动"以及"自我宽容信念"，分别由8个和9个题目构成，项目使用1—4点的记分方法。此量表具有很好的信效度，可以帮助个体测量宽容的程度，详见表9-1。

表9-1 状态自我宽容量表（State Self-Forgiveness Scale，SSFS）

下面有17个描述，请你对每个描述符合你的程度打分，1为非常不符合，2为有点不符合，3为有点符合，4为非常符合
1. 当我觉得我做错了的时候，我会同情我自己
2. 当我觉得我做错了的时候，我会否定我自己 R
3. 当我觉得我做错了的时候，我会接纳我自己
4. 当我觉得我做错了的时候，我会不喜欢我自己 R
5. 当我觉得我做错了的时候，我会显得很可怜
6. 当我觉得我做错了的时候，我会显得很释然
7. 当我觉得我做错了的时候，我会惩罚我自己 R
8. 当我觉得我做错了的时候，我会批评我自己 R
9. 当我觉得我做错了的时候，我相信我是可以被接纳的
10. 当我觉得我做错了的时候，我相信我是很好的

---

[1] WOHL M J A, DESHEA L, WAHKINNEY R L. Looking within: measuring state self-forgiveness and its relationship to psychological well-being [J]. Canadian Journal of Behavioural Science, 2008, 40 (1): 1-10.

(续表)

> 11. 当我觉得我做错了的时候，我相信我是讨厌的 R
> 12. 当我觉得我做错了的时候，我相信我是可怕的 R
> 13. 当我觉得我做错了的时候，我相信我是体面的
> 14. 当我觉得我做错了的时候，我相信我是堕落的 R
> 15. 当我觉得我做错了的时候，我相信我是值得被爱的
> 16. 当我觉得我做错了的时候，我相信我是一个坏人 R
> 17. 当我觉得我做错了的时候，我相信我是可恶的 R
>
> 请将题目后面带有字母 R 的题目的分数反转（即 1 变成 4，2 变成 3，3 变成 2，4 变成 1），然后将 17 道题目的分数加起来。
>
> 如果你的分数在 50 分以上，恭喜你，你的宽容程度在一般人之上。

第三节 宽容的积极作用

宽容作为一种积极品质，对个体的身心健康具有积极的调节和改善作用。它有利于个体的社会关系的维持，有利于情绪的调节，有利于精神紧张的消退，更有利于减轻生理疼痛和疾病的康复。

一、宽容有利于情绪调节

宽容有助于个体降低消极情绪水平。有研究显示，相比于消极情绪体验少的个体而言，那些经常处于消极情绪中的个体更可能会想起被冒犯的场景和人，并且会更愿意去尝试施加报复行为。即使报复行为没有真的执行，也会增加个体的回避行为。而这都将使个体处于消极情绪中。而如果个体具有宽容的品质，用积极情绪或中性情绪代替消极情绪，则不但对消极情绪消除有益，而且可以降低冲动行为和不良的行为后果。例如，面对一个经常不能按时完成作业的学生，教师可能会产生一些消极情绪，如讨厌这个学生、甚至憎恨。但如果教师的宽容水平比较高，则可能会减少这些消极情绪，从而使理性占据主导。此教师可能会更深一步地思考，是否是学生的学习方法不正确？还是学生的家庭出了什么问题导致的？学生品质不坏，不完成作业一定有更复杂的原因。他转而会进一步关心学生，深入了解问题，解决问题。

二、宽容是人际关系的润滑剂

心理学家发现，个体会因为人际关系、情感投入、关系满意度这几个因素作出是否宽容的决定。同时宽容也会反过来影响个体与他人的人际关系。也就是说，一方面，我们会倾向于对那些和我们关系好的人施加宽容，而对那些关系一

般的人则会比较严格。另一方面，也正是因为我们对一些人比较容易宽容，不太计较什么，才更加加深了彼此之间的友谊。在师生关系中，也是如此，例如某学生比较听话或比较聪明，受到教师的喜欢。由于教师和他的关系比较好，所以他如果犯了错误，更容易被教师原谅。反过来，此位学生也因此而更喜欢和老师相处。因为没什么压力，他可以放松地去做事情。如果教师能宽容地对待所有的学生，同时把这种宽容的思想、宽容的品质"传染"给学生，那不光是师生之间，就连同辈之间也会有更好的人际关系。宽容也是提升班级凝聚力的一种很好的方式。

三、宽容有利于身心健康

宽容别人的人身心更加健康。格林（Green）等人通过实验证明，对于令人烦恼的应激性事件的回忆会使人产生心理应激反应，而且，即便是30分钟后和1周后的重测，依然会产生强烈的应激反应——被试的动脉血管扩张、心率升高。如果此时对得罪我们的人或事采取宽容的态度，则这种应激反应会很快消退。而相比之下，不宽容的一组，应激反应则会持续很长时间。

心理学家认为，宽容是一种更具有长远益处的自我保护的机制，可以使个体释放烦恼和仇恨，且有助于亲社会行为。中小学教师面对的学生处于成长时期，没有形成独立性和理性，师生关系与冲突经常成为应激事件，这需要教师以平和的心态和宽容的态度去面对，否则对教师的身心健康都有不利的影响，从而影响正常的教学工作。

第四节　如何成为宽容的教师

宽容既有利于教师身心健康，也能促进师生之间的关系。那么，如何才能更好地提高我们的宽容水平呢？

恩赖特[①]通过研究和不断的验证、扩展，发展出了一套今天被广泛应用的提升宽容的方法。这种方法分为四个阶段，分别是：体验伤害阶段、决定宽容阶段、实施宽容阶段、收获成果和深化阶段。具体的方法见表9-2。

在这四个阶段中，第一阶段的主要任务是帮助个体去重新体验那个被伤害的事件，重新体会那个时刻的一些消极情绪，重新认识那个事件，进而接纳那些情绪。

---

① REED G L, ENRIGHT R D. The effects of forgiveness therapy on depression, anxiety, and post-traumatic stress for women after spousal emotional abuse [J]. Journal of Consulting and Clinical Psychology, 2006, 74 (5): 920-929.

表 9-2 提升宽容模型

阶段	步骤
体验伤害阶段	1. 检验个体的心理防御机制
	2. 正视愤怒，释放愤怒
	3. 适当地体验羞愧
	4. 觉察是否过度关注了伤害事件
	5. 回想所受到的伤害
	6. 觉察是否正在将自己的不幸与冒犯者的"幸运"作比较
	7. 觉察到伤害对自己的影响是永久的
	8. 体验到应对"完全公正"的信念作些调整
决定宽容阶段	9. 觉察现有的应对策略对当前情景不起作用
	10. 考虑将宽容作为解决方案
	11. 作出宽容的承诺
实施宽容阶段	12. 还原被冒犯时的情景，对冒犯者的错误进行重新认知
	13. 共情冒犯者
	14. 觉察对冒犯者的同情
	15. 承受痛苦
收获成果和深化阶段	16. 思考被冒犯与宽容对人生的意义
	17. 觉察到自己也有被宽容的需要
	18. 觉察到别人也会受到伤害
	19. 经历被冒犯后为自己设立新的生活目标
	20. 觉察宽容后的内心释然感

有时候作为教师经常会被学生的一些挑衅行为所冒犯。有些学生会因为想引起老师注意而故意违反课堂纪律，也有些学生因为想获得同学们的关注而哗众取宠，这些都会让教师产生被伤害了的体验，而且会引发一定的消极情绪。如果教师因为怕影响课堂的进程而隐忍下来，把情绪压抑下来不去处理，则会对自身产生消极的影响，为以后的惩罚埋下伏笔。所以，在这个阶段，我们希望教师能重新体验那份负性的情绪，重新回到那个被冒犯的情景中，只有这样才能将自己的情绪宣泄出来。当教师在此时此刻体验到在彼时彼刻的那种情绪，情绪就不会那么强烈了。应激事件被重新经历的时候，教师可能会对那个事件进行重新的认知，也会觉察到当时对于那个事件的关注有一些反应过度，最终意识到自己的被伤害感其实是自己错误认知的一种结果。在此阶段，最重要的任务就是让个体有真实的"原音重现"，进行再认识，从而为以后的步骤作铺垫。如果在此阶段，经历情绪反应过于激烈，可以辅以"渐进式放松"作为缓解情绪的方法，以达到最好的情绪宣泄。

渐进式放松是指一种逐渐的、有序的、使肌肉先紧张后放松的训练方法。雅各布森（Jacobson）于1908年开始倡导该项活动。渐进式放松训练强调，放松要循序渐进地进行，要求被试在放松之前先使肌肉收缩，继而进行放松。这样做的目的，是为了进一步要求被试在肌肉收缩和放松后，通过比较从而细心体验所产生的那种放松感。同时它还要求被试在放松训练时，自上而下有顺序地进行，放松一部分肌肉之后再放松另外一部分，"渐进"而行。

具体做法是：找一个安静的场所，先使肌肉紧张，保持3—5秒，注意肌肉紧张时所产生的感觉。紧接着很快地使紧张的肌肉彻底放松，并细心体察放松时肌肉有什么感觉。每部分肌肉一张一弛做两遍，然后对那些感到未彻底放松的肌肉，依照上述方法再行训练。当使一部分肌肉进行一张一弛的训练时，尽量使其它肌肉保持放松。按照下列部位的顺序进行放松：头皮、前额、眼睛、鼻子、嘴、耳朵、脖子、肩膀、优势的手、前臂、上臂，非优势的手、前臂、上臂，胸、腹、背部、臀部、大腿、小腿、脚。渐进式放松训练，因为肌肉一张一弛，有对比感，学习和掌握比较容易，但耗时较长。它可以消除人的身体和心理方面的紧张状态，可使正常人提高健康水平，还可作为治疗心理疾患的辅助手段。

第二个阶段就是个体决定使用宽容的阶段。这个阶段的目的是让个体慢慢体会到宽容的积极作用，引导其将宽容作为一种可以考虑的选择方式。在经过了一段时间的尝试和努力后，个体可能会体会到很多方式都无法改变自己的消极状态以及改变冒犯者的行为倾向，这时如果选择宽容，既可以解脱自己，也可以放开别人。如果体会到这一道理，则可以作出宽容的承诺。

在被学生冒犯之后，作为教师可能会产生羞耻感，如果进一步地反击或做出惩罚的行为。这会恶化师生关系，同时也会违反学校规定。当教师尝试过很多方式去让自己从消极情绪中解脱却无效的时候，可以引导其选择宽容的态度，尝试一下宽容的态度是否能给自己带来更多的轻松感。这个阶段的重点是教师运用想象力，假设自己已经宽容了那个冒犯自己的学生后会发生什么，同时想象一下宽容后自己的感受以及宽容后和学生的积极互动。用这些积极的情绪代替之前的消极情绪，从而达到情绪调节的作用。

当教师决定使用宽容的方式来对待冒犯他的学生的时候，那也就离成功很近了。在第三个阶段，我们称之为实施宽容阶段。在这个阶段，教师最重要的任务就是共情学生。从一个新的视角去看待学生的冒犯，重新构建自己的认知，体会自己的压力、脆弱，最终达到放弃报复，理解冒犯者和追求内心平静的目的。这时，如果有机会，教师可以带着理解、宽容的心态去和冒犯自己的学生坐下来好好谈谈，在交流的过程中，教师会发现也许自己很多的被冒犯的想法都是自己制造的、想象出来的，而学生本来没有这方面的意思和企图，同时教师在交流中也可以很好地和学生进行人际互动，使学生愿意与老师建立积极的关系。当然，有些老师没有机会和学生坐下来谈论冒犯事件,也有些老师觉得要树立权威感而不愿意进行交谈。即使这样,教师也要主动地站在学生的角度去思考和理解学生,当他可以去面对学生的冒犯时,建议适当的时候在班里表扬一下这个学生或安排一些工作给他,以表示对他的重视。实施宽容会使师生彼此造成的心理阴影很快解除掉。

第四个阶段是巩固宽容效果的阶段。教师要巩固之前的宽容行为,重温之前宽容时的积极情绪,要把自己遇到冒犯时,选择宽容的这个决定模式稳固下来。教师要认识到每个人都是不完美的,都会时而犯错误,自己也不例外。尤其要意识到当自己犯错误的时候也会期待别人的宽容。通过这个阶段的努力,教师可以将宽容慢慢融入自己的思考和行为方式之中,最终成为一种稳固的行为倾向,使宽容成为习惯,泛化到与其他学生的关系之中。

【建议参考资料】

1. HUANG S T, ENRIGHT R D. Forgiveness and anger – related emotions in Taiwan: implications for therapy [J]. Psychotherapy: Theory/Research/Practice/Training, 2000, 37 (1): 71 – 79.

2. WOHL M J A, DESHEA L, WAHKINNEY R L. Looking within: measuring state self-forgiveness and its relationship to psychological well-being [J]. Canadian Journal of Behavioural Science, 2008, 40 (1): 1 – 10.

3. REED G L, ENRIGHT R D. The effects of forgiveness therapy on depression, anxiety, and post-traumatic stress for women after spousal emotional abuse [J]. Journal of Consulting and Clinical Psychology, 2006, 74 (5): 920 – 929.

【问题与思考】

1. 什么是宽容?
2. 宽容对个体生活有什么积极作用?
3. 如何提升一个人的宽容水平?
4. 宽容是否等于和解?

第十章　教师人际沟通的基础：共情、真诚与坦白

【本章提要】

本章介绍了共情、真诚和坦白三种态度要素对于教师人际关系的重要作用，描述了这三种态度的不同水平的表现，并结合学校场景中的实例分析了教师如何运用这三种能力，促进师生关系。

【学习重点】

1. 掌握共情的概念。
2. 了解共情的心理学机制。
3. 熟悉共情的不同水平及其对于沟通的影响。
4. 了解共情在日常沟通、助人行为和教学情境中的作用。
5. 理解真诚与坦白的概念，在沟通中的作用及其不同水平。
6. 能够在生活和教学工作中应用关于态度的知识。

【重要术语】

共情　真诚　坦白

教师职业是一种与人打交道，以交流互动为手段的职业，人际交往是教师工作本身所必需的媒介和工具。没有良好的人际关系，就不能顺利完成教育、教学任务。在师德、关爱学生、教学能力、交流协作组织能力、学科专业功底、科研创新等13项教师专业素质中，交流组织协调能力排在学科功底之前，列第4位。在人际交往中，最重要的是一个理解、尊重、坦诚的态度：首先要做到理解对方通过语言表达出来的观念和情感，然后以一种真诚的态度将自己的想法反馈给对方，交流者之间的关系才能健康地逐渐巩固。理解对方的能力在心理学中称做共情，而真诚与坦白同样是心理学对人际交流提出的态度要求。

第一节　什么是共情

共情译自英文 empathy。由于此前汉语中并不存在这一概念，需要创造出一个名词，因此也出现了其他版本的译法，最常见的是"同情"和"同感"。这一

词最早出现在希腊文中，写作 empatheia，1858 年由德国哲学家鲁道夫·洛策（Rudolf Lotze）译为德文 Einfühlung。后来英国心理学家铁钦纳将其翻译为英文 empathy。这一词由"em/ein－（在里面）"和"-patheia/pathy/fühlung（感觉、感受、情感）"两部分组成，因此字面意思是"在感觉中"。最初在德文中它是一个美学概念，指人在审美活动中无意识地将自己的主观情感倾注在对象上面，从而使对象具有了情感和美的色彩。进入心理学后，这个词的意义也发生了变化。尤其是 20 世纪 50 年代人本主义心理学兴起之后，人本主义的领军人物罗杰斯将这一概念明确了下来。按照罗杰斯的看法，共情就是咨询师（助人者）体察认识当事人内部世界的态度和能力："感受当事人的私人世界，就好像那是你自己的世界一样，但又绝未失去'好像'这一品质——这就是共情。"

这一概念包含两个要素：第一，助人者要设身处地、感同身受地感受到对方的感受；第二，助人者自身仍然能够保持一份清醒，不会迷失在对方的感受中。因此共情并不等同于同情心，后者是指对方高兴，你也高兴，对方悲伤，你也悲伤，这些情绪变化是真真正正地发生在助人者的身上，甚至伴随一些生理表征，比如皮肤电位的变化、肾上腺的分泌和手心出汗等。而共情只是指助人者能够真切地理解对方的情感。

以师生交流来看，共情指的就是老师要排空自己对学生的成见，真正用心倾听学生在说什么，理解学生的感受。有一种很常见的情况：老师把教学仅仅当做是流水线上的工作，把学生当做产品。在这种情况中，老师常常是没有耐心去把学生当做一个真正的人来理解，往往认为自己吃过的盐比学生吃过的米还要多。在这种情况下，老师的成见阻碍了他们对学生的想法的体察。同时，老师作为教育者，毕竟有自己的立场，所以共情的另一方面就是转换视角，在理解了学生的感受之后，再回到自己的视野对其进行相对客观的审视。

综上所术，共情主要包括五个要领：

1. 转换角度。这一点最重要，要求助人者放空自己，暂时摒弃自己的经验、成见、价值观等，完全以对方的视角考虑问题，用对方的感官感觉世界，用对方的脑去思考世界。

2. 投入地倾听。第一点是一种心态上的准备，而这第二点就是从对方获得信息来让自己转换角度想问题。倾听不仅仅指用耳朵听对方说的话，也包括注意对方的非语言信号，例如表情、语气、体态等。

3. 回到自己的世界里来，把从当事人那里知觉到的东西进行清理并理解它们。

4. 以言语或非言语的方式作出反应，向当事人说出你的理解。

5. 留意对方的反馈信息。

第二节 共情的心理学基础

共情并不是人类的创造，不能把它理解为我们为了沟通而发明出来的概念。事实上，共情是深深扎根于人类的进化过程，具有生理学和心理学基础的。我们交流之所以需要共情，是因为它是一种最自然的方式。

大体说来这一概念包含了如下几层含义：

1. 共情是一种认知和情感状态，在认知上能够理解他人的想法，在情感上能够体会到对方的感受；
2. 共情是一种情绪情感反应，即体验到与他人当时的情绪相似的反应；
3. 共情是一种能力，这种观点聚焦于共情的个体差异，认为共情是一种由个体理解他人的想法和体验对方情绪构成的综合能力。

举例来说，小学三年级某班里有女生发现自己新买的毽子丢了，老师经过调查发现小明可能有"作案嫌疑"。经过询问，小明承认自己偷了毽子，但是也表示自己并不是买不起毽子，很大程度上是出于一种好奇心，不知道偷了之后对方会不会发现丢了东西，也很想知道老师会如何处理这个问题。同时，他对那个女生还有好感，想知道自己如果把毽子亲手交还对方会是什么结果。理解小明的这种想法，体会小明的好奇、焦急、不知所措，这是共情的第一层含义。老师自己体验到好奇、焦虑、不知所措的情绪，这是共情的第二层含义所强调的。共情的第三层含义强调的是老师之间的个体差异，也就是有的老师可能会在体认对方的想法和感受上做得更好。

不论对于共情的定义如何，可以看出共情包含认知和情绪两个方面。也可以把共情从功能上划分为情绪共情和认知共情，认为前者是后者的基础。针对共情的理论也从认知和情绪两个方面对其进行了解释。20 世纪 90 年代，有研究者（Rizzolatti & Gallese）发现，在恒河猴的皮层上有一些神经元，它们在恒河猴做出目的性行为（例如进食）和观察到另一个同类做出该行为时都被激活。这些神经元被称作"镜像神经元"（mirror neuron）。镜像神经元的发现证明了当人类观察到他人做出某一动作时会激活自身做出这一动作的同一脑区，这就为共情提供了神经学基础。举例来说，一个人看到身边的一个人悲伤的时候，会激活自身悲伤的同一片脑区，因此诱发自身的悲伤情绪。"情绪感染"方面的研究也对共情提供了理论支持。"情绪感染"是指有情绪诱因，但个体并没有区分自我与他人，且不清楚自己情绪产生原因的一种情绪状态，通常发生在共情之前。例如婴儿之间的哭泣感染就是这种现象最典型的实例。有研究者（Decety & Lamm）发现当新生儿听到与自己年龄相仿的孩子的哭声时比听到噪音、自己的哭声、年长儿童的哭声以及人工模拟的哭声时更容易哭，并将这种现象称为情绪感染。生活中这种现象也比比皆是，例如在葬礼上很容易感到悲伤，而在教师联谊会上很自然地感觉到轻松愉快的情绪,并且加入到欢乐的人群中去。以上研究为共情作为情感反应的概念提供了理论解释。

尽管镜像神经元和情绪感染的研究为共情提供了情绪基础,但并不能够对共情进行全部的解释。正如前文共情的定义所述,共情并不仅仅指"感受对方的世界",而且同时需要保持清醒的自身,随时能够跳出对方的世界而回到自身的视角。这就需要理性因素的参与,需要认知作为能动因素的参与。只有个体对情绪感受的来源是自身抑或是对方进行区分,并回到自己的视角进行归因和分析,才能够算是完整的共情。因此,情绪基础的理论解释或许是共情的一个必要条件,并非充分条件。

针对共情的认知解释,主要来自心理理论和观点采择的研究。心理理论(theory of mind)主要指个体对自己和他人心理状态(如信念、愿望、意图、感知、知识、情绪、需要等)的认识,并由此解释和预测他人心理和行为的一种能力。例如,看到王老师兴高采烈,手里提着一个购物袋走进办公室,我们会对他的心理状态有一种推测:他虽然拿着购物袋,但是这个时间一定不是去购物回来的。再想到他高兴的神情,因此推断这有可能是别人送给他的。所以对他的心理和行为进行进一步的推断:或许他会坐下来,和我们分享一些高兴的事情,比如说他女儿来看他了,还买了东西。心理理论和共情的交叉点在于,两者都是通过对对方状况的感知,从而来决定这些刺激信息对自身的意义,并决定自我是否对他人作出反应。从脑科学研究成果上来看,心理理论所激活的脑区与共情所激活的共同区域是内侧前额叶,这是与自我关系较为密切的一个脑区。观点采择是发展心理学在社会认知发展方面的一个概念,顾名思义,指人理解他人心理的能力,即站在他人的角度理解问题的能力。这一能力依赖于区分自我与他人观点,并根据相关信息对他人观点进行推断并作出反应。正如情绪不能解释共情的全部,以上认知因素也无法解释共情的很多内容,因为并不涉及情绪系统。共情是一个涉及认知、情绪和行为的复杂的心理过程,是认知、情绪和行为三个系统协调配合的结果。

第三节 共情的水平

共情并不是一个"全或无"的概念,而是一个从不理解对方的想法,无法体察对方的感受,到不仅能够完全理解对方的体验,而且还能从自身出发为对方提供更多的见解这样一个不同程度构成的连续体。了解这个连续体上不同水平的表现,有助于帮助我们注意自己沟通中所需要提高的地方。

伊根曾经划分了两种共情的水平:初级共情和高级共情。前者主要运用倾听技巧,重在对对方内心体验和想法的了解,以及了解之后向对方反馈这种了解;后者则除了倾听之外还运用一些影响性技巧,如自我揭示、解释等。因此对于帮助学生的教师来说，初级共情就是简单地了解学生的想法，然后向其确认，比较容易让学生接受，而高级共情则说出了学生"心中所想，意识中则无"的东西。这些东西往往是学生因为对自身了解不足、社会经验不够而不能认识、无法表达的东西，也可能是无意识的防御机制试图逃避或压抑的。因此，如果高级共情是准确的，学生就会有茅塞顿开、醍醐灌顶之感，感觉受到了高人的点拨；但如果不准确，学生可能会怀疑老师是否有能力理解自己，因此不利于在沟通中建立信任，不利于有效的沟通。因此，高级共情反应具有一定风险，对老师的要求也是比较高的。

为评定共情理解的水平，很多心理学工作者都编制了评定量尺。下面就介绍两个版本的共情量表。

首先是 Carkhiff 和 Berenson 编制的一个五级水平量尺。

水平一：帮助者在言语和行为上的表现要么未曾专注于当事人的言行表达，要么明显地心有旁骛，双方的交流未能充分包纳当事人所表达的感受和体验。

举例：帮助者连当事人最显而易见、最表面的感觉也不曾察觉，帮助者感到心烦、厌倦，或者只是根据某个预定且完全脱离当事人实际的参考架构来行事。总之，帮助者忙忙碌碌，唯独忘了对当事人哪怕最显而易见的感受表现出倾听、理解和细心体会，他明显地对当事人所表达的东西听而不闻。如某学生对老师说："数学题太难了。"教师回答说："就你事多，整天就知道抱怨。"

水平二：帮助者对当事人所表达的感受有所反应，但却忽视了当事人交谈中值得重视的情感方面。

举例：帮助者能够表达出对当事人明显可见的、表面的感受有觉察，但他的交谈不曾在情感层面进行，在意义层面也有曲解。帮助者可能谈出在他看来事情如何，但这与当事人所表达的有出入。总之，帮助者总是倾向于对别的而不是当事人确切表达或意指的东西作出反应。如某学生对教师说："数学太难了。"教师回答说："世上无难事，只怕有心人。没有克服不了的困难。"

水平三：在对当事人的表达作反应时，帮助者的表达基本上可以与当事人的表达互换，因为它们在实质上是表达同一情感和意思。

举例：帮助者的反应是基于对当事人表面感受的准确理解，但可能对较深层的感受没有反应，或对较深层的感受有曲解。总之，帮助者的反应对当事人的表达既不添加什么，也不减少什么，他对当事人表面感受底下的实际感受如何没有作出反应，但他表示他是愿意这么做的。水平三代表着积极人际互动的起码水平。如某学生对教师说："数学太难了。"教师回答说："是不简单。"

水平四：帮助者的反应相对于当事人的表达明显地有所增加，甚至表达了比当事人自己所能表达的更深一层的感受。

举例：帮助者传达出他对当事人表达的理解，他的理解比当事人表达的深了一层，从而可使当事人去体验或表达他此前未能表达的感受。总之，帮助者的反应对当事人的表达增加了深一些的感受和意思。如某学生对教师说："数学太难了。"教师回答说："是不简单，现在进入五年级了，需要抽象思维，学习不像过去那样容易了。"

水平五：帮助者的反应对当事人所表达的感受和意思作了重要增加，甚至准确地表达了比当事人自己所能表达的深几层的感受，或者说，在当事人深入地自我探索中，帮助者与他最深层的感受息息相通。

举例：除了表面感受外，帮助者对当事人任何更深的感受都有准确的反应，他"调准"到当事人的"波长"，双方携手并进，去探索此前未曾触及的人的存在领域。总之，帮助者是在充分意识到对方是谁，是在全面准确地共情理解那个人最深层的感受的基础上作出反应。

下面一个共情量表引自盖兹达（Gazda）等人，表现形式上更加直观。

1.0	1.5	2.0	2.5	3.0	3.5	4.0
冷漠或伤害性的回应，没有恰当地关心求助者的表面情绪。但偶尔准确地就谈话内容进行沟通，也许能够提高回应水平。		回应部分地考虑求助者的表面情绪。准确地就谈话内容进行沟通，能提高回应水平；而一旦沟通内容不准确，也会降低回应水平。		回应表明求助者在其表述的层次上相应地被理解；准确反映表面情绪，内容并不是最重要的，而一旦涉及，就必须准确。沟通内容不准确，会降低回应水平。		回应表明帮助者对求助者的理解超越了其直接的表述层次；潜在的情绪得到感知。沟通内容加深理解。沟通内容不准确，会降低回应水平。

关键词——共情量表
水平 4.0——潜在的情绪；额外附加的
水平 3.0——反映表面情绪
水平 2.0——缺失部分
水平 1.0——冷漠；伤害性

第四节 不同水平共情的实例

李老师对王老师说："今天早上，我们班那个大力，上课又看小人儿书让我给逮着了。说他还不听。真不知道他们这帮孩子在想什么，看小人儿书能长本事吗？将来毕业能考上大学、找着好工作吗？"

一、无助的或有害的回应

"李老师，我想你错了。你不懂，现在很多小人儿书都不像从前那种小孩子看的了，而且学生们都很有主见，你根本不用为自己管不了的事情瞎操心。"

这种回应根本无视求助者（李老师）的情绪和看法。即便王老师并不同意李老师的观点，他首先要做的也不是立刻站到李老师的对立面上去，而是帮助李老师明确问题的所在。很明显，王老师没有尝试对李老师的感受、想法进行理解、明确。最后的结果肯定是两人争吵，不欢而散。

"冷静，别生气，老李。生气能解决问题么？不能。"

这里所表达的观念，即"生气不解决问题"是合理的，但是王老师并没有表示出自己理解了李老师的情绪，因此在李老师看来，王老师完全有可能是一边看着报纸，同时根本就没有在听自己说什么，心不在焉地回应自己。简单告诉对方不要这样、不要那样，并不能改变对方此时的心情。因此这种回应是无助的。

"我知道你很郁闷。"

这种回应的意图是好的，即试图设身处地地理解李老师的想法和感受。但是"郁闷"这个词用得不好，王老师的这次共情并不准确。来听听李老师怎么说："郁闷？我才不郁闷。我觉得抓狂。我们这些老师成天要死要活地工作，培养这些祖国的花朵，他们居然用上课的时间看那些垃圾！"帮助者是要去体认对方的感受，但是如果自己在体认不充分的情况下就仓促地给予回应，这种不准确的共情也是对于有效沟通毫无意义的，也会暴露出助人者对求助者的不理解。

二、稍有帮助的回应

"所以，你很为他们的未来担心。"

这一回应是由李老师所表达出的观点推论出来的，是王老师对李老师的观点进行理解的一种表现。但是这一回应不够直接，因为李老师或许对孩子的未来担心，但这并不是他表达意思的重点。因此，这一回应缺乏对于问题实质部分的深入、明确。

三、有帮助或很有帮助的回应

"大力上课看漫画，而你觉得学生上课就应该好好听讲，努力学习，开小差是不可容忍的，因此感觉很生气。"

这一回应对李老师所提出的问题的实质进行了总结，措辞比较准确（不可容忍、生气），对方听过后会感觉王老师确实理解了自己说的是什么。在这一回应中王老师让李老师感觉到自己在试着用心倾听和理解，并且做到了。但就回应反馈本身而言，其实只是准确地复述了李老师的问题，并没有提供什么新的内容和见解，但是这是一个开始，只有在这种理解的基础上才能进入更深层次的讨论和探究。

"除了生气，你看起来似乎还被冒犯了——好像学生上课不用心是对你人生信念的一种挑战。"

这一回应其实是一种冒险，因为里面包含了王老师对李老师的问题所作出的假设，即李老师的信念是"用心读书，心无旁骛才能考上好学校，找到好工作"。这一假设如果猜错了，可能会阻碍进一步交流，而且即便是猜对了，也可能由于触及求助者过于私人、过于深层的信念而得不到他的回应。因此，这种冒险应该建立在已有一定共情作为铺垫的基础上。若论"安全"，显然上面那个回应更安全，但在已经形成一定信任的基础上，为了推进关系的发展我们必须要冒一定的险。

第五节 共情对于教育的重要作用

由于共情这一概念的普及源于心理咨询领域的应用，因此让我们首先考察它在咨询心理学中的含义。罗杰斯在20世纪60年代提出了一种革命性的观点，即以共情、真诚和积极关注为核心的咨询关系是心理咨询起作用的唯一重要因素[1]。具体说来如下：

1. 受助者处于不一致、脆弱或焦虑的状态下；
2. 助人者处于一致的状态下；
3. 助人者对受助者提供无条件的积极关注；
4. 助人者对受助者的内在参照系给予共情式的理解，并努力将这种理解传达给受助者；
5. 助人者在传达自己对来访者的共情式的理解和无条件的积极关注时至少应让对方感受到。

之所以说是"革命性的"，是因为罗杰斯强调，除以上外，心理咨询要起作用就不需要其他的条件了。也就是说，助人者和受助者之间的这种特殊的人际关系就具有治疗作用，而且是唯一起治疗作用的因素；除此之外，其他传统咨询中认为重要的因素，例如分析、理论解释等，都不具有实质性的作用。

具体到共情上，罗杰斯认为，当助人者能够领会当事人看到的、感受到的私人世界时，同时又能确保自己的认同感不会丢失，那么来访者就很可能出现建设性的变化。

共情的第一点作用是，帮助受助者关注并重视自己的经历。举例来说，一个学生喜欢看漫画，但是家长或教师认为看漫画是不务正业、玩物丧志，见到漫画

---

[1] 科里. 心理咨询与治疗的理论及实践 [M]. 谭晨, 译. 8版. 北京：中国轻工业出版社，2010：123.

书就没收,并且狠狠地批评孩子。这时候孩子对漫画的兴趣就没有得到承认:他知道自己喜欢看,但是家长或教师所能说的只是"你不应该喜欢"。他的这种经历和感受没有得到别人的认同。久而久之,当他喜欢的事情一件一件地都被别人怀疑、被别人斥为无物时,他就有可能内化为自我否定,认为自己的经历和感受是不值一提的,因此才不被别人认可。当助人者能够以一颗同理的心来认可受助者的感受时,受助者就能够确认自己的经历,不再怀疑和逃避自己的真实感受。

第二点作用是,帮助当事人以新的方式看待自己原有的经历。助人者不仅仅是认同,在高级水平的同理中,还能够以自己的理解给当事人带来新的思考。比如在上例中家长或教师可以告诉学生或当事人,自己可以把握看漫画的度,或者自己可以思考为什么漫画对自己具有强烈的吸引力,漫画的阅读给自己带来了哪些成长。

第三点作用是,修正自己对自我、他人及世界的认知。例如在上例中,助人者(咨询师)对孩子说,家长否定看漫画的行为,并非是看漫画本身有什么不对,而是家长没有理解孩子看漫画的体验——家长从自己的经验出发,认为看漫画会分散精力、耽误学业,而这种观点在某些意义上是合理的,在另一些角度上说又是片面的。家长只是按照自己以往的经验进行刻板的要求。因此,孩子就理解了并非自己的感受有什么错,而是未能和家长达到良好的沟通和相互理解。

第四点作用是,提高当事人对决定并通过行动实践这一决定的信心。如果家长或教师同情这个孩子,了解漫画对这个孩子的意义,感受到这种同情的看漫画的孩子就会合理分配看漫画的时间,以及积极思考漫画对于自己的意义。

共情在咨询过程中的作用得到了心理学家的证实,而它在日常生活中的作用更是普遍而深刻的。谈话者感觉到自己说的话被认真地倾听,并且被对方理解了的时候,才会感觉到被尊重,才会觉得值得花时间去与对方沟通,否则就是鸡同鸭讲,对牛弹琴了。

在教育领域中,共情有一些特殊的重要意义。教师的共情有助于理解学生所想,更好地把握学生的现有水平。前苏联教育心理学家维果茨基提出"支架教学"的观点,支架(scaffolding)是指在建高大建筑时搭起的脚手架,比喻学生借助教师所提供的"脚手架"进行学习,逐渐把管理、控制学习的任务从教师转移到学生一方,最后撤去支架。在开始学习的阶段,共情有助于理解学生在学习中体验到的难处,有针对性地建构支持学生进步的支架;当逐渐感觉到学生已经掌握了学习的方法,就可以撤去支架。例如,前苏联教育学家苏霍姆林斯基认为,儿童与成人不同,需要借助周围世界中的现实例子,产生鲜明的表象,才能进行理解和学习。枯燥的教材脱离了儿童的认识特性,使儿童的大脑很容易产生疲劳。皮亚杰的发生认识论研究也表明,7到10岁的儿童思维尚处在具体运算阶段，即需要借助具体事物的表象才能理解其间的相互关系，从而进行最初级的逻辑推理。因此，苏霍姆林斯基提出在大自然中设置"思维课"，学校组织学生每周两次直接接触大自然，从大自然中学习事物间的相互关系和规律，逐步将思维提升到抽象思维阶段。只有具有对儿童的共情，才能够理解他们因智力发育尚不成熟而遇到的困难，从而理解到生动形象的学习过程对于他们有多么重要。

共情还有助于营造良好的课堂氛围。当学生们明白老师理解自己的感受，他们有一种被接纳的感觉，感觉到课堂环境对于自己是安全的，这样的环境中他们的心态会更加地开放，创造力也更强。培养学生的共情，有助于改善班级内的同学关系。当同学们可以彼此理解，尊重对方的感受，懂得换位思考，在课堂讨论的时候就会更多地包容不同人的观点，这有助于合作学习氛围的养成和学生的社会化培养。

第六节 真诚

一、真诚的含义

真诚不等于诚实。生活中我们从小就被教育"诚实"是美德，而真诚和诚实的区别在于，真诚更多地是指交流态度上的诚恳、不做作，而诚实更多地关注交流内容的真实性。其实很多情况下交流的态度比交流的内容更重要。央视最近推出一系列"真诚沟通"的公益广告，大概就是希望促进社会中人与人之间的良性互动，从而达到整体上的和谐社会的目标。

罗杰斯把真诚描述为帮助者言语和其自身感受相一致。他说："我们意识到，他想表达的不仅是他已经说出来的，他内心最深的情感也与他所说的相符合。因此，不管他是生气或是深情或是害羞或是亲切，我们觉得他在所有的层面表里如一。"真诚的沟通者会坦然地将自己的内在想法通过外在表现表达出来，不会摆出虚假的外表，不特意取悦对方，不因自我防御而掩饰、修改自己的想法和态度，不文饰、回避自己的失误或短处。

在这个概念中，需要注意的是它并不等于鲁钝。按照定义很容易把它理解为毫无保留地说出自己的一切想法，而这显然会带来人际交往的灾难。我们的感受和想法经常是转瞬即逝的，想要有效地沟通就必然要保留一些，说出一些。对自己每一个想法的绝对控制或者绝对表达是不可能做到的。真诚的原则简单说来是不说违心话，但是为了做到建设性的沟通，我们需要顾及人际交往的其他原则，例如包容。在对他人观点不能苟同的时候，我们可以保留自己的态度，这样既不会破坏关系，同时也可以向对方传达"我可能不同意你"的信息。

有这样一种情境是对助人者真诚的最直接考验：当求助者表达出对助人者的不满，应该如何处理？助人者出于自我防御会倾向于解释问题、作出辩解、否认问题，甚至直接攻击当事人，这些都是不真诚的表现。但是一味地接受对方的责备，或者不予置评，也对两个人之间关系没有起到任何建设性的作用。这时候应当首先同理当事人，理解他为什么会这样说，然后再将自己的思考真诚地反馈给他。请看下面的例子：

学生：老师，有的时候我觉得你能提供的帮助很有限。毕竟你也不是我，理解不了我的家庭带来的痛苦。

老师A：谁不是从学生过来的？和父母有些矛盾也是谁家都会有的事情。你有没有理解我上次跟你说的，回去做了吗？

老师B：看来你感觉我们前几次的交流没有什么成效，我能感觉到你有些失望。可能有一些问题我们还是没有彻底搞清楚，你愿意就我们讨论过的几个关键问题再作一次回顾和检查吗？

老师A的反应很明显是在为自己的能力进行辩护，他急于向对方表明：不是我理解不了你的问题，倒可能是你在别的什么地方出错了，急于推卸责任。老师B的反应首先是同理对方，认同对方的感受，但是同时自己也并不认为是自己不能够理解对方，只是有些地方谈得还不够透彻，因此承担了自己应有的责任，同时把进一步解决问题的动力留给双方。

二、真诚的作用

真诚的第一个作用是会带来对方的信任和喜爱。当你把自己的真实想法和感受告诉对方，你实际上是信任了他才向他暴露自己的真实想法。这就拉近了两个人之间的距离，为两个人之间更近一步的交流创造了条件。

真诚的第二个作用是榜样的作用。向咨询师或者老师求助的学生往往都具有一些人际交往上的障碍，他们在与他人沟通的方式、展示自己真诚的方式上有困难。助人者的自我真诚能够让当事人看到如何创造一个良好的关系，并且在他们试图掩饰、防御时感到一种无形的压力。真诚的作用当然还有提高沟通效率。当两个人的真诚促进了他们之间的信任，他们之间可以交流的尺度就放得更开，无论是在所谈论问题的范围还是深度上都更充分，这有利于求助者问题的解决。

三、真诚评定量表

和共情等沟通要素一样，心理学家也为之发展出了评定其水平的量表。下面是引自盖兹达等人的一个真诚量表。[1]

---

[1] 盖兹达. 教师人际关系培养——教育者指南 [M]. 吴艳艳, 杜蕾, 陈伟嘉, 译. 7版. 北京: 中国轻工业出版社, 2006: 111-122.

1.0	1.5	2.0	2.5	3.0	3.5	4.0
帮助者的回应是带情绪的，这也许是对求助者的压迫；或帮助者的互动回应与其表现的情绪不吻合。帮助者的言语或非言语表达与其感受不一致。帮助者具有防御性，(而没有意识到自己的情绪)或者是假象的，欺骗性的。(表达的情绪其实帮助者不曾经历)		帮助者的回应与其真实感受稍有出入。帮助者的言语或非言语表达与其感受不一致。帮助者根据自己的"先入之见"作出回应。		帮助者的表达和感受完全一致。为促进帮助关系，帮助者有节制地表达情绪感受，避免会阻碍关系的情绪流露。		帮助者发自内心，完全可以信赖。其言语或非言语信息无论是积极还是消极，都与其感受一致。涉及消极回应时，帮助者有技巧地沟通，试图打开探究的新领域。

关键词——真诚量表

水平 4.0——发自内心；完全一致

水平 3.0——有节制地表达

水平 2.0——扮演角色，演戏式的

水平 1.0——惩罚性；防御性；欺骗性

四、真诚沟通的实例

下面是一个学校情境中的实例，展示了不同真诚水平的沟通。

张三是李老师班里的一个 17 岁男生。李老师正在和他的同事王老师讨论这个学生："老王，我们班的那个张三不知道你认识不认识。这个孩子本来就不太爱说话，脾气蛮怪的，和一个女生在交往，之前和他们谈过话，也找过家长，后来觉得他们的关系也没有影响他们的成绩，也就睁一只眼闭一只眼。最近那个女孩子来找我聊，说两个人最近分手了，因为他的脾气越来越怪，对她很不好，还在班里面当着同学的面摔东西。但是她还是很关心他，因为他本来就没什么朋友，怕他是遇到了什么困难了。"

帮助者回应

有害的："李老师，我很羡慕你在教学工作之外还有余力去处理这些早恋孩子的感情问题。"

王老师根本就没有心思去关注李老师所担心的问题，而且还用暗讽的语气表明自己没时间，也不在乎那些孩子的情感。

有害的："恩，是，很有意思，那个男孩（同时在浏览网页）。嘿，你看这个皮夹克怎么样？比我上次买的那个版型更好，我头一眼就看上了。而且价格也不贵，皮子也不错，头层牛皮的，你看这光泽！"

很明显王老师的回应根本不是他对这个问题的真诚反应。他可能还在全神贯注于他从网上购买衣服的事情，没有把自己思考后的真实感受反馈给李老师。

无助的：王老师低着头，一边飞速地批改着作业，一边对李老师说："嗯哼，这个年龄的孩子就是有这些问题啊。"

王老师的言语和行动之间表现出一些不一致。他的精力很大程度上放在了批改作业上面，因此他对李老师的回应有些心不在焉，没有表达出他的真实感受。

有帮助的：王老师作出了一个微微无奈的表情，对李老师说："恩，我觉得你这样关心自己的学生很好。但是我们其实不擅长处理这些感情问题，最好去找我们学校的心理老师。"

王老师表现出情感和表达的一致性，他的表达是有所节制的。李老师可能会觉得他真诚且值得信赖。

很有帮助的：王老师摸了摸下巴，然后出了一口气，对李老师说："老李，尽管我不认识这个张三，但是我的学生里面也有过类似的情况，我能理解你的担心。这些学生又是临近高考了，压力比较大，更难以处理这些人际关系的问题。这个张三应该是遇到了什么生活中的问题，很可能是家庭里面的矛盾。我觉得你有时间可以找他过来聊聊。"

王老师没有隐瞒任何事情，他明确地说出了自己的想法和感觉，对李老师所说的问题作了各个方面的充分回应。他表里如一，发自内心，让李老师感觉到了真实可信，感觉到这是一个可以与之深入交流的人。这种帮助者能够形成一个可信的沟通氛围，并在其中提供建设性的意见，因此是最有效的。

第七节 自我坦白

一、坦白的含义

自我坦白是一个与真诚的含义相近的概念，指的是助人者将自己较为个人化的、私人的信息暴露给受助者。和真诚相比，这个概念更主动一些，涉及一种主动向当事人揭露自己内心活动的过程。自我坦白的方式各种各样，比如谈起自己和当事人相似的一段经历，或者分享自己在某一件事情上的个人看法，或者表露此时此刻自身的一些感受和想法。对于教师来说，我认为这一点比真诚更具有挑战性，因为至少在中国的传统观念中，师生关系中强调不平等的因素，而教师向学生坦白自己的私人信息，这无疑与传统模式是相抵触的。但是如果我们教师真的希望去了解学生，真的做到教育而不是用流水线的方式生产一个个填鸭式灌输的产物，真的希望去帮助到他们，很多情况下坦白是很有效的。

坦白能够起到关系催化剂的作用，促进交流双方的关系发展；它也有助于将积极的沟通方式传达给可能较为被动的求助者，并有利于更高效的交流。因此在使用这项技术的时候，也要注意把握坦白的内容，使之不与以上原则相违背。有一个笑话：躺在手术台上的病人说："医生，我真的很紧张。这是我第一次动手术。"外科医生回答说："我理解你的感受。这也是我第一次做手术。"因此，我们坦白的目的是为了增进与当事人之间的关系，提高交流质量，而不应当是为了自己的私人需要才做出。

二、坦白量表

盖兹达等人提供了如下一份自我坦白量表。

1.0	1.5	2.0	2.5	3.0	3.5	4.0
帮助者努力回避求助者完全隐藏自己，或者因特殊需要有选择地谈论自己。帮助者自主改变互动的重点，使求助者感到沮丧，认为帮助者对自己的问题不感兴趣或求助者对帮助者的能力产生怀疑。		帮助者不主动提供任何私人信息。帮助者或许回答直接的问题但仅仅是简要而犹豫的。求助者仅仅知道自己主动询问的有关帮助者的信息。		帮助者表达与求助者问题相关的个人观点、态度和经历；笼统地在表面层次表达感受。帮助者作为个体的独特性没有呈现，求助者仅知道帮助者的一点经历和想法，在解决自身问题时或许会有点用。		帮助者主动向求助者提供自己的看法、经历和态度，信息具体，与求助者利益和问题相关。对帮助者来说，这会冒些风险。帮助者展现了他作为个体的独特性。

关键词——自我坦白量表
水平4.0——自主提供具体信息；有风险
水平3.0——自主提供笼统信息
水平2.0——不愿主动
水平1.0——压抑自我；强制导向

三、坦白的实例

以下是学校情境中的一个实例，展示了助人者不同水平的自我坦白对求助者有什么样的影响。

张三是一名中学生，在一所重点高中读书，每晚寄宿在学校。他的成绩一直不错，在班里排在前5名，但是在最近一次年级统考中，他的成绩下滑到了班里15名左右；他本来朋友就不太多，最近一段时间更加沉默寡言，也不爱和同学们在一起聊天交往了。他被教务处叫到班主任李老师的办公室里谈话，原因是前一天晚上，他一宿没有回宿舍睡觉。当早上回学校时被发现，问到他一晚上去做什么的时候，他只是说想一个人思考一下。之前班主任在他的书桌里发现了一本《易经》。沉默许久过后，坐在李老师对面的张三终于开口了："李老师，我最近感觉很迷茫，不知道自己好好学习，做这一切都是为了什么。昨天晚上当我独自走在长安街上,抬头仰望星空,顿时觉得自己是那么的渺小。"

以下是不同水平的帮助者回应

有害的:"我来告诉你是为了什么!从小我家里条件就不太好,父母省吃俭用含辛茹苦把我带大,我非常感激他们!我们好好学习,努力工作就是为了报答父母!"

帮助者控制了这次谈话,整个回应就是在展示他自己引以为豪的生活目标。这样的自我坦白不是为了帮助对方走出困境,而是为了满足自身的需要。他完全没有了解张三的情况,不了解张三的迷惑在哪里,因此他提供的"解决办法"也只能是适用于他自己而已。对于张三来说,他获得的感受只是这个强势的老师只知道他自己的感受,并不关心学生。

无助的:"张三同学,我很高兴你能说出自己的想法。其实对你的情况我能做的不多,让我们再多谈谈你的经历吧!"

在这种回应中李老师有意地与张三保持了一定的距离。张三所遇到的问题其实任何人都会有所思考,张三所需要的是一个长辈、一个更加成熟的人对自己的方向提供一定的引导,但是李老师很明显不愿意把自己的想法开放地与张三分享。这可能是由于李老师自身并不成熟,也可能是他比较传统,认为这样的分享会破坏自己的权威形象。在这种情况下,张三会怀疑李老师帮助自己的能力,他的无助感、茫然感会保持或者加重。

有帮助的:"张三同学,你所遇到的问题是很普遍的,我在和你年龄差不多的时候也有一段时间感觉到迷茫。当然,我没有像你昨晚那样特立独行的勇气,但同时我也很希望能够从一个长辈那里获得帮助。我很高兴你能够信任我,和我探讨这些问题。"

李老师的回答提供了关于自身的信息,但还比较笼统和简短。李老师提供的信息和张三求助的问题是密切相关的,而且他提出自己的经历的目的是帮助张三给自身定位,思考张三自己的问题。张三会感觉李老师更亲近、更可理解一些,因而会强化他们之间的关系。

很有帮助的:"其实你遇到的问题很普遍。我还记得,自己在大概16岁的时候也有过一段时间,每天喜欢一个人呆着,深陷于思考诸如生命的意义一类的深奥命题。那时候我其实是一个书呆子,整天就是上课和题海,所以我也很想了解关于生命、宇宙等问题的答案,也想过去看《易经》这种书。但是后来我并没有真的去看,因为我发现自己深陷于这种思考是和自己的情绪有很大关系的。那个时候家里父母吵架,心情很不好,就会去想这些问题。后来在学校交了一些新的朋友,每天生活、学习在一起,也就不去想了。"

李老师非常开放,没有保留地把自己有关这一问题的私人经历和感悟分享给了张三。这种分享会冒一定风险，比如自己的感受不被对方所理解，但是通过这种坦白张三一定会感受到李老师对自己的关心，感受到李老师在传达"你不是一个人，我们在同一条船上"这一信息。这种相互理解的情感会减弱张三孤立无助的感觉，增加他的自我接纳。助人者的自我坦白也起到了榜样的作用，在一种相互信任的氛围中，求助者会在助人者的示范下更加开放地讨论自身的问题。

【建议参考资料】

1. 科里. 心理咨询与治疗的理论及实践［M］. 谭晨，译. 8版. 北京：中国轻工业出版社，2010.
2. 盖兹达. 教师人际关系培养——教育者指南［M］. 吴艳艳，杜蕾，陈伟嘉，译. 7版. 中国轻工业出版社，2006.

【问题与思考】

1. 什么是共情？它的要素是什么？
2. 结合自身的经验，说说什么是高水平的共情，什么是低水平的共情。
3. 结合自身的经验，你还能分析共情在生活中或教学中的其他作用吗？
4. 什么是真诚/坦白的态度？在应用这种态度时有什么需要注意的？
5. 结合自身的经验，说说什么是高水平的真诚/坦白，什么是低水平的真诚/坦白。
6. 你能结合自身的体验分析真诚和坦白在生活中或教学中的作用吗？

第十一章　学会倾听

【本章提要】

本章首先介绍了什么是倾听；然后阐述了倾听的重要作用：听促进课堂教学、倾听完善教育、倾听形成积极的师生关系；最后，从概念、使用步骤到示例，详细地介绍了四种倾听的技巧，即澄清、释义、情感反映和总结，帮助教师学习如何做到有效倾听。

【学习重点】

1. 了解倾听的含义和重要作用
2. 掌握四种倾听技巧并能熟练运用

【重要术语】

倾听　澄清　释义　情感反映

良好的人际关系依赖于人与人之间的良性互动与沟通。我们每个人都理应同时成为"说话人"和"听话人"，才能保证与他人的沟通顺利进行。然而，社会和教师本人对教师职责的要求却常常仅限于成为一名"理想的说话者"，即按照社会的要求向学生传授知识，进行思想说教工作，使学生按照预先设定的轨道顺利地完成学业，就是尽职尽责，是一名合格的教师。长此以往，师生之间的对话与交流就处于一种不平衡的、单向的状态：教师高居"权威者"的位置，始终处于"说话人"的状态。而学生则按要求扮演一名"理想的听话人"，时刻要遵照教师的话语行动，始终处于"受"的状态。随着这种不平衡的、单向的对话形式的延续和发展，人们日益发现在教师与学生的交往过程中出现了许多的障碍，师生之间的沟通越来越难以进行。教师不断地抱怨："现在的学生太不听话了"，"现在的学生越来越难教了"；而学生们则又感觉得不到教师的理解和帮助，对教师的话要么当做耳旁风，要么是"教师在和不在两个样"，师生各自生活在自己的空间，致使双方"各说各的话"，相互无法沟通和理解[①]。这种现象

---

① 海莺．"理想的说话者"与"理想的倾听者"——教师职责之检讨［J］．天津市教科院学报，2002（5）．

的存在，无疑给教师的教育、教学工作带来困难，更严重损害了师生之间的人际关系。

究其原因，正是由于教师长期以来过于注重完成一名合格的"说话者"的职责，忽视甚至是遗忘了自己也应是一名"倾听者"所造成的。既然要沟通，就不是单方面的表达。对"听"的忽视必然导致"说"的低效，甚至是无效。教师要成为一名"理想的说话人"，就必须先学会倾听。

第一节 什么是倾听

我们将倾听定义为三个过程：接收信息、加工信息和传递信息。即：

学生的信息──→接收信息（内隐）──→加工信息（内隐）──→传递信息（外显）

以师生间的沟通来看，教师倾听学生的过程，就是接收和处理学生的信息（言语或非言语）的过程。信息的接收是一个隐蔽的过程，也就是说，我们不能看到教师如何接收和接收到什么信息。当教师不再关注学生时，信息的接收便会停止。

信息一旦被接收，它就以某种方式被处理。信息加工如同接收一样是内隐的过程，它是在教师内部进行的，不能被外部世界观察到，除非教师的某些非言语行为可能会暗示出某些线索。教师内部的信息加工过程，奠定了其外部行为的基础。当教师的偏见和盲点阻碍他们认识全部信息或使他们歪曲信息时，信息加工就会发生错误。如教师在课堂上听到的是他们预期的学生对教学内容的理解，而非学生真实的领悟。

倾听的第三个过程涉及教师传递的言语和非言语信息。倾听的前两个过程都是内隐的、不可观察的，要验证教师是否有效倾听及倾听发挥作用的阶段，就是这个传递信息的过程[①]。

此外，倾听有两个内容：一是理解信息，二是感知情绪。比如，一年级的小女生哭着来向老师告状，"老师，小明弄坏了我最喜欢的小熊铅笔！"那么对这句话真正的倾听包含什么内容呢？首先，学生告诉了我们什么信息？小明弄坏了她最喜欢的铅笔。这是显而易见的，如果仅仅只获得这一个内容，那这并不是"有效的倾听"，这只是"听见"，老师可能会想，不就是只铅笔嘛，这有什么值得哭！真正有效的倾听需要倾听者暂时淡出他自己的思考架构，进入说话者的经验世界，他不仅听到了说话者所说的话，还要从说话者的角度出发去理解这些话。对小女孩儿来说，这是一支特别的"小熊"铅笔，是她最喜欢的，那就可

---

① 科米尔，纽瑞尔斯，奥斯本．心理咨询师的问诊策略［M］．张建新，译．6版．北京：中国轻工业出版社，2009：84．

以理解为什么小女孩儿会哭了,由此"倾听"到第二个内容——情绪,小女孩儿正为心爱的铅笔坏了而伤心着急。

第二节 积极倾听的作用

教育家卡耐基说:"做个听众往往比做一个演讲者更重要。专心听他人讲话,是我们给予他的最大尊重、呵护和赞美。"在多重的人际关系中,说与听是联结并维系双向关系的重要纽带。被倾听对说话者来说意义重大,说话者感觉自己的表达在他人身上得到反应和认可,实现了其传递想法和表达情感的目的;在感觉到被关注和接纳的情况下,说话者更愿意真诚地表达所思所感,理清自己的思绪及感受,进一步认识和肯定自我。"被倾听"让说话者在安全的环境下成长,让他们有足够的自尊发展自己的独特才能及理想,也可以有自信与他人建立关系。反之,没有"被倾听",会让说话者感觉被忽视、不被欣赏、被阻断,从而变得焦躁又孤独。

一、倾听促进课堂教学

在我们的课堂上,常常出现这样的情况:一个教师能够喋喋不休地说上一两节课,却很少能静静地听学生20分钟的表达,教师的言语充斥着整个课堂,更延伸到师生交往的整个空间。当教师的叙说挤占了教学的每一个空间的时候,学生无疑丧失了表达自我观念和想法的机会。这样做的直接后果就是导致教育丧失了主体性,从而陷入自我中心的泥潭不能自拔。建构主义教学理论认为:知识是在人的心灵与外界客体相互作用的过程中由内部生成的。教师和学生分别以自己的方式建构起对世界的理解。要想获得对世界的多重理解、建构世界的多重意义,就需要教师与学生相互交流、对话。而这种交流、对话离不开彼此间的倾听。只有细致、专心地倾听彼此的心声,才能够真正建立起有效交流和对话的平台。没有倾听,没有来自耳朵的信息,教学者无法得知学生在想什么,学生需要什么,自然也无法得知长时间的叙说到底是否被学生有效倾听,取得应有的教学效果。倾听的缺乏不仅造成了师生关系的疏远,也使得教学的效果令人失望。由此看来,教师要少费口舌,多发挥耳朵的功效,让"讲"和"听"都成为师生的共享。

课堂上的倾听,需要老师在启发学生回答问题时要耐心,不要在尚未了解学生的观点和意图前就急于下结论,或褒或贬;要专心致志地听取学生的发言,能及时判断,及时反馈,能理解学生发言的表层意义和言外之意,还要善于欣赏对方,与之产生共鸣。甚至能注意学生的眼神、面部表情、手势语、姿势语,能对其心领神会,产生情感体验。

学生在课堂上发言,是一种情感态度,是一种积极参与,无论说对了,还是说错了,无论说得清楚明白,还是语无伦次,教师都要专注地倾听,不能有半点的不耐烦。尤其是对待不善于表达的学生,更加不可忽视。倾听是一种尊重、一种教学民主。教师积极倾听的意图,不在于证实某种立场或想法的正确性,也不在于仅是"裁判",而是要将学生不同的观点联系起来,积极地与学生的想法共舞,让学生从自己的经验里悟得知识。

倾听学生,重视学生的内心世界,让学生有话敢说,能消除师生间的心理紧张气氛,让学生好学、喜探究的天性发挥出来,从而乐于学习[1]。

《坐井观天》一文快学完时,语文老师让学生展开想象的翅膀,以"青蛙跳出井口了"为题说几句话。

学生们一个接一个地讲着,内容不是"外面的世界很精彩"便是"青蛙真正感到了自己见识少"。这时,一个学生说:"青蛙从井里跳出来,到外面看了看,觉得还是井里好,又跳回井里。"话音刚落,同学们便捧腹大笑。老师还算幽默,也随口说道:"我看你是一只喜欢坐井观天的青蛙。"[2]

按照一般的理解,井底之蛙以前孤陋寡闻,一旦出得井来,就可以见多识广,当然不会再回去了。这也是课文的应有之义。现在,有学生居然要井底之蛙回井里去,实在有些"离题"。因为想当然,教师当时没有积极关注这唯一的不同的声音,没有思考这些话的意义和背后的缘由。好在教师要求同学们将自己的想法写下来时,这位学生坚持了自己的想法,他写道:

青蛙跳出井后,来到一条河边,想喝水,突然,听到旁边老青蛙的警告:"不要喝,水里有毒!"紧接着,又听到老青蛙被人用钢叉刺死的惨叫声……

可以看到,这位学生的发言并不是想当然的随口胡诌,他甚至有比同龄孩子更独特、深刻的想法。他将寓言故事与人类破坏环境、捕杀益虫这样的现实环境问题结合起来,这样的寓言故事续写简直就是给人们上了一场生动的环保课!如果老师能够多一点等待和倾听的准备,以不打断、不评判的态度等学生把话说完,就会发现学生思维中的这个大亮点,将整个教学的深度和现实意义向前推进一步。

二、倾听完善教育

苏霍姆林斯基说:"没有也不可能有抽象的学生。每个儿童都是一个完整的世界,没有重复,各有特色。"师生关系并不仅仅是教师教学、学生接受知识这样简单的关系。教育的根本意义在于对人的全面理解和全面培养。学生不仅仅是

---

[1] 徐凌云. 论倾听是新课程中教师人际交往的新技能 [J]. 厦门教育学院学报, 2004, 6(3).

[2] 袁文娟. 教师要学会倾听 [J]. 现代教育科学·中学教师, 2010 (6).

知识的容器，他们更是一个个完整、独特的个体。教师倾听学生不是把学生当做一个群体来看待，而是将之作为一个个具体的生命个体来倾听和关注，承认和接纳其独特性。

教育是雕琢心灵的艺术，教育学家乌申斯基曾说过，"如果教育者希望从一切方面去教育人，那么就必须从一切方面去了解人"。从这个意义上说，真正的教育必然是从心与心的对话开始的，而心与心的对话又是从真诚的倾听开始的，不会做一个真诚的倾听者，那么你也就绝对不会成为一个合格的教育者。要知道，教育的过程就是教育者与被教育者相互倾听、相互应答的过程。中国有句古诗："风流不在谈锋性，袖手无言味最长。"倾听本身就是一种教育，即使你没有给对方什么指点或帮助，但有了倾听，你便在心灵上给予了他十分丰厚的精神馈赠了，倾听是理解，是尊重，是接纳，是期待，是分担痛苦，是共享快乐，它的意义远不是仅仅给了孩子一个表达的机会，它或许带来的是早已失落的人格自尊，点燃的或许是行将熄灭的思维火把，铸就的或许是尘封已久的信念追求。

一位教师在教学《幼时记趣》时讨论"鞭打蛤蟆"这一趣事，学生们纷纷认为癞蛤蟆欺负弱小，该打。一学生怯怯地说："我不太同意，癞蛤蟆虽丑，但它在房屋四周吃害虫，为什么要打它呢？更何况，人打蛤蟆，不也是欺负弱小吗？"教师怔了一下，随即想到该生是从农村来这寄读，还没被同学们接纳，他对癞蛤蟆的同情，实际上是其内心真实情感的反映。教师决定利用这个机会呵护他，同时教育其他学生。"你敢于思考，见解独特，老师很欣赏。同一篇文章，从不同角度看就会有不同的理解。对小虫而言，癞蛤蟆是强暴；对癞蛤蟆而言，人是强暴。大家还有新的体会吗？"教室里"炸开了锅"……

这位教师对学生内心声音的静心倾听，生成了意想不到的教学资源，使每一个学生都经历了一次成长的过程，获得了可喜的收获。尤其是那位发言的学生，他会感受到来自教师的理解、宽容、尊重、关爱，体验到可贵的心灵满足，真正从心底涌起被人关注、尊重的幸福；他将对自己充满信心，真正体验到作为一个人而不仅仅是一名学生的尊严和价值。

三、倾听形成积极的师生关系

有人在中小学生中作过一次调查，当问及"你们心里如果有了最高兴、最烦恼、最秘密的事，你最愿意告诉谁"时，有76%的学生选择了同学朋友，有17%的同学选择了父母长辈，只有7%的同学选择了教师。根据这项调查结果，不管我们是否有勇气承认，事实上，绝大多数的同学已把教师排斥在倾诉者之外，他们不太愿意亦或不习惯于向教师袒露内心深处的喜怒哀乐。学生之所以不愿意不习惯向教师倾诉，也许正是缘于我们的教师不愿意或不会倾听。在与学生内心世界有着那么多的隔膜的情况下，师生关系必然出现疏远或紧张的状态。

主动倾听是师生之间平等交流的基础，教师需要具有倾听的意识，屏弃偏见，用心倾听，积极回应，真诚表达，拒绝居高临下的告诫、训导，才能真正消除师生之间的隔阂，建立真诚的、互相信任的师生关系。

一位小学6年级的男生，被老师看做是常常与其他同学发生冲突、忤逆老师、屡教不改的"问题"学生，当他再一次由于跟同学打架而被老师叫到办公室时，他愤怒而倔强地吼道："我没错！谁叫他骂我没爸爸，他骂一次我就要揍他一次！"

这时，老师听到这句话，该是什么反应呢？如果老师也愤怒于他恶劣不知悔改的态度，简单粗暴地教训他："你这是说的什么话！你打人你还有理了你！明天请你父母来学校！"这样的回应必然使该学生对老师产生极大的敌对情绪，学生更加可能跟老师对着干。如果老师能听到孩子的话外音，追问两句："为什么他骂你'没爸爸'？你为什么对这句话这么生气？"孩子立刻能感觉到老师关注和试图理解自己的愿望，那么自己的心里话、自己受到的委屈似乎也可以跟老师谈一谈了。原来，这位孩子父母刚离婚，孩子还处于伤心、愤怒、不愿接受的状态，他被同学嘲笑此事时受伤的心情可想而知。老师对这件事的关注和倾听让孩子开始信任老师，愿意向老师袒露心迹，老师得以了解孩子更多的情况和内心想法来帮助他度过适应单亲家庭的艰难过程。师生间持久的"敌对"情绪一步步瓦解，信任、融洽、真诚的关系，使得该孩子各方面的行为问题都得到了改善，不再是令老师头疼的"问题"学生了。

第三节 积极倾听的技巧

我们了解了什么是倾听以及倾听的重要作用，那么如何才能做到有效倾听呢？

倾听要集中注意，感觉有兴趣，关怀，用心体会，确认，察觉，感动，欣赏；行为上要保持目光接触，适时地点头表示赞许并配合恰当的面部表情，不要轻易打断说话者。

下面，我们将详细介绍四种倾听的技术：澄清、释义、情感反映和总结[1]。

一、澄清

因为学生表达的大部分信息出自他们自己的语言系统和参照系统，它们可能是模糊而混淆的，特别是一些代词（他们）、含糊的短语（你懂的）、网络流行语（囧死了）和一些可能存在歧义的语句。如果教师不能确定信息的含义，就

---

[1] 科米尔，纽瑞尔斯，奥斯本. 心理咨询师的问诊策略[M]. 张建新，译. 6版. 北京：中国轻工业出版社，2009：86-103.

有必要进行澄清。

澄清的目的：一是鼓励学生更详细地叙述；二是确定教师对学生所表达的信息知觉的准确性；三是明确教师从学生信息中听到的内容，弄清那些模糊的信息。

澄清的步骤：首先，确定学生的言语和非言语信息的内容——学生告诉你了些什么？第二，确认哪些信息是含糊不清的，需要进一步的澄清；第三，组织恰当的澄清的语言，如"你能具体说说……""你的意思是……"等，最好用疑问的口气而非陈述口气；最后，要通过倾听和观察来评估澄清反应的效果。如果澄清反应起作用，学生就会对信息中含糊混淆的部分进行解释，如果它没有起作用，学生则没有反应，不理睬教师的要求，继续作出模糊和省略的陈述。这时教师要试图进行进一步的澄清或者转而使用其他的倾听技术。

澄清反应的示例：

一位未能按时交数学作业的四年级女生，当被老师询问为何不按时交作业时，说到："我不想做这该死的作业。我不要学这些烦死人的数学，反正女孩子学这些也没用！"

教师应该如何对该学生作出澄清反应呢？

1. 她说了什么？——她不想做数学作业，因为女孩子学了也没用。

2. 有没有含糊或遗漏的信息？——有，她是真的觉得数学不重要，还是因为数学成绩不好而否认数学的作用。

那么教师作出的澄清反应可以是："你是觉得数学没用，还是觉得数学太难了你学起来有点吃力？"

学生对该问题进一步的阐述和解释，就能够让教师了解到她不交作业的真正原因，更有针对性地帮助她克服这个问题。

二、释义

释义是对学生先前的言语和思想用另外语言重新描述或解释。重新描述和解释应注意选词，强调学生表达的最关键的词句和想法，增加教师和学生双方对信息的理解，以便引起进一步的讨论。

释义的目的：第一，通过释义，教师可以让学生知道，你已经理解了他们所要表达的信息，如果你的理解是完整的，学生会进一步澄清自己的想法。第二，它可以鼓励学生对一些关键想法作进一步的阐释，使他们深入地探讨某个重要话题。第三，使用释义可以帮助学生将注意力集中在重要的情境、事件、思想和行为上，而不至于分心离题。例如，准确的释义能阻止学生喋喋不休地重复同一个内容。第四，重复关键词和思想常常会使问题的实质凸显出来，对于学生的一些需要作决定的问题会非常有帮助。

释义的步骤：首先，教师要在心里重复或回忆学生表达的信息——他告诉了我些什么？第二，问自己"他刚刚的信息中都包含了什么样的情境、人物、物体、情绪？"以辨别信息中的有效内容。第三，选择恰当的语句进行释义，比如"我明白你的意思是……""我听到你在说……""我有种感觉是……"等。第四，用合适的语句将学生所表达的主要内容用自己的语言表达出来，注意要尽量使用陈述语气而非疑问语气；最后，通过倾听和观察学生的反应来评价释义的效果，如果释义是准确的，学生会以某种言语或非言语的方式来肯定他的正确与有效性。

释义反应的示例：

二年级的班主任老师发现班里一位平常活泼好动的小女生近来有点"小忧郁"，于是问她是不是发生了什么事？小女孩垂着头，语调缓慢柔和地说到："妈妈要生弟弟了，我不喜欢小弟弟，他们说小弟弟会跟我抢零食、抢玩具、抢爸爸妈妈。"

听到小女孩儿的话，老师就该在心里问自己：

1. 她对我说了什么？——她的妈妈要生小弟弟了，她不喜欢小弟弟因为他会抢她的东西。

2. 信息的内容是什么？——小女孩儿感受到弟弟的出生给自己在家里的地位带来威胁。

3. 有用的释义语句？——"你是说……""你感到……"

实际的释义反应可以是："老师明白，你是在担心爸爸妈妈会爱弟弟超过你，你希望自己永远是家里的小公主。"

三、情感反映

释义主要是对学生谈话内容的反应。而情感反映就是对学生的情绪、情感进行理解和反馈。

情感反映的目的：第一，情感反映帮助学生意识到自己行为背后弥漫的或强烈的情绪，或混杂、冲突的情感。第二，合理的表达和宣泄情绪、情感也是帮助学生控制情绪的有效方法，避免情绪的压抑造成过度的焦虑紧张和引发非理性行为。第三，当学生的负面情绪是针对教师本人时，比如学生觉得老师不公平而愤怒等，教师有可能跟学生较真，并加强自我防御，使得冲突加剧。这种情况下，教师如果使用情感反映，让学生知道老师能理解他们的感受，就会降低学生的愤怒强度，增加对老师的接受度，从而有效地减少情绪冲突的可能性，使得双方采取更有建设性的措施解决师生矛盾。第四，教师恰当的情感反映，会让学生感到被老师理解了，他们因此会更加开放地与尝试理解自己的人进行交流。

情感反映的步骤：首先，要注意倾听学生信息中使用的情感词汇，包括愤怒、恐惧、冲突、悲伤、幸福五大类，熟悉大量的情绪词汇是识别和描述情感的基础。第二，要注意观察学生传递言语信息时的非言语行为，如身体姿势、面部表情和各种语音特征等（详见肢体语言章节）。第三，教师要使用自己的语言，将言语或非言语获得的信息反映给学生；选择情感反映的情绪词需要格外注意其准确性和情感强度的一致性，若老师低估情感强度，可能使学生有被嘲弄的感觉，若高估、夸张，可能使学生感觉莫名其妙；为了更好地表达某种强度的情感，可以在情绪词前加副词来实现，如有些（弱）、相当（中）或非常（强）的沮丧。第四，用合适的语句开始进行情感反映，比如，"听起来你非常……""你似乎有点……"。第五，在语句中加入情感发生时的情境，如"你是说不论你什么时候参加考试，你都感到很紧张"。最后，评估情感反映的效果，学生肯定或否定的回答会反馈情感反映的准确性。此外，老师对学生的谈话进行情感反映需要把握合适的时机，如果"交浅言深"，即在刚开始谈话，信任关系还没有建立好的时候，过度使用情感反映，会让学生感觉不适，甚至否认自己的情绪感受。随着谈话的深入，就不可忽视情感反映的潜在影响及其对师生关系的促进作用。

情感反映示例：

一位厌学的初中生粗哑而高声地对老师说："学校这个破地方，这么多乱七八糟的校规各种规的，恶心死了，我不想呆在学校！"

如果老师要对其作情感反映，应该自问以下几个问题：

1. 该学生使用了什么情感词？——不明显，但是像"破""乱七八糟""恶心"这样的词可以暗示出强烈的情绪。
2. 学生的非语言行为暗示出什么情绪？——生气、受挫折。
3. 有没有可替换的情感词？——愤怒、厌恶、受到限制的挫败感。
4. 适用的句型是？——"你好像……""我能看出……"。
5. 围绕学生情绪情感的背景和情境是什么？——学校规则。

实际的情感反映可以是："看起来你很厌恶那些限制你的学校规则；或者，对于学校的这些规定，你好像很愤怒。"

四、总结

师生间的谈话进行一段时间之后，学生表达的多种信息会暗示出某种主题或模式，教师可以通过倾听学生谈话中经常被提及或反复强调的信息来确认主题。主题代表着学生想要表达的东西，也是教师应当予以关注的地方。教师对学生谈话主题进行的反应，就是使用总结。总结可以说是浓缩了学生表达的信息，在关键问题上找出关联，结合释义和情感反映准确地反馈给学生。

总结的目的：一是将学生含糊、零散的信息整合起来，抓住问题的关键；二是可以通过总结来打断学生有时喋喋不休地重复信息，突显谈话的重点，控制谈话的进程。

总结的步骤：首先，关注和回忆学生表达的信息，包括言语的和非言语的；其次，识别谈话中的明显模式和主题，如学生多次提到了什么；再次，使用恰当的语言和词汇描述主题，尽量使用陈述的语气；最后，通过倾听和观察学生肯定还是否定总结出的主题以及总结是加强还是减弱了谈话关注的重点和方向等，来评估总结的效果。

总结的示例：

学生："老师，我也不知道为什么我就是学不好数学，我真的很努力在学了，可每次数学考试成绩都很差，是我太笨吗？……真的，上课我都很认真地听课做笔记，课后也完成作业了……其实课上老师讲的我都能听懂，课后的作业我也基本会做，可是一到考试就不行……不是看错题目就是计算错误，还有些我明明平时会做的题在考场上就是做不出来……比如上次那道几何题……再比如这一次……"

学生表达的信息这么多，并且有继续喋喋不休说下去的趋势，这时老师应该如何对上述这些话做总结呢？

1. 学生说了些什么？——非常多的信息。

2. 学生反复提及的内容和模式是什么？——努力学数学，考试成绩却差，题目考场下会做，考场上做不出。

老师总结的反应可以是："一开始你说不知道自己为什么学不好数学，似乎感到很灰心，甚至因此开始怀疑、否定自己，但是后来你说到其实你能学懂老师教的知识和完成作业，你只是数学考试考不好，并且这种情况已经多次出现了，让你非常挫败。"

老师这样的总结反应不仅打断了学生喋喋不休的抱怨和举例，更帮助学生理清了他数学学习的关键问题不是学不会，而是不会考试，那么解决问题的关键集中到了考试心态和技巧上去，同时还兼顾了学生的情感体验，使学生感受到老师真的在听自己说话并且理解自己，促进了进一步的沟通。

【建议参考资料】

1. 海鸢."理想的说话者"与"理想的倾听者"——教师职责之检讨[J]. 天津市教科院学报，2002（5）.

2. 科米尔，纽瑞尔斯，奥斯本. 心理咨询师的问诊策略[M]. 张建新，译. 6版. 北京：

中国轻工业出版社，2009.

3. 徐凌云. 论倾听是新课程中教师人际交往的新技能［J］. 厦门教育学院学报，2004，6（3）.

4. 袁文娟. 教师要学会倾听［J］. 现代教育科学·中学教师，2010（6）.

【问题与思考】

1. 什么是倾听？它有哪些过程和内容？
2. 倾听有什么重要作用？你对其有什么体会和启发？
3. 什么是澄清反应/释义反应/情感反映/总结？请举例说明如何作澄清反应/释义反应/情感反映/总结？

第十二章　有效的回应

【本章提要】

本章首先介绍了什么是沟通中的回应，有哪些无效的回应模式：否认型、侦探型、专家型、指责型、自我分享型、人生导师型等；然后从概念、作用、使用步骤到示例，详细阐述了几种回应的方式：具体明晰、即时化和对质，帮助教师学习如何做到听后有所回应。

【学习重点】

1. 了解回应的含义及几种常见的无效回应模式，注意避免。
2. 掌握三种回应技巧并能熟练运用。

【重要术语】

具体明晰　即时化　对质

第一节　什么是回应

高效能的教育需要平等和谐的师生关系为基础，而很多师生关系平淡，甚至紧张。教师埋怨学生不努力学习、自觉性差、爱找借口；而学生认为老师居高临下摆架子，不关心不理解他们的内心感受，只看重成绩等。教育的问题在很大程度上是沟通的问题，师生之间需要一种平等而有效的沟通，这样教师才能走进学生的心灵世界，也让学生真正理解教师。在中小学教育中，学生往往很注重对教师的感觉，然后再决定对教师提供的教育接受与否。很多学生是先喜欢教师，再喜欢教师教授的课程。教师的教育工作是否成功，不仅要有专业知识技术，还需要一定的沟通技巧。如果教师伤害了学生的自尊和感情，学生与教师的人际关系必然僵化。那么学生会从内心对教师产生很大的抵触感。

史蒂文森（Stephenson）提出帮助关系中的教师个性特征是：愿意倾听；充满自信；言行一致；有耐心；有幽默感；真正愿意和学生交流；不会对学生发号施令；不会武断评价学生或强加自己想法给他们。沟通指个体准确适当地传播、接受言语和非言语信息的能力，而回应则是表达、传播的部分，意味着回答、回复、行为。

回应包括信息回应和行动回应。信息只是包括言语的回应，而行动则包括一些肢体动作和行为。比如，学生小伟对你说："老师，昨晚我听妈妈说，她下学期可能要调动工作，到另一个城市去了，她的工作很好，不得不去。但我不想六年级还转学,觉得很郁闷。"你怎样回应呢?可能需要的信息回应更多涉及的是你的理解,同时也可能包括对你的求助。你可以问他:"我理解你不想离开学校和同学们,毕竟在这里学习了五年,觉得很郁闷。"根据情境,你可以询问他是否是希望老师能给予他一些什么帮助。而行动回应方面,你可以关切地注视他,通过眼光神情来表达你的理解和支持。小云对你说:"老师,您能不能推荐些课外读物?我想多读些书。"这时需要的主要是直接的信息回应。

而有时对方并不一定需要你去给予答案或做些什么,如上面小伟的例子,这时全神贯注的倾听、共情等回应就是最恰当的。有时对方的言外之意隐藏在信息或行动请求之下,但又担心直接说出来实质问题会受到伤害或不恰当的对待,这就要求教师仔细揣度对方的话语中是否有隐藏的含义,较好地运用之前提到的倾听技巧。

第二节 无效的回应模式

有些回应形式是无效的,甚至有害的。这些方式往往无视沟通对方的感受,没有深入理解表达者的意图,只顾及自己的利益立场。以下是一些常见的无效回应方式。

小刚对老师说:"老师,我觉得班上很多同学排挤我,似乎周围同学不想挨着我坐。昨天数学老师问我为什么不交作业,我明明交了作业,课代表却说没看到。我感觉压力很大,好像我欠了他们什么似的。"(小刚是从重点班被调下来到这班的)

一、否认型

似乎一切都没问题,想轻描淡写地将一切问题化解,但简单的否认并不能持久地维持假象,这也否认了对方的感受,未给予充分尊重。

如:"没关系,回去好好休息休息,明天就好了。"

"没关系,一步一步来,你的路还长着呢!"

"不要难过,每天的太阳都是新的,明天你就会好起来。"

均为泛泛之辞——当教师安慰一个痛苦中的学生或者学生急切地要求教师对自己有所帮助时,一些没有解决实际问题,没有意义的安慰语言会让学生非常地失望。进而他们就会对教师产生无能、自私、冷漠等不良的印象。

二、侦探型

刨根问底,只想探究事情的真相和各种细节,对事情本身有回应,但对对方的情绪漠不关心。

如:"都谁排挤你?什么时候开始的?发生了什么?为什么?"

三、专家型

不断为对方提建议,提出要求,认为对方按照自己说的应该怎么做,情况就会有所改善。没有对对方的感受予以任何关注,也不需在感受和情绪上纠缠,只能让事情越加纷乱。

如:"你和课代表还有周围同学沟通一下,下次确保作业正常交到课代表手上。现在平静一下情绪,别抱怨了,重新整理思路,按我说的做。"

这种劝告会否定个人的情感,会妨碍他的表达,无助于了解到真实的情况。

四、指责型

一味地指责对方,出现这些状况都是咎由自取,尽管有时他提出的原因是确实存在的,但未免过于苛刻,伤害了对方的感情。在求助时,对方需要的是帮助而非指责、非难和惩罚。

如:"你怎么为了这些占用这么多精力?!你是个好学生,别让这些烦恼影响你的成绩!"

典型的"你向信息"的表达都属于此类回应模式。即主语都为你。

"你怎么不认真读书,你的行为对得起蹬三轮挣学费的父母吗?"

"你这次又破坏纪律了,写份深刻的检查,在班会课上宣读。"

"你英语默写不及格,放学后到办公室来重新默写。"

这种表达的特征为,主观意识过强,忽略别人的感受,不留余地地说出对他人的评价。也没有积极地倾听对方,对学生的成长无益。如同沟通的杀手,扭曲了本来的好意,对师生关系具有巨大的破坏力,让学生难以接受你的建议,沟通结果只能是让对方不愉快,使对方抗拒或畏缩,不愿再与教师进行沟通。

表 12-1 不良回应的例举

沟通的本意	"你向信息"	举例	导致的结果
"提醒"	"批评"	你怎么这么懒!还不快去做下一题!	学生感到自卑,不安,反抗;防卫,抵触;自尊心受损,恐惧,屈从,敌对;怨恨,恼怒,顶撞,抗拒等。
"指导"	"命令"	你放学后到我办公室来做功课!	
"了解心理反应"	"恐吓"	如果你不准时交作业,就叫你家长来见我!	
"鼓励学生"	"怀疑"	应该做得更好!(我不相信你会做得好)	
"想帮助反省"	"质问"	你究竟有没有照我的话去做!	
"交流"	"奚落"	真不知道你是怎么想的!	

表 12-2 10 条缺少共情的忌语

1. 你真给我们班丢脸。	6. 你不愿意上课就出去。
2. 你再这样,我就找家长来学校了。	7. 你就不能像 XXX 那样?笨得像猪。
3. 我教这么多年书,没见过你这样笨的。	8. 你真让我失望。
4. 你把这道题再给我抄 50 遍。	9. 你真是无可救药了。
5. 别人都懂了,怎么就你不懂?	10. 你给我站起来。

教师可以进行一些转换，灵活使用否定词，能把同样的意思表达得不那么咄咄逼人。如，我认为你这种说法绝对错了！——我不认为你这种说法是对的；我觉得这样不好！——我并不觉得这样好。也可多用"吗，吧，啊，嘛"等语气词，可以使人感到你的说话口气不那么生硬。如"你不要强调理由！"改为"你不要强调理由嘛！""快对老师说实话！"改为"快对老师说实话吧！"等等。

五、自我分享型

针对对方的事情回忆自己的亲身经历，滔滔不绝地讲述发生在自己身上的事情，这些陈年往事并不是对方关心的，这种回应也会引起他人反感。

如："我很了解你的想法，我记得我上学的时候，也是要在全校面前做公开演讲。我心里很紧张，觉得自己做不到，就去找老师，他说……"

这种自我暴露的目的并不是为了促进学生成长，而是为了满足教师自己的需要，也无法给出启发性针对性建议。

六、人生导师型

四处充当他人的心灵导师，抓住每个机会宣扬和表现自己的人生阅历和智慧经验，即使对方并不需要这些。对于对方的感受却漠然无视，只顾展现自己，好为人师，引起他人反感。

如："如果不尝试，你怎么会知道自己行不行？做总比不做好，失败也是一种经验嘛。"大而无当的道理不能很好地帮助学生。理论很空洞，并且强加于人。

这些都是无助的，甚至是有害的回应方式，沟通时没有对对方的困境、感受给予充分的理解与尊重，如忽视了对方所说的一些信息、讥讽他的感受、试图把自己的信念和价值观强加给对方、主导谈话的话题、就想解决问题但未重视双方的关系。这些也是需要我们教师注意的，可能无意之间，在与学生交谈的时候，会扮演着权威的角色，使学生产生被强加被教育的感觉。若改变一下方式，就能够更好地促进师生关系融洽发展。在良好的师生关系中，学生可以健康成长，教师也会充满教学热情不易倦怠、身心受益。

第三节 有效的回应方式及运用

什么才是有效的沟通？并不是对方没有负面的言辞或者明显的抵触，这个沟通就是有效的。对于师生沟通来说，教师最期待的沟通结果是学生能够有改变的动机或者听从教师的建议，想做到这样，首先就要了解学生的内心感受，从他的角度来看待整个问题；其次，教师应该明了何时进行有效的回应，在哪种情况下使用什么方式；第三，如何运用和进行恰当的回应。教师的共情、尊重和热情是极其重要的，也是与学生进行有效沟通的基础。但只有态度是不够的，必要的时候，教师需要采取一些行为维度的方式，如即时化、对质，来进一步帮助学生改变和解决自己的问题。

一、具体明晰

根据卡库夫心理动力阶段理论①，良好的关系包括三种维度：促进维度，其中的因素有同理、尊重、热情等；过渡维度，其中的因素有真诚、自我坦白以及具体明晰；行动维度，如"此时此地"即时化及对质。

具体明晰是介于过渡与行动阶段之间的一种回应方式，指的是将学生一些微妙的个人化情绪感受和经历体验具体化地表达出来。教师可以通过帮助学生具体诉说表达其个人经历等，来促使学生更加坦诚，更深入地表达自己的内心。通过具体化，可以加深学生对自身需求和问题的明晰程度。具体的反面就是学生对自身问题言辞含糊，模棱两可，不够具体，将这些重要但模糊的信息明晰，是教师运用具体化的任务，找出事情的具体细节，使重要的事实及情感得以澄清，弄清学生所说词汇的具体含义，从而促进沟通深入发展。

但过犹不及，不要给学生一种你在调查他，刨根问底的感觉。要针对学生的需要和困扰来深入了解。如：

学生："很久以来我都睡不着觉。"
老师："你从什么时候开始失眠的？"
学生："在新学校里，他们经常欺负我。"
老师："他们是哪些人呢？"
学生："我一点儿都不想读书了。"
老师："愿意说说什么原因吗？"
学生："我过得很不好，我想一走了之。"
老师："你说的一走了之是什么意思呢？"

具体化包括两方面的含义：1. 更清楚地了解对方谈话的意义，确认他所表达的意思，还包括对方的想法、感受和行为；2. 有时谈话者讲的问题比较模糊或抽象，要抓住模糊之处要求清晰具体地表达。

有时谈话者并不想直接表达出潜在的意思，或由于受表达技能限制，并未完全表达出内心的想法，这时教师要进一步地了解和明确学生说话的含义。可以请他用更具体的方式或举例说明。如："'我真没用'是什么意思呢？""能具体说

---

① 盖兹达. 教师人际关系培养——教育者指南 [M]. 吴艳艳，杜蕾，陈伟嘉，译.7版.北京：中国轻工业出版社，2006：16.

说吗?"有时学生可能只是说出了事实,但对自己的感受并不完全清楚,教师请学生举出例子,也可以帮助他了解自己的情绪和想法。

需要具体化的内容一般包括:人物、问题、情境、感受、期望、行为、方法、时间及相关内容。盖兹达提出根据回应者的回应内容是否具体可分为三个层次[①]:

第一层次:无助的,甚至有害的。回应是具体的,但不准确或不成熟,有伤害性;允许对方抽象或模糊地表达;不能聚焦对方谈话重点;说话使用术语;自身说话也很模糊,不具体。

第二层次:稍有帮助。自身可以做到具体,但无法帮助对方聚焦或具体。

第三层次:能以具体深入的方式与对方有关的情绪和经历进行回应;积极地鼓励对方澄清含糊的说法;帮助对方认清冲突的情绪、获得新的自我认知和解决问题的计划。

学生:"每次考前我都复习,可是再怎么准备,就是不及格!您说我该怎么办呢?"

教师可以让学生具体地陈述考前复习的时间、地点、方式、复习效果。

因为"考前复习"是非常模糊的一句话,教师要深入具体地了解他是如何有计划地复习,才能真正找出问题症结,对症下药地提出建议。

二、即时化

(一)即时化技术概述

即时化是描述此时此刻发生事情的一种言语反应特点,真诚而直接,与当前的感情流露有关,能够促进师生关系。教师对谈话中发生的事情作出反应,引导学生注意此时此地的情况。包括三个方面:

1. 教师的想法、情感和行为

教师的自我卷入性陈述,让学生及时了解教师的感受。

"你这么说我很高兴。"

2. 学生的即时化

教师根据谈话过程中发生的事情,把学生表现出来的行为和情感反馈给他。利用学生表现出来的情感和思想作为材料,提醒他注意暗含的,但没有意识到或不愿承认的情感和思想。

"你坐立不安,好像有些不舒服。"

[①] 盖兹达. 教师人际关系培养——教育者指南[M]. 吴艳艳,杜蕾,陈伟嘉,译. 7版. 北京:中国轻工业出版社,2006:174.

"你笑了。现在感觉好些了,是吗?"

3. 关系即时化

表达出教师对师生关系的一些感受和看法,及时处理关系问题,有助于双方关系的协调融洽。

"听到你和我说这些我觉得很高兴。"

"我看到你皱着眉头、眼睛看向别处,是不是有点儿不耐烦了?"

"我感觉你有些紧张,很谨慎地措辞,似乎很担心说错。"

关系即时化对促进师生关系很有帮助,而良好的关系则是沟通的基础,会促进问题的解决。有篇报道提出①,对90位"年度教师"调查后发现,他们比其他教师更具人本化。也就是说,他们是具有人文主义倾向的教师,能够与学生建立亲密的个人关系;鼓励积极的交往和沟通;表现出相互间的尊重,具有积极的态度,能灵活处理规则;促进学生自律自主和独立精神的发展。这项研究同时也反对"看管人倾向"的教师,他们控制欲很强,运用惩罚来维持控制,和学生关系很差,行为举止教化意义很强,对学生普遍采取不信任的态度,主要关注的是如何维持秩序。

这种即时化的技术,有助于学生注意"此时此地"的情况,正视现实,正视正在发生的事情,正视目前的问题,帮助他明了自己的感受,进而寻求自我调节的途径与方法。

(二) 即时化的目的

即时化主要帮助学生注意"此时此刻"的情况,协助他明确自己现在的需要和感受。其目的有三个:

1. 把教师对自己、对学生、对双方关系的感受表达出来,这些以前并没有直接表达过。暴露真实的自己,开诚布公地交流。有些感受不及时、直接表达出来可能会阻碍双方的关系及互动,尤其是愤怒、不满等消极情绪,直接、真诚地交流比否认、忽视其存在更能促进师生关系的发展。

2. 针对此时此刻发生的事件进行反馈和讨论,包括教师的感受和他观察到的。等到事后再谈,效果就会差很多,学生可能忘记发生了什么,具体的感受也模糊了。一直避而不谈,一些情绪就会慢慢累积,最终以更为强烈冲击的方式表达出来,并且损害师生关系。

3. 让学生进一步认识自己的问题,看清自己的感受,也了解他的言行给别人带来的感受。

---

① 盖兹达. 教师人际关系培养——教育者指南[M]. 吴艳艳,杜蕾,陈伟嘉,译. 7版. 北京:中国轻工业出版社,2006:234.

（三）何时使用即时化

一方面，教师观察学生的言谈举止，及时抓住必要的信息并给予反馈，促进学生正视现实。观察学生似乎有些情绪变化，比如发现学生的情绪从紧张到放松，从忧郁到开怀地笑了，这时教师可以给予及时的反应："你笑了。现在感觉好些了，是吗？"或者，当对方说到难受之事时，也可及时点出其感受，如"你很难过，是吗"，"看得出你心情很沉重"。这样有助于学生自我认识。另一方面，教师要时刻注意自己和学生的关系。当教师发现与学生的谈话过程中，学生越来越被动，说话越来越少时；当学生说话很小心，双方之间的信任成为问题时；当双方关系紧张，存在不满、敌对、愤怒时，都应及时作出反应。

即时化使用的基本原则：注意此时此地讨论的问题不是整体、宏观的，而是特别的事件、现象；作出的反应也不是一般的、抽象的，而是个别化的具体反应。呈现现象，客观描述发生了什么，而不是评价指责。

（四）如何使用即时化

即时化的步骤如下①：

1. 能够对师生关系有所了解，随时注意互动中的变化。

这也意味着，教师能够读懂各种线索，不至于出现理解性错误，或者互动中充满了主观的偏见。对学生以及你们的关系有机敏的意识。清楚现在发生着什么，什么需要我们进行讨论。

2. 表达你对互动过程的感受和印象，强调此时此刻的感受。

使用现在时，从你意识到自己的感受、对方的行为等内容开始。如：

"我现在感到不舒服。"

避免学生过多地陷入过去愉快的回忆中，或者幻想未来。而是促使其正视现实，正视目前的问题，进而寻求自我调节的途径与方法。

3. 要以中性、非评价的语言和形式来描述互动情境。

最好多使用"我"，为自己的感受承担责任；叙述对方的行为，而不要过多责怪。"我对你感到担心"而不是"你让我感到担心"，没有责备感，也没有让对方对自己的情绪承担责任，更增加了学生对反馈的接受程度。

盖兹达指出，使用直接即时化技巧要在稳固的关系基础上。同时，教师采取的态度是真诚、坦白、接纳的态度。也注意不要使用过多，否则会变为忏悔。

要针对当下发生的事情，而不是教师个人情绪。比如，李老师今天心情不太好，因为早上送孩子上学路上不太顺利，导致自己上班迟到。他和丽丽讨论她的

---

① 科米尔，纽瑞尔斯，奥斯本．心理咨询师的问诊策略［M］．张建新，译．6版．北京：中国轻工业出版社，2009：127.

作业问题时，感到很烦躁。那么他就要注意，自己很可能因为个人原因而烦躁，所以就要避免迁怒到丽丽身上。如果李老师在平和的状态下，可能会发现丽丽的情况并没有那样糟。

4. 了解学生听了你即时化的反馈后有什么反应，对促进师生关系是否有帮助。

你的学生小锐，男，初二，他对学习提不起兴趣，觉得学不进去，上课也不想听，课后更不想写作业。现在快考试了，他感觉非常紧张，想打退堂鼓。你与他交流时，发现他有很多非言语行为，如他离你很远，说话有些紧张，并感觉他心情有些沉重①。你怎样给他反馈？

首先，现在发生了什么需要进行讨论？你感觉小锐和你之间存在紧张情绪，并且出现躯体表现。其次，你如何以"此时此地"的方式作出即时化反应，来讨论这个问题？用第一人称以及现在时，从你意识到的感觉开始。另外，在作出即时化反应之后，马上询问他的反馈。

你可以这样给他反馈："从你现在谈话和呼吸的方式，我可以看出你心情有些沉重，压力比较大，不仅是平时学习时，甚至你现在和我一起谈话的时候。我也注意到你离我比较远，也比较紧张地看着我，我不太确定这是怎么回事。你对这个有什么反应？也许你有些话想要告诉我，如果是这样，我很愿意听。"

这样的反馈让小锐更深入了解自己的感受，能够正视他紧张和沉重的心情，放下对老师的防御。他说到他觉得不应该再这样下去，觉得既对不起自己，也对不起父母，这个问题就像大石头一样压在心上，呼吸都困难。

三、对质

（一）什么是对质

对质是指教师对学生的感觉、经验与行为深刻了解之后，就其言行中的矛盾、歪曲、逃避、口误、前后不一致、掩饰行为、言语与非言语行为的不协调、静默等部分，向其进行提问，对其自相矛盾的地方进行描述的一种语言表达方式，有助于展现矛盾，或将这些矛盾的两个方面联系起来，促使其面对或正视这些矛盾。

对质并不是为了向学生说明他说错什么话，做错什么事，不是指出错误，而是反映矛盾。前者的重心落在纠正错误上，攻击对方，有否定贬低的意思；后者的重心则落在讨论矛盾，帮助对方，进行开启和激励。通过对质，能够让学

---

① 吴增强. 班主任心理辅导实务（中学版）[M]. 上海：华东师范大学出版社，2009：84.

生正视自身的内在感受，辩证地看待当前存在的问题，从而更有利于问题的解决。

学生："我不喜欢我妈妈一天到晚要我好好念书。我知道她比我更紧张，因为她怕我考不好害她没有面子。其实，我一点儿都不着急。虽然我每天花很多时间看电视，可是我心中早就有一套完美的读书计划。考试离现在还有两个月，我打算在最后一个月才开始看书，每天看16个小时，每天读完3本书。到考试的前一天，我就可以将所有的书复习两遍。"

作为教师，要如何回应呢？（请读者们先思考，详见第148页。）

（二）矛盾的类型

一般学生的矛盾包括三种类型：

1. 学生表现出的行为和内心的想法、感受不一致。比如，小雯说与另外一名男同学并没有什么特殊关系，但她经常偷偷地凝视他，几天不见就心神不定。

2. 学生的现实自我和理想自我有差异。比如，小方原本是班里的尖子生，但转学之后，成绩变为了中等，他心里很不平衡，觉得不公平；晓明的成绩很一般，但他坚持要报考重点高中，他不能接受自己去读普通高中。

3. 学生头脑中的世界与现实世界之间有差异。如，媛媛总认为这个世界上应该有完美的人存在，她一直在寻找这样的人。但实际上优点再多的人都有不完美之处。

这些矛盾在师生交流时会以很多形式表现出来，其中包括以下几种：

1. 言语和非言语行为

学生的言语内容与教师观察到的非言语信息不一致。例如：

学生："我还好啊。"（言语信息）但他坐立不安地搓着手。（非言语行为）

教师："你说你感到很舒服，不过，我看到你在不停地搓手，感到你还是有些紧张。"

学生："不参加竞赛是好事，我感到轻松。"（言语信息）但他说话的速度很慢，音调低。（非言语行为）

教师："你说你对没参加竞赛感到轻松，但你的语气显示出了一些其他感受。"

2. 两个言语信息

学生的陈述前后有不一致的地方。

学生："班上跟我最铁的就是我同桌了，人超级好，有什么事都帮我。"（言语信息1）"他老是讽刺我，我觉得很讨厌。"（言语信息2）

教师："一方面你觉得同桌很好，给了你很多帮助；另一方面你又觉得生气和讨厌，因为他有时会讽刺你。"

3. 两个非言语信息
学生表现出的非言语行为有明显的不一致。
学生同时又哭（非言语行为1）又笑（非言语行为2）。
教师："你在笑的同时，又在哭。"
学生注视着教师（非言语行为1），然后又把椅子往后推了推（非言语行为2）。
教师："当我们谈话时，你能看着我，同时又与我保持距离。"

4. 言语信息与行动
学生言语承诺与实际行动不一致。
学生答应不再打架，但第二次他却仍然这样做。
教师："你上次说不再打架，但你却没有做到。"
学生："恩，我听着他骂我就忍不住了，说起来容易，做起来太难了。"

5. 言语信息和背景或情境
学生的言语内容与事情发生情境不一致。
学生说作业过多，自己写不完。但他却在自习时间打游戏。
教师："你常说作业负担太重，写不完。现在有时间却不用于写作业，你愿意谈谈是什么原因吗？"

(三) 对质的作用

对质把焦点集中在当事人的感受、想法和行动中明显存在的差异、矛盾、冲突和含糊的信息上。不是生硬地撕去他人的防卫，而是邀请他来挑战和面对自己的矛盾和问题。高水平的对质可以帮助学生重新审视他的矛盾冲突，发展新的看待问题的视角，利用自身力量以求问题的解决。对质要求教师不仅要从学生的角度，还要回到教师的角色，指出学生忽视的方面。使用恰当可以是建设性的，有时学生对于自我认识存在一些盲点，对质可以帮助其准确感知自己。

1. 帮助学生明确自己的真实感受与想法。
李老师与小悦讨论她上课无法集中注意力的问题和原因，发现小悦非常讨厌班里的一个男生，看着他很不舒服。但李老师看到小悦的脸红了，通过对质，她帮助小悦发现她其实是对那个男生有好感的，那么上课注意力不集中的原因也浮现出来。

2. 有利于学生认识自己对人、事的理解和要求与现实间的差距，促使其自我思考，勇敢面对现实，从而做出行为上的改变。
婷婷考上重点高中，但大家多是佼佼者，她的成绩有所下降，让她心里很难受。她觉得原来成绩比自己差的人现在都比自己好，她感到很难面对这一现实，不想承认自己差。此时的对质能帮助她走出逃避心理，面对现实，才能有所行动。

学生："老师，最近几天感觉特别压抑。单元考试考得很差，不知道怎么办才好？"

教师："你是说这几天感觉很压抑，对吗？考试成绩不理想，由此产生心理上的落差，感觉很失落，又找不到很好的解决方法？"

学生："是啊，考试时，我明明会的题目都做错了，并且做得很慢，如果不是这样，我想我不会考得这么差的。"

教师："你是说正是这两个原因造成你这次考得比较糟，所以你感觉到心里很不平衡？"

学生："心里很不服气，凭什么初中时成绩比我差的现在比我考得好，都怪我太马虎了。"

教师："你承认不承认，不管是马虎还是速度比较慢，都说明你对知识的掌握还不够扎实，对吗？"

3. 帮助学生看到自己思维方式上的片面性与主观性。

陈老师在处理小慧与好朋友之间的矛盾问题。

学生："如果她主动向我道歉，我才会与她和好。"

教师："你的意思是她如果先提出道歉，你才会与她和好。"

学生："是啊，她伤害我太深……"

教师："所以你难以原谅她，对吗？"

学生："是啊，作为好朋友，怎么能说出这种话……"

教师："但是，你刚才提到，是你先伤害了她。"

学生："虽然是这样，但她不应该这样对我。"

教师："假如你是她，你会怎么想？"

学生：（沉默）……

教师："你有没有感到自己把责任都推给了她，自己在整个过程中一点儿责任都没有吗？"

小慧把责任都推给好朋友，以自我为中心，不愿承担自己所犯的错误的后果。让她看到这一点有助于今后的人际交往。

（四）对质注意事项

对质需要教师指出学生所说和所做的差异与矛盾，一般是帮助其正视事实的真相和学生的真正想法。它可能导致的后果是让学生感觉没面子，所以使用时需谨慎，要注意以下几个方面：

1. 务必要以良好的师生关系为基础

教师要以前面讲述的态度对待学生，只有在沟通关系良好、出现接纳、信任、温暖、同感时，才能运用对质的技巧。对质可能对于学生具有一些刺激性和威胁感，甚至导致危机出现。教师对学生充满理解和真诚，才不会让学生将对质解读为攻击。不要让学生觉得教师是站在一种高高在上、超然的地位，在对他做质询。如果不建立在高度共情、尊重、真诚坦白、具体等基础上，对质是不起作用的，甚至有害的、具有破坏性的，可能会引起学生的防御，导致他与你保持距离，他也可能会假装接受，或者激起他的攻击性。

伊根（Egan，1986）[①] 指出：不要挑战别人，除非你自己乐于被挑战。想要强调他人的弱点，而同时不想合理地表现出自己的弱点，这是很不现实的。

所以教师要明确自己对质的目的是为了帮助学生，而不是满足自己的权威感、控制感或指导需要。

2. 对质要有事实依据

有效运用对质意味着教师能明确指出学生行为或语言等方面的不一致，以及这些差异会导致的具体问题。这需要教师仔细倾听学生的叙述，充分把握各种信息，明确学生的矛盾之处。避免事实不充分、不明显时使用对质，那样容易给对方造成小题大做、专门找茬的误解，反而破坏关系。

一般对质用于此时此地，即教师注意到学生的所做和所说的矛盾之处，直接对其进行质问（注意：并非质疑或指责），否则学生就很难承认这些矛盾之处。

在使用面质时，必须具体明确指出语言与非语言信息、前后看法差异或矛盾之处：若教师不能明确指出差异或矛盾，学生可能会认为教师刁难而产生抗拒或争辩，教师应审慎觉察差异与矛盾症结，让学生心服口服。

3. 避免个人发泄或攻击

教师不要将个人的情绪掺杂其中，避免将学生作为迁怒和发泄攻击的对象。

4. 以尝试、试探的态度进行

可用尝试性对质，以假设的态度，缓和而有力的语气来提问，给学生留有余地，使他在心理上容易接受，不至于产生逆反心理。例如，"事情可能不会这样，想成为科学家是你从小的愿望，但并不一定能梦想成真"，或者，"从你所说的情况，你的实际能力与你的志向似乎尚有较大的距离"，"不知道我的感觉对不对，你好像把责任都推给了她，自己是不是在整个事件当中一点儿责任都没有？"以这种语气去对质，比"我认为你在这个事件中也应负一定的责任"这种语气要委婉得多，从而使对方更容易接受，进而反思。

如果学生不承认，教师也不要强求他接受，与其急于辩解，不如再找合适的时机。

[①] 盖兹达. 教师人际关系培养——教育者指南［M］. 吴艳艳，杜蕾，陈伟嘉，译. 7版. 北京：中国轻工业出版社，2006：217.

5. 对质可以循序渐进，不宜一步到位

从学生能接受的层次开始，再慢慢导入较深的层次。如果一下子指出他的矛盾所在，会令学生措手不及，无法从心理上接受，因此会产生防御心理，矢口否认。

你是一名小学语文老师。你让学生背课文，并且家长要在书上签字。小志在你检查他的家长签字时，转移了视线。你可以看出签名是伪造的，但你什么也没说。下课后，你和小志的家长沟通，确定小志没有完成作业。课间时，你与小志单独交流，他反驳道："我没有冒充家长签名！"

你怎样回应他？下面哪个回答更好？

① "你没伪造签名？要不要把家长找来对质？"
② "你最好下次伪造地好一点儿再交，你以为老师那么傻吗？"
③ "你生什么气！做错事还挺理直气壮的！"
④ "我知道你心里慌张、害怕批评，才不敢承认。"
⑤ "伪造签名可不像你的做法，所以我觉得你没背课文一定有原因。你妈妈已经跟我沟通过了。我不想从此就不信任你了，我们能聊聊吗？"

第一个回答提到了不一致，但是有强烈的批评和指责情绪，会让学生不敢承认自己的错误；第二个回答用讽刺和惩罚的方式提出了不成熟的建议，教师发泄了情绪，无益于问题的解决；第三个回答没有提到不一致，直接进行了批评责备；第四个回答对学生的情绪进行了关注和理解；第五个回答运用了经验式的对质，清楚地指出了不一致，同时语气较客观，使学生可以接受。

回顾第144页的例子，教师应该如何与学生对质呢？首先，你需要对学生所说的仔细倾听，确定你看到、听到的矛盾信息是什么——学生说对考试充满信心，但她打算最后一个月才看书。其次，你要明确与其对质的目的是什么，是否对学生有帮助。最后，总结出矛盾的各种元素。

教师："考试到了，你妈妈比你还紧张，让你觉得很厌烦。其实你早就有一套读书计划，所以对考试充满信心。你说在最后一个月才开始看书，每天要看16个小时，看完3本书。我不知道你的耐力如何，是否一天能够拼16个小时，还要连续拼一个月？而16个小时是否能够背完3本书？如果这些书你都还没有复习过，你的计划恐怕不容易实现。"

这样的回应清楚地指出了矛盾之处，有助于学生检视自己行为的结果。而不是对学生进行评价，不会引起他们对自己行为进行辩护的防御心理。对质的回应方式建立在师生关系融洽的基础上，特别是教师能够充分共情学生的感受，能够体会和理解学生的处境，这种回应方式才可能是有效的，同时，还要注意刚才强调的一点，对质的使用前提非常重要，即教师的出发点，一直是为了学生的利益着想，而非其他，否则会被理解为严厉的指责。使用不当就会影响师生关系。所

以此时，之前的态度维度的各因素就格外重要。

在讲述了无效回应和有效回应之后，表12-3列出了一些师生间的沟通技巧供教师们参考。

表12-3 师生沟通的技巧

1. 创造氛围，轻松交流。	9. 接受批评，当众道歉。
2. 书信交流，亲切坦诚。	10. 贴近学生，跟上潮流。
3. 参与活动，融入其中。	11. 眼神交流，传神送情。
4. 组织活动，体察学生。	12. 特殊学生，特别关爱。
5. 关心学生，扶危解困。	13. 语言温柔，打动学生。
6. 解决矛盾，讲究策略。	14. 作业批注，交流思想。
7. 现代技术，时尚易行。	15. 人性评语，拉近亲情。
8. 当面夸赞，背后提醒。	16. 利用班会，轻松畅谈。

【建议参考资料】

1. 盖兹达. 教师人际关系培养——教育者指南［M］. 吴艳艳，杜蕾，陈伟嘉，译. 7版. 北京：中国轻工业出版社，2006.
2. 科米尔，纽瑞尔斯，奥斯本. 心理咨询师的问诊策略［M］. 张建新，译. 6版. 北京：中国轻工业出版社，2009.
3. 吴增强. 班主任心理辅导实务（中学版）［M］. 上海：华东师范大学出版社，2009.

【问题与思考】

1. 有哪些无效的回应模式？是否有你平时惯用的方式？对你有什么启发？
2. 什么是具体明晰？与学生互动过程中如何运用？
3. 什么是即时化？请举例说明如何作出即时化回应？
4. 什么是对质？怎样进行对质？使用时需要注意哪些问题？
5. 练习具体明晰、即时化和对质的回应技巧。

第十三章 教师的非言语沟通

【本章提要】

本章首先介绍了什么是非言语沟通及其一般特征；然后阐述了非言语行为的包含要素及其重要作用，包括声音线索、面部表情、身体姿态、举止动作几个方面；最后，介绍了教师在日常生活和工作中如何运用非言语行为来促进与学生的沟通及师生关系，帮助教师学习如何觉察学生的非言语行为。

【学习重点】

1. 了解非言语沟通的含义和重要作用。
2. 善于觉察自己与学生的非言语行为。

【重要术语】

非言语沟通　面部表情　声音线索　身体姿态　姿势举止

第一节　非言语沟通及其一般特征

非言语沟通是指通过非语言文字符号进行信息交流的一种沟通方式。人们利用身体动作、面部表情、空间距离、触摸行为、声音暗示、穿着打扮、实物标志、色彩、绘画、音乐、舞蹈、图像和装饰等来表达思想、情感、态度和意向。

非言语沟通可利用多种渠道和感官来接受信息，包括听觉、视觉、触觉、嗅觉，甚至味觉。所以，非言语表达的信息要多于我们有意识表达的言语信息，包括身体姿势、手势、面部表情、眼神交流、声音语调、衣着风格等都在传达信息。有学者（Haase & Tepper）的研究表明，如果忽略非言语信息，仅靠言语信息，则交流判断的准确性会降低66%。师生互动中非言语交流很重要，教师读懂这些信息，可以更好更全面地了解学生的内在感受。同时，也可以得知自己在交流过程中，传递给学生哪些非言语信息及使用习惯是怎样的。

对于教师，特别是班主任来说，非言语信息有两方面的意义：

第一，正确识别学生的各种非言语线索，了解学生的内心世界。非言语行为是不自觉、无意识的。学生在沟通中的回应可能是非言语的或言语与非言语二者的集合体，而非言语回应更易传递真实的信息。这是神经系统的不自主反应，有时没有受到意识的支配。弗洛伊德曾说道:"如果他沉默,则他的指尖也在倾诉,他身上每个毛孔都在渗出'背叛'的因子。"有时二者可能是矛盾的,言语信息添加了表达者的一些意图,但非言语信息则泄露了他的内心。梅拉比安(Mehrabian)的实验证实,一个人不能隐瞒他所有的情绪感受。所以,当言语信息与非言语行为矛盾时,往往非言语信息更可信。当学生坐在那里,嘴唇紧抿,说话很少,他却说"我没有什么不满意不高兴的",你的感受会帮助你发现矛盾之处。

第二,有效运用各种非言语信息来表达心意,向学生传达一些教师内心的感受和态度,如尊重、热情、关注等,拉近与学生的距离,促进良好的师生关系。

我们通过不断提高对非言语沟通的理解能力和表达运用技能,会大大增加交流的有效性。

另外,戈特曼(Gottman)指出非言语行为的一致性较弱,一些行为在不同情境的含义可能不同,不能武断解释或回应。

第二节 非言语沟通行为要素及作用

非言语沟通都包括哪些要素呢?从面部表情到体态语言,都是传递信息的方式和渠道。

一、声音线索

这一方面线索包括交流中的语调声调、语速、重音、停顿、叹气等发音特征,变换不同的元素,相同的言语信息表达的含义大大不同。例如重读的对象不同,语句所表达的含义也随之改变:

下课后你来我办公室,带着数学作业。

强调到我办公室——你的老师,表现出权威性和威严感。

下课后你来我办公室,带着数学作业。

强调是你,表达了针对性和特定对象。

下课后你来我办公室,带着数学作业。

强调是数学作业,而不是其他,暗含对对方数学学习不满意之感。

表 13-1 练习说话声音

用不同声调、语速、重音等练习以下句子,看声音线索如何导致相同的话表达不同的意思:
1. 老师让我明天早点去学校。
2. 这个问题还有别的解决方法吗?
3. 明天开始学校就放假了。
4. 下课后你来我办公室,带着作业。

言语交流中还有一种特殊的非言语线索，就是沉默。沉默的含义很多，可能是学生在思考问题；可能是学生对教师缺乏信任感，对交流进行无声的阻抗；也可能是学生不想就这个话题与教师交流下去，想尽早结束等。出现了沉默，要对它发生的时间、出现的频率有所注意，这些线索提示了伴随着沉默的情感色彩。

二、面部表情

在交谈中，人们都会不经意间流露出表情的变化，如微笑、皱眉、扬眉、抿嘴等，都会透露出个体的观点和情绪等，有时脸色也会发生变化。美国心理学家艾伯特·梅拉别恩的研究表明：信息的总效果＝7%的文字＋38%的音调＋55%的面部表情，即面部表情传达了信息中超过55%的情绪内容，是表露非言语信息的主要途径，并且一般都是不自觉的反应。

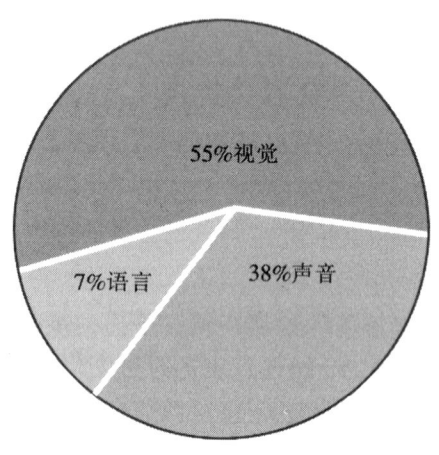

图13-1　交流中各因素所占比例

教师要在课堂上及私下交流时注意观察学生的各种面部表情，并理解所传达的心态的信息。学生困惑时经常会眉头紧锁，嘴唇闭拢，神情焦虑不安；理解了学习内容时则双眉舒展，面露微笑，频频点头；学生思考问题时常常面色沉重，双眼微合，双唇紧闭，有时口中还念念有词；专心听讲时目光凝视，神情专注，嘴唇微张；心不在焉时目光游移，表情木然，眉头时开时合；不耐烦时或双眉紧锁，频吐烦言，或焦虑不安，左顾右盼……只要教师注意观察，就能了解学生不经意间流露的内在心态。

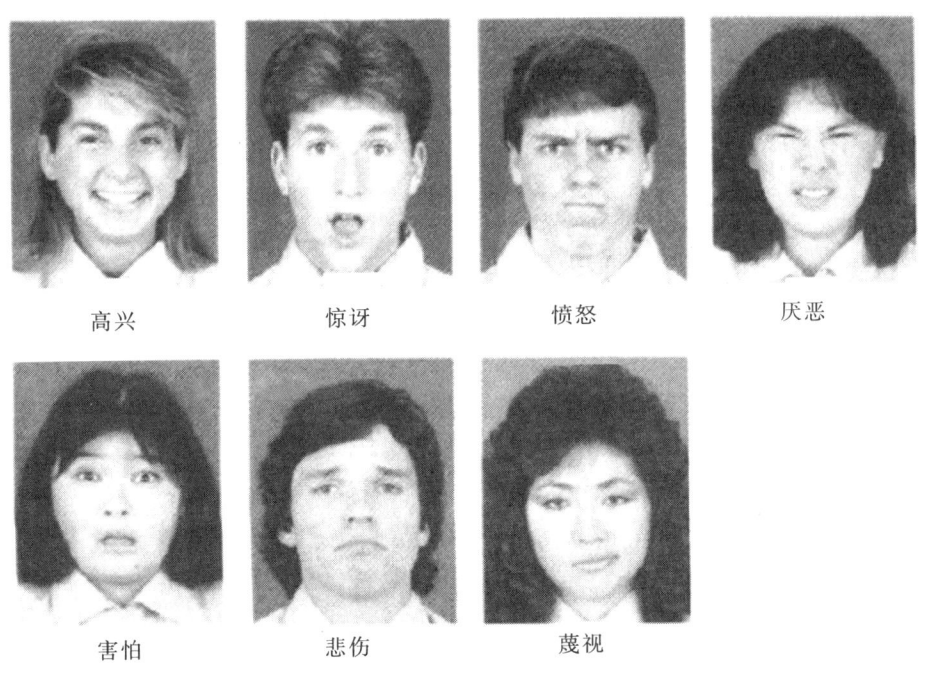

图 13-2 表情图示

表情中最重要的是眼神交流,从对方的眼神中,我们可以看出很多信息,欣赏、关注、蔑视、忽略……可以表达很多言语所不易表达的复杂而微妙的信息和情感。芬兰的心理学家曾做过一个实验,把由演员表演各种情绪的照片横裁成细条,只挑出双眼部位让人们辨认,结果回答出眼睛所表现的情绪的正确率很高。还有研究者让被试凝视一张人头像照片,用追视仪记录其目光,结果发现被试的视线集中于人像的眼睛和嘴上。学生的目光往往流露出内心的真实情绪,教师应注意捕捉并体会学生目光所传递的信息。如果一个人流泪表明了悲伤;如果睁大眼睛则表达了一种惊讶;目不转睛地盯着对方可能有吸引或质疑侵犯的意味;而眯起眼睛则可能有怀疑或嘲笑的隐意等,所以人们有时会转移目光或闭上眼睛,避免泄露内心感受。学生的目光或期待、急切、专心致志,或困惑、茫然、游移不定,或心领神会,或疑虑重重,如,学生斜眼瞥视可能是对教师怀疑、疑问和不信任的表现等。教师要及时捕捉这些信息,把握沟通方向。

三、身体姿态

身体常能揭示很多关于心理状态或情绪状态的信息。如学生情绪低落时,他可能会没精打采地站着，或走路时耷拉着肩膀；而他心情愉悦时，则会站得笔直或走起路来很有精神，生气勃勃。

下图的这个学生的体态姿势让你产生什么感受？向我们传递了哪些信息？

这幅图可能在告诉我们，这个学生情绪有些低落萎靡，身体不舒服或者个性有些退缩不安。

教师要细心体会学生身体姿态的暗语，如学生把身体稍微移开、略以侧身对看教师，头部不倾斜反而伸直、脊背挺立，双手交叉在胸前，这暗示了学生对老师有较强的抵触情绪。假如教师未能敏感捕捉和重视这些信息，那么进行的互动就是无效的，甚至加深了学生的抵触心理。而如果学生身体向前倾靠，表情是沉思状且常稍稍眨眼，表明他对你所说的内容感兴趣，并在积极思考。对方坐姿移向椅子前端，配上希冀的眼神，则表达了他热切合作的意愿和态度。

四、姿势举止

人们在交流时都会使用各种姿势动作，比如抱臂交叉、拳头紧握、双手拧绞、抖腿、扣指等等。每个学生都有自己独特的姿势习惯，同样的姿势对于不同学生含义不同，如都是转铅笔，有的学生正在积极思考数学题，有的学生是很焦虑紧张，有的学生则是轻松的表现。而同样的含义不同的学生会用不同姿势来表达，比如，同样是紧张，有人会不停看表，有人玩弄扣子，有人拨弄头发，有人搓手心等。

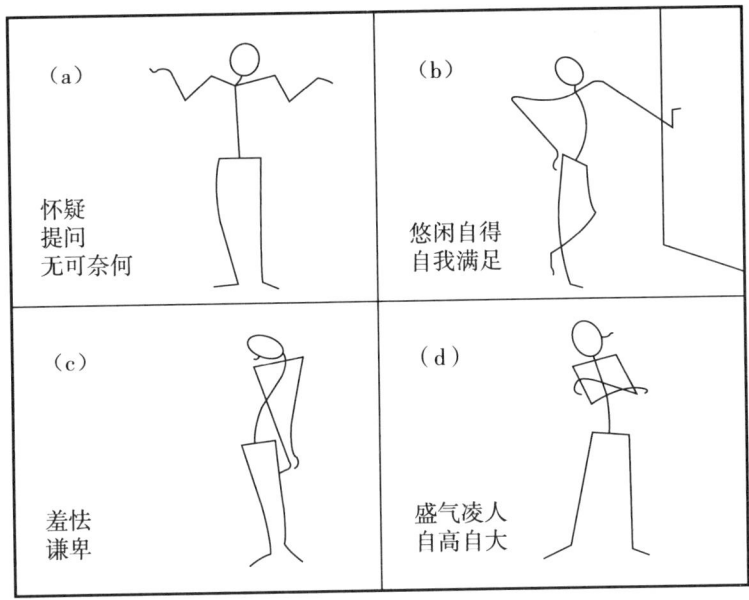

图 13-3 各种姿势的含义

教师要逐步具备对学生的体态语"明察秋毫"的本事，会收获一笔不小的信息，也可以及时有效地调整互动策略。如学生在专心倾听时，身体微微前倾，用手托着腮帮，或者双手平放；困惑不解时，就会摇头挠首或者交头接耳；不耐烦时，往往会不自觉地摇晃身体，来回踢蹬地面或叉臂抱胸，或跺脚颠膝。有的学生摇头挠首，左顾右盼，表现出烦躁不安的体态，可能他对学习的知识感到困难、不理解，教师应对此多加留意，并适当的予以辅导。

学生不自觉地摸摸嘴、摸摸鼻子、扣扣眼皮、眼睛不敢直视教师，有着抱胸、握拳、回避等防御性姿势，可能表明他说了谎；有的学生可能用食指触摸或轻擦鼻子，可能表达了心存怀疑；而用力擦揉鼻子则表示反对、否定；有的学生咬指甲或笔，说明他可能内心有焦虑、冲突；手撑着脸颊是沉思、集中注意的表现；当学生用大拇指和食指抓抚下巴，则是表达认同、思考的含义等①。

下表列出了常见的一些非言语沟通的行为线索，及其可能代表的含义。仅供参考②③：

---

① 孙浩. 班主任与学生的互动智慧 [M]. 长春：东北师范大学出版社，2010：77.
② 盖兹达. 教师人际关系培养——教育者指南 [M]. 吴艳艳，杜蕾，陈伟嘉，译. 7版. 北京：中国轻工业出版社，2006：87，98，99.
③ 科米尔，纽端尔斯，奥斯本. 心理咨询师的问诊策略 [M]. 张建新，译. 6版. 北京：中国轻工业出版社，2009：58.

表13-2 常见的非言语沟通的行为线索

学生的非言语沟通行为			可能的含义（不绝对）
声音线索	语调	平缓、单调、不掺情绪	心情平和
		活泼、生动的语调变化	心情愉悦
		犹豫、虚弱/强硬、坚定	不自信/自信
	停顿	支吾、结巴	紧张、害怕、担心
	语速	快、适中、慢	脾气急/怕出错
	响度	响、适中、轻柔	爽朗/温柔
	沉默		思考/不信任/反抗
面部表情		面无表情	心不在焉、走神
		皱眉	怀疑/轻视/批判
		皱鼻	不屑/不悦
		微笑、大笑	愉悦
		向下的不悦的嘴角	不高兴、有些生气
		嘴唇轻抿	不屑
	眼神	专注	关注、感兴趣
		向下看	胆怯/抵触/觉得尴尬不安
		目光严厉、瞪眼	愤怒/审视
		目光游移	没有交流的意愿
		不敢注视	胆怯/社交恐惧
		眼睛睁大	惊讶/害怕/警觉
身体姿态		耷拉、委靡消沉	心情低落
		开放、感兴趣	关注
		坐立不安	紧张
		呆坐	疲劳
		挺立、坐直	精神振奋/全神贯注
姿势举止		弄指甲	走神/紧张
		交叉手臂	保护自己/排斥他人/对他人蔑视
		耸肩	不相信
		低头/仰头	不感兴趣
		摆弄扣子、头发、衣服	紧张
		双脚拍打/手指轻敲	不耐烦
		双拳紧握	愤怒
		摇晃	轻松/慌张
		点头	认同肯定、专注

要注意，以上所列的含义只是一种参考，还有几点要考虑：

首先，请注意，不要主观臆断对方非言语信息的含义，其可能具有一定独特性，每个人肢体习惯的独特性，相同的行为对不同的学生含义不见得完全相同，如同样是听课时皱眉，有人是在认真思考，有人却是烦躁听不进去，有人是质疑反感老师。有学者（Scheflen，1964）提出，这些差异是由于个体的个性、年龄、性别等特征造成的。

其次，要考虑谈话内容及谈话所处的背景，来解读对方传达的信息，如，在一种进行顺利的情境中，学生双脚轻拍可能是轻松不设防的表示，而在进行不顺利的谈话中，则可能变为了不耐烦，希望早些结束的意思；有时双手抱臂似乎是防御和质疑的非开放心态，但也有可能是天气较冷、对方较内向不知采取何种姿势较好等。

还有一点非常重要，不要只关注一种非言语信息，可能每一点细小的非言语表达意义并不确定，要将其整体拼接起来，结合各种渠道的信息及背景，才会对学生现在的心态和透露出的内心世界有更深入的了解。有时，学生在说一件让人感到悲伤的事情，但他的表情却是微笑，这时就要参考整体的信息来对其进行解读。千万不要将其绝对化、机械化，对一些信息变得过度敏感，发现蛛丝马迹就急于下结论，而主观误读了对方，导致交谈无效甚至妨碍双方关系。教师多与学生在一起，才能更了解他们的表达习惯，多观察学生，锻造敏锐细心的功力。

第三节 教师日常工作生活中肢体语言的运用

一、教师自身肢体语言的运用

教师在日常工作与生活中使用着大量非言语交流，无论是课堂教学还是私下交流，非言语交流都是必不可少的重要途径，所以恰当地运用非言语技巧，对教学和与学生交流都是一个巨大的促进与帮助。学者麦克尼尔（McNeil）等人在2000年的研究中就指出，教师生动形象的非言语行为，能够有助于学生对课堂教学的理解和掌握，更好地记忆教学内容。

首先是教师对学生的注视艺术。教师在沟通过程中，一般要看着对方的面部，特别是眼睛。研究表明，若想同别人建立良好的关系，在整个谈话时间里，你和对方的目光相接累计应达到50%至70%的时间。其次是注视的部位。不同目的的谈话注视部位也不尽相同：

1. 公务注视：眼睛应看着对方额上的三角地区（以双眼为底线，上顶角到前额），这是洽谈业务、磋商交易和贸易谈判时所用的注视部位。

2. 社交注视：眼睛要看着对方脸上的倒三角地区（以两眼为上线，嘴为下顶角），这是人们在社交场所使用的注视部位。

3. 亲密注视：眼睛看着对方双眼和胸部之间的部位，这是恋人之间使用的注视部位。

教师与学生的交流一般介于社交注视与亲密注视之间，不过教师不要也不应该长时间注视学生身体的某个部位，谈话时要与学生保持适当的距离，不能过远或过近。教师对学生的注视按照目的及对方产生的感受一般分为严肃注视、关注注视、亲密注视。严肃注视让学生心灵震撼，吐露真情；关注注视让学生感到受注意后得到鼓励，从而让学生能积极地思维和认真地与教师沟通；亲密注视一般能使学生感到关心体贴，产生巨大的温暖效应。教师给予学生的是鼓励，而非审视，或让其感到被严厉指责。眼神是温和而坚定的，有助于减轻学生在教师面前对权威的畏惧感。同时也要避免使用消极的眼神，如呆视、漠视、怒视等，避免眼神游离，给学生不被关注、被忽略之感，而与教师产生沟通距离。

其次是面部表情。教师常运用的面部表情有：表示关注，饶有兴趣的面部表情，这种表情表达了一种关注和重视，以及鼓励学生说下去等含义；表示询问及疑问的表情，表达了对学生的关切或是探寻真相的意味；表示满意和赞扬的表情，常伴有点头的动作，能够给学生很大的鼓励促进效果；表示亲切、友善、严肃、认真的表情等。要注意严肃的表情不能成为常态，会拉远与学生的距离，难以亲近沟通。

还有一些体态语言，指个体在交际过程中，用来传递信息、表达感情、表示态度的非特定身体态势，如手势、方位、角度等。由于教师所从事的教育教学工作的特殊性，决定了有许多体态语言不宜使用。如果教师意识不到这一点，就会在有意或无意中，因为体态语的运用不当，而产生与教育者目的相背的效果。

表 13 – 3　非言语交流的练习

【练习1】观察非言语信息 　　两人一组，进行一次 10 分钟的交谈。可以谈论任何你们想要谈论的话题。彼此互相观察非言语信息，之后就这方面讨论并反馈。通过这个练习，对自己和他人的非言语信息都有所了解。 【练习2】记录非言语信息 　　每 4 人一组，注意观察组员 A（保持沉默），记录每人与 A 的非言语交流中获得的信息，然后对你们所记录的信息条目加以比较。你观察到了什么？A 向你传达了什么？你们只是对 A 的非言语表现的意义作出假定，之后由组员 A 来肯定或纠正。通过这个练习，比较各自的观察结果和假定有什么共同点和差异。

下面的表格分别列举了一些教师应有和要少用甚至禁用的体态语言。

表 13-4 教师应有及忌讳的体态语言

教师应有的体态语言	教师不宜有的体态语言
1. 走：身体应保持正直，眼睛平视前方，手自然摆动，步幅大小适度，速度快慢得当，大方、稳重、平静。 2. 坐：端正、大方、自然，上身要坐直，腿的姿式配合要适当；交谈时，上身要稍向前倾，表示对对方（包括学生）的尊重和自己的专心。 3. 立：教师的立姿应全身直立，略微低头含胸，垂手（或交叉于胸前）。说话时身体应略向前倾，给人以谦虚、诚恳的感觉。 4. 微笑，肢体接触，距离适中。 5. 积极地点头，全神贯注。	1. 走：不应昂首挺胸，目中无人或脚步过疾过缓。 2. 坐：左右摇晃、翘起二郎腿；后仰，给人困倦、无聊、想休息的感觉。 3. 指指点点：这表达了强烈的不满和批评、斥责。带有否定色彩，往往会造成学生的心理损伤，甚至造成难以弥补的损失。 4. 耳语，不光明磊落，让学生产生猜疑、不安。 5. 摇头，表达了消极否定，会刺伤学生极为敏感的心灵，挫伤学生的积极性，使学生害怕出错。 6. 冷淡，回应迟钝，缺乏真诚交流意愿。 7. 皱眉，无耐心去理解学生，四处张望。 8. 闭目，给人困倦不关心之感。

二、教师对学生非言语行为的觉知

教师在注意自身的非言语行为运用时，更要对学生的非言语行为有着敏锐的觉察和意识。根据上述的几个方面，综合起来观察学生的非言语行为表现，可对其心理状态及情绪变化有一定程度的了解。学生有心事很少会主动地求助于教师，或与老师倾诉，那么学生的非言语行为就成为教师了解学生的窗口。

一位班主任在工作日记中记录了这样一个案例：

记得有一个星期二的早上，李新同学又迟到了，他连续两天迟到，而且上课时精神不集中，经常处于走神的状态。当时我没有批评他，而是课后找他谈心，问他："为什么这几天老是垂头丧气，能不能告诉老师？"谁知他听了我的话后竟哭了，原来他的妈妈因头部受伤而住进医院。我边安慰他边说："现在的科学这么发达，你妈妈的伤一定会好的，吉人自有天相，相信医生吧，如果你去医院探望你妈妈时请告诉我，我跟你一起去。"李新同学知道老师关心他，他连忙说："谢谢你，老师！你真是太好了。"后来，他的妈妈一个月后伤好出院了，也打电话来感谢我。如果我把李新同学叫到办公室，劈头盖脸就是一顿训斥，或是将他冷落在一旁，让他默哀似地垂首站立。这样做，只能给师生交流设置无形障碍，极易激起学生的逆反心理，这样下去，怎能教育好学生呢？

这位班主任有着敏锐的观察力，善于通过学生的表面活动洞察学生的内心世界并判断学生的情绪变化，针对具体情况，采取相应的措施。如果教师并没有试图深入理解学生迟到、走神的原因，而是非常武断地认为就是学生不认真听讲开小差，那可能就会对其批评指责，根本无法了解学生的情绪感受，也更难走入学生内心世界与其进行交流沟通，师生关系也会产生隔膜无法弥合。

教师尤其是班主任，可以经常利用课余或休息时间贴近学生，观察学生的言行举止，发现问题及时沟通解决。课后多去教室走走，收获也一定不少，这有助于老师了解学生的内心状态，也促进了良好的师生关系和沟通方式。

同时，教师要特别注意矛盾的地方，如言语行为与非言语行为直接的不一致性。非言语行为包含了多种信息和含义，同时具有高度自发性，是透露真实信息的主要通道。

某个学生行为表现得消极。

老师："最近你怎么样？"

学生："没有问题，我很好。"

但真实的答案是在他愁眉苦脸的表情上。

老师："我看你好像心事重重。我想你是不是对什么事感到担心？"

老师这样问可能就会促使学生将内心的压力或困扰倾诉出来。

当然这些线索只能具有提示性作用，并不是确定的。教师可以以此为切入点，试探性地推进谈话，与学生探讨他的感受，也让他感受到老师对他的关切。但这一切都以真诚坦白为基础，并非满足教师私人的需要，如验证自己解读非言语行为的能力，或者在学生敞开心扉后便于评价学生、窥探隐私等。

高老师发现班里的张同学最近有些异样。她总是愁眉不展，心事很重，似乎承受了很大的压力。而且很少和同学交往，总是独自一个人，也不爱讲话。她上次期末考试考了全班第一名，而这一次是不是担心考不好呢？高老师这样猜想。于是，高老师找张同学单独谈了一下，并劝她放下包袱，正常水平发挥就可以了。张同学低着头，回答着"恩，知道了"，但她担心的表情并没有因此减少，还深深地叹气。高老师意识到可能并不是这个原因，于是他询问她是不是有些困扰的事情。张同学在高老师的耐心引导下才慢慢说出顾虑：她自从上次考试之后，觉得自己水平还不错，有了骄傲的心理，就没有那么认真对待之后的课程内容，做的题量也不够，现在很多知识点掌握得不好，所以比较焦虑。并不像高老师开始设想的那样担心不能再次考第一而愁苦。得知原因后高老师针对张同学的问题而提出了一些建议。

高老师对学生的非言语信息的觉察比较敏锐，能够发现张同学被一些心理压力所困扰，并真诚地与之探讨，关切学生的心理动态。但是高老师开始以自己的主观假设为中心，以为张同学是背着上次第一名的思想包袱，而未探究到问题之真正所在。随后，高老师能够抓住学生言语与非言语的矛盾，意识到张同学有着另外的潜在困扰，最终引导她袒露心声，既帮助了张同学，也促进了师生的交流与良好互动。

总之，对于非言语性行为的知识及觉察能力是教师必须具备的技能之一。可以说它是教师手中的一项工具,掌握了这一工具,教师对于学生的理解及交流会大大地向前迈进,它可使你感到与学生的沟通和促进师生关系更为得心应手。

【建议参考资料】

1. 孙浩. 班主任与学生的互动智慧［M］. 长春:东北师范大学出版社,2010.

2. 盖兹达. 教师人际关系培养——教育者指南［M］. 吴艳艳,杜蕾,陈伟嘉,译.7 版. 北京:中国轻工业出版社,2006.

3. 科米尔,纽瑞尔斯,奥斯本. 心理咨询师的问诊策略［M］. 张建新,译.6 版. 北京:中国轻工业出版社,2009.

【问题与思考】

1. 什么是非言语沟通?包括哪些要素?

2. 非言语行为有什么重要作用?你对其有什么体会和启发?

3. 在日常教学工作与生活中,练习观察自己和他人的非言语行为,并思考可能表达的内心含义是什么。

附录　教师心理健康训练教程

序　言　培养心理最健康的儿童

心理健康教育的实质是一种价值观上的追求，应当体现一种全新的教育理念。我们认为，我们的学校教育正在陷入危机，尽管教育改革已经成为世界潮流，但是，教育中的问题是深层次的，体现的深层次问题是培养什么样的人的标准模糊不清。传统的一元化社会虽然封闭固守，但对于培养什么样的社会接班人是清楚无疑的。而如今对于教育者、政府和公众来说，什么样的人是未来社会的理想接班人？什么样的人是心理最健康的人？我们最需要什么样的下一代？这些基本问题似乎越来越难以回答清楚。

我们认为，以人为本、充分发挥人的潜能的人本主义理论，为我们的心理健康教育提供了一个合理的指导。

（一）什么是心理健康的儿童

人本主义心理学是20世纪60年代产生的，其代表人物是马斯洛。人本心理学的思想和方法的核心在于，去研究我们社会中心理最为健康的人，从这些心理健康者身上发现人类最优秀的品质，并倡导这些品质。这对于一直从心理疾病患者身上得出人性结论的精神分析理论无疑是一种前所未有的挑战。

人本主义心理学对人性假设是乐观的，认为人类有能力超越嫉妒、自恋、恐惧、焦虑和情绪失控，而成为一个真正的自主的人。它相信，人性天生是积极向上成长的，每个人都有成长潜能和愿望，都有超越低级的强迫式的需要的高级需要。每一个体的本质都是追求真善美，都想自己主宰自己的命运，按照自己的本来面目而生活着。虽然人的精神需要（高级需要）较弱，易被后天的不利环境所压抑，但人这种高级需要正体现了人类的独特性，是人和其他物种区别的标志。

我们认为，这种超级心理健康的品质也是指导儿童心理健康教育的准则，我们的心理健康教育不应再以解决各种心理冲突和矛盾为核心，不应只注重关注那些心理焦虑者、反社会者、品行障碍者和学习障碍儿童，这样势必对人性产生一种过低的假定与贬低，不能引导广大儿童走向健康的成长道路。

儿童的心理健康教育也要以最为健康和快乐、最具成长性的和发展潜能的儿童作为标准，并以这些标准来培养和塑造心理健康的儿童。心理素质的内容和心理健康教材的拟定，也就自然相应地以这种理想和健康的人格为核心。我们认为，心理健康的儿童应当是具备如下心理品质的人：

1. 个性上，以自主、自信、自我定向、自尊、自我实现为主导，自我接纳和自我肯定，自我认同。具有创造性和主动性，勇于积极追求自己的个性和独特性。没有过强的内疚感和自卑感，少有自责和少有冲突。少有自我怀疑，是一个快乐而积极的人。

2. 需要的满足上，体现是以高级需要占据主导，对真理和审美有强烈的追求，有强烈的好奇心和求知欲，不怕为探求真理犯错误。不把学习当做一个负担，而是当做一个探求真理的机会和尝试。没有过强的功利心，对物质利益不具有过重的需要。

3. 在认知上，能较为客观如实地认识现实，不带有偏见，不以偏赅全，较为正确地评价自我和他人，不从极端的角度来看问题，思维不偏激。

4. 在人际关系上，具有爱心和宽容，知道尊重他人，不利用他人和操纵他人，不崇拜权利，平等地对待每一个人，不把人分成三六九等。真诚地与人沟通，少有做作和虚伪。

5. 情绪上，积极乐观，具有情绪上的基本安全感，积极的情绪占据主导，并有一定的控制消极情绪的能力。能初步了解和认识自己的情绪及别人的情绪。少有焦虑和恐惧。

6. 在行为上，是有效率的，以做事情为核心，而不是以自我为核心、过多地关注自己，应将自己投入到做事的专注中，忘我地从事娱乐、体育和学习，不具有过多的反省。

7. 遇到矛盾与危机能果断决策，并善于为决策负责。少有犹豫和迟疑。

8. 时间方面，具有时间观念和时间展望，生活在时间中，能处理过去、未来和现在的关系，知道为自己将来的需要克制现在的需要，具有计划性和预先思考的力量。

9. 品行方面，明是非，善恶分明，能处理自己的需要和他人需要的冲突，能从他人角度想问题，具有同情心和同理心，能分享别人的情绪感受，自发地遵守集体和社会准则。不冷漠自私。

10. 能适当地约束自己的行为，遵守纪律和规则，尊重老师和同学，但又不失主见，对规章制度有深刻理解，所以遵守起来不费劲。

以上十条儿童心理健康的标准也是我们教材的培养目标和教育理念，我们相信每个儿童内心深处都具有这十条标准，都具备实现这十条标准的潜能。我们要做的并不是外在地灌输和训练这些准则和标准，而是启发儿童自身内部的这些天性，让他们认识到自己这些成长的潜能。

(二) 权威教育理念与人本教育理念的本质区别

行为主义的教育理念潜在地影响着教育者，使教育者容易贬低人性，低估人性，将人当做是一个管理的对象和教育的对象，一个被动懒惰的奴隶，一个不爱学习、缺少主动性和爱的动物。我们经常听到教师的抱怨是纪律方面的。当听到有关儿童的天性是成长、是自主时，一些老师经常讥讽地说："给学生权利，他们还不上天了。现在这么管都管不住呢，如果给他们一个更民主和宽松的环境，这课就没法上了。"这种抱怨看似合理，其实，体现的是我们教育制度和教学内容的整体落后和深层次的问题。

我们承认，在我们的教育体制中还存在着许多问题，如教学内容的陈旧，死记硬背的内容多，引不起学生的兴趣和思考，来自社会甚至家长的应试教育的压力等，但这些客观上的因素不应当成为教育者贬低儿童人性的借口。我们所假定的儿童的天性和健康的心理素质是客观的，是天生的，是人性的一部分。我们对此深信不疑。我们认为除了这些是人性之外，没有什么其他的东西是真正的人性。作为教育者不能因为环境的恶劣而忽视这些客观存在的人性和儿童的成长需要。

当教师抱怨纪律和约束是当前儿童存在的主要问题时，他们没有看到，恰恰是教育者的教学方法和内容在太多的方面不适合或不适应人的成长本性，才导致了学生的反抗。与自然和客观的东西相对抗是势必造成挫折的，教师的许多情绪上的困扰正是源于执行了违背儿童天性的教育方法，是违背自然规律的必然代价。但这并不是教师的责任和问题，他们只是执行权威教育制度和方法的牺牲品，是违背人性的自然惩罚。

儿童人性假设的不同，必然导致教育理念和教育方法的本质差异。我们认为，传统的教育理念是权威式的教育，而我们倡导的现代教育理念是以人为本的教育理念。所谓权威教育理念来自行为主义和精神分析的人性假设，将人当做管理的对象和改造的对象，认为人性是恶的，是趋乐避苦的，人人都想偷懒。人都想满足低级需要，并为此焦虑不安，为自己的名利得失或高兴或恐惧。这些都是从动物研究和心理疾病患者身上得出的人性假设，是受到不良的社会教育环境的压迫造成的不良后果，不是人性中真实的部分，更不是理想的人格。

权威式的教育理念与我们倡导的以人为本的教育理念存在着如下的基本分歧：

传统教育观念	人本教育理念
智力固定观	智力增长观
注重能力的高低	重视潜能的实现
胜者王侯败者贼	人人都精彩
消除差异	尊重差异，差异是一种教育资源
强调竞争	强调合作
追求成功，重结果	追求成就，重过程
人的价值是与他人比	人的价值是自己与自己比
学生是管教的对象	学生是自我引导的
教育的后果	**教育的后果**
免于心理疾病	追求积极的心理健康
权威人格	民主人格
冷漠自私	充满爱心
自我中心	问题中心
内心焦虑	内心安详
自卑与防御的	自信安全的

（三）心理健康中的教育预防与医学治疗

学校不是医院，不是矫正心理障碍的机构。学校心理健康教育的重点是面对广大正常学生，预防心理疾病的发生。宣传和倡导健康的生活方式和行为方式，挖掘儿童的成长潜能，是重要的课题。

此外，教师的角色和所受的训练，也使得他们不能担当起心理医生的矫正任务，而是作为心理健康的教育者和引导者，通过自身心理健康素质的培养，来教育儿童。

学校中的心理疾病的预防是全方位的，针对各个群体的，成熟的预防是三级预防模式。

一级预防：在有害因素制造和诱发心理疾病之前，消除这些有害的因素。社会活动或集体活动是一个主要的方法，对所有的儿童进行心理健康教育知识的传授，健康活动、心理社会的支持，教师和家长的情绪支持，教育环境的营造，面对的是所有学生。

二级预防：减少疾病发生的可能性，针对特定的短期内具有危险的群体，如新近离异的家庭中的儿童，父母犯罪的儿童，已经与吸烟者接近的人等，对他们进行心理健康的教育和辅导，帮助他们正确处理人生的危机，使他们获得情绪和社会支持。

三级预防：对于已经具有心理疾病的人进行教育和培训，使他们减少心理疾病的损害程度，促进他们身上的健康功能的恢复，如教给正服用利他林的注意力障碍儿童一些社会交往技能。

预防与矫正的不同在于，它强调的是人性中的积极方面和健康的功能，相信人性中一定有抵抗障碍的倾向和潜能，成长的潜能一定会战胜不健康的因素。并相信人面对挫折和障碍时，具有自我恢复的功能和康复功能。用自我康复的功能战胜疾病因素的影响，减少障碍因素的危害。

这一点也决定了教师必须具有了解儿童健康人格和心理素质的能力，不能只盯着不良行为，这样势必对儿童的人性失去信任。教师首先要发现自身的善良和积极成长的力量，发现自身的成长潜能，对自己的公正、善良、爱心、慷慨、乐观、尊严、主动、真诚、创造力、求知欲、幽默具有一种无条件的信任，具备情绪上的安全感。在培养另一个人心理健康方面，教师没有别的任何武器，他唯一的武器就是自身的最健康的人格，这一健康的人格是影响力和感染力的发源地。

为此，教师必须首先提升自己的心理素质，具备健康的人格，才能担负起训练学生的任务。

北京师范大学心理学院教授、博士生导师
临床与咨询心理研究所所长
刘翔平　博士

第一课　学生的责任感

教育儿童的过程应当是一个由教师教育逐渐走向自我教育的过程。教师教育的最终结果是教育的结束。当我们培养了一个具备了主动感和责任感的学生之后，教师的使命，甚至教育的使命便完成了大半。目前，我们的学校中没有哪一门课教会儿童学会责任感和主动感。

作为教师，我们经常下意识地认为儿童是一个不成熟的孩子，远远不如大人聪明和主动，于是我们习惯于对他们指点江山，不断地教诲和指导。我们也强调儿童的独立性和自主性，但更多的时候是不放心。许多教师对学生经常处于"一管就死，一放就松"的怪圈之中。这都是我们没有培养儿童责任感造成的。

生活中，教育者常把儿童当做一个管理和约束的对象，像一个小动物一样被调教。儿童经常出于对错误的恐惧和犯罪感（通过道德的力量）及良心的惩罚而做事情，相应地出于精神自由和主动选择的行为少而又少。这种被动地、因恐惧而应付学习和生活的人是一个精神上不健全的人，因为他们缺少爱，缺少忠诚和敬业精神，缺少因为喜欢而进行对某一活动的投入。

教育者也常谈到责任，但那不是真正的责任感，而更多的是一种外在的责备、惩罚，或者是内在的责备与惩罚（良心），教育者经常控制或操纵儿童的行为，将儿童置于被动境地。

那么，什么是我们所说的责任感呢？我们在此所说的责任感意味着自我意识、自我接受、自我约束和自我指导。责任感意味着，了解世上所有事情都与我们对他们的解释和态度有关，是我们的想法决定了我们的行为，是我们自己选择了我们的心情，我们长期形成的认知模式使我们对事情的意义具有某种解释，而行为只不过是这一解释的结果。虽然我们不能控制外在的环境，但我们如何反应它取决于我们自身，所以，"认识到我们自己是我们的经验的来源"就是我们所说的责任感。

这种意义上的责任感是人与动物的根本区别，认识环境事件及行为方式都是与我们自身有关的，是我们自己的选择，这样才能将我们自身与现实的一切联系起来，才能对我们自身的行为负责。

传统意义上的学校教育寻求借助外在的奖惩力量来控制学生的行为，不幸的是这一方法强化了学生对责任的逃避。如学生经常说"你使我生气"，将愤怒情绪归咎于别人，没有看到实际上是经过自己的允许才令自己生气的。

为了促进责任感，外在的奖惩必须让位于个人的拥有感和承诺，必须培养承诺的勇气和选择的力量，变学生被动地服从为内心的自我指导和自我约束，认识到自身才是行为的原因。

培养学生的责任感要求教师改变教育者的角色,即由传统意义上的管理者成为现代意义上的引导者,相信学生具有自我管理能力和向上成长潜能。管理者强调通过外界力量控制人,而引导者则相反,善于调动个人内在力量管理自己。

练习一 区分管理者和引导者

教室中的管理者	教室中的引导者
强调控制	强调内心召唤
限制选择	创造机会
强调模仿	强调自主
重视不变	重视变化
被动反应	主动选择
避免犯错	指导做正确的事情
告诉如何做	告诉做什么及为什么做
目光短浅的	有远见卓识的
重视规则	重视人自身

练习二 了解班级管理中的责任商数

教师的管理方法和理念决定了班级中的气氛。一般来说,班级中有这样几种情况:

1. 班级像一个监狱,学生作为管制的对象

在这样的集体中,学生的责任商数=0%,教师的责任商数=100%。

在这样的集体中,学生被认为是无知的、不可信任的。他们像一个无知的容器,需要注入是非观念,学生是非理性的动物,需要进行外在的控制。学生的天性是吵闹、多动和破坏纪律,如果你对他们好一点,他们就会闹翻天。作为老师应当保持威严,让学生畏你三分。

如果教师信奉这样的理念,他们就会经常对自己说:

"如果我们失去控制,班级就会乱成一团。"

"如果你对学生态度友好,让他们有自主权,他们就会得寸进尺。"

"务必让学生对你保持恐惧,否则他们就会不尊重你。"

"不要给学生笑脸,否则,他们会不听你的话。"

2. 学生是圣人,不需要管理

在这种情况下,学生的责任商数=100%,教师的责任商数=0%。

这一模式假定学生是无所不知的圣人，会自然地做正确的事情。如果你让他们自主地选择，他们会自然地知道是非观念。所以作为教师，最好的管理方式就是任其自然，让孩子们自然成长。这种教育理念好像是现代的人本主义式的，与传统的教育观念格格不入，但是，它并不是现代的教育理念，必然造成学校中的混乱。

具有这样的理念的教师会对自己说：

"我小时候在学校当学生的时候，总被老师严加管理，我不会让我的学生再接受如此非人性的教育了。我相信，学生们会自我管理的，我要让他们自由地表达自己的想法。"

"儿童自然地具有责任感。我们能做的只是任其自然。"

3. 责任是一种负担

在这种模式中，学生的责任商数＝50%，教师的责任商数＝50%。

这一模式假定学生和教师应当各司其责，做好自己的事情。表面上看起来合理，可一遇到错误的事情，双方总是将责任推给对方。一份调查表明，当问及谁应当担负教育孩子的主要责任时，家长中78%的人认为主要责任是学校教师的，而教师中72%的人认为主要责任应当由家长来担负。如果我们让学生、家长和教师分别来承担责任，一个可能后果是每一方都会细算自己的责任，而且每一方都可能会将自己的责任减少到最少。

很有可能的情况是，当某一方看到错误的事情发生了，如果责任不在于自己的一方，也会事不关己，高高挂起。持有这一观念的教师会对自己说：

"我只是一个语文教师，学生的情绪问题不是我的事，而是心理老师的事情。教语文是我本职的事情，我教好课就是尽到责任了，至于学生是否具有阅读困难不关我的事情。"

"学生抽烟不是我管的事情，家长应当管理好孩子。家庭生活环境不好，生活贫困，是因为家长没有能耐，与我教的课无关。"

"不要跟我谈教学的责任，我已经做得够多的了，如果学生再愿意多学一点，多付出一些，成绩还会好一些。"

4. 发挥潜能的模式

在这个模式中，学生的责任商数＝100%，教师的责任商数＝100%。

这个模式假定，班级中的每一个人都要对所发生的事情负有充分的责任，他们之外没有人能对他们的行为负责任。教师和学生在彼此尊重和信任的基础上共同创造了学习的气氛。班级中的秩序是在双方的合作与协商的基础上制定的，规则的目的和目标被双方充分地理解，每一个人都是规则的积极维护者。

教师会这样对自己说：

"我感觉到自己与其说是一个教师，不如说是一个教练。"

"教学是一个向学生奉献积极的知识和智慧力量的机会。"

"我要努力地投身于教学,同时让学生也努力地投入到学习中。"

第二课　破除权威人格

作为一名教师,具备民主与平等的意识观念是一个基本的心理素养。所谓民主平等是指无论何时,作为教师,在人格上和人性上都是与儿童平等的,虽然自己在知识和经验上与儿童并不平等,但在做人的权利上和自主性方面与儿童是平等的。这种平等是尊重学生的前提。

在此,与学生平等并非意味着教师在各个方面与学生等同。作为教师,在各个方面与学生都是不同的,包括角色的不同,文化的不同,体能的不同,在班级中作用的不同,责任的不同等。这些不同不能成为我们在人格上凌驾于学生之上的借口。

传统的教师角色与现代教师角色的一个巨大差别就是传统的教师具有更多的权威人格。什么是权威人格呢?所谓权威人格是指受传统的封建观念影响形成的一种一以贯之的行为方式和思维方式。其核心是对人的基本看法出了问题,即从人的外在职位和权力高低来对待人,根据人的实力把人分成三六九等,并对不同的人采取不同的态度。具有权威人格的教师的一个最大特点为不是出于爱心而对学生关心,而出于学生的成绩或家庭地位来有区别地对待学生。如果学生成绩好,或者家庭背景好,有社会地位和结交的价值,就对学生表示尊重与好感;如果学生学习成绩不好,或者家庭没什么社会地位,就轻视或忽视学生。这种恃强凌弱的行为和态度,在学校教师身上还是经常能够发现的。

具有权威人格的教师还有一个特点就是对外在的权威和权力具有一种盲目的追随和崇拜,他们对职称和名誉具有一种渴望,出于争得荣誉而努力工作。由于功名心在作怪,他们往往不把儿童当做是一个与自己同样的人,而是达成个人目的的工具。譬如,他们在课堂上也会表扬和鼓励某个表现不良的学生,但这种表扬不是发自内心的,而是想有意让这个学生受到重视和关心,以让他把成绩或者纪律搞上去,为自己的工作增光。

具有权威人格的人,不懂得与学生幽默,不会与学生做游戏,甚至不会在学生面前发自内心地微笑。只要是在学生面前,他们就有意地板起一副面孔,一副令人敬而远之的态度。这种不敢表达真心世界的态度,表明了他们内心爱的缺乏和信念的缺乏。

具有权威人格的人,对事物的看法采取不是黑就是白的刻板态度,不能灵活地和全面地看等待事物,对人的评价也采取一种极端的方式,某个学生如果某一点表现好,就什么都好,某一点表现差,就什么都差。这种走极端的态度往往伤害了学生的自尊心,令学生缺少一种安全感。

权威人格及其教育上的后果就是培养奴性化的学生,在班级中学生是出于对教师的恐惧而遵守纪律和学习,不具备内心的自主性。如果发现没有教师和家长的监督,学生们就会破坏纪律,相互贬低。

权威人格是传统封建社会中人的等级制所产生的适应该社会人际关系的一种心理保护机制,它已经严重不适应现代教育体制和教育理念,严重妨碍了学生的心理健康和自主性的发展。

现代社会及其教育理念倡导的是一种自主型人格,即要求教师在人格上和做人权利上与儿童完全平等。教师要具备爱心、同情心,尊重儿童的差异,从潜能发挥和心理健康的角度,而不是单纯从学习成绩角度来对待学生。教师要注重儿童的成长,而不是固有的缺点。自主型的人格相信依靠自身的力量和努力能够改变自然、社会和人类自身,具有强烈的效能感,注重发掘自身的潜能和自我选择,时刻准备接受变化。他们不注重来自他人的外在的评价,对自己的价值观和内心的想法具有清晰的了解,依照发自内心的信念而行动。他们能平等地尊重每个儿童的人格和需要,甚至在最落后的学生身上他们也能发现非同寻常的闪光点,他们面带微笑地接受每一个学生,度过美好的每一天。他们也不拒绝名利和利益,但是不把它们看得过重,不以追求功名为人生的唯一目标。他们安详、宁静、自我满足,内心洋溢着对人生和对自我的满意和赏识,并把这种宁静纯洁的态度带进了班级,带给了学生。学生们凭本能就能发现这种来自教师内心深处的爱和和谐,所以非常愿意与这样的教师交往,主动与他们分享生活中的苦与乐。学生和教师双方都非常重视分享此时此刻,不过多地为过去而自责,也不为遥远的将来而担心。对双方而言,能在一起度过人生美丽的时光就是一种缘分,彼此要保持基本的尊重。

自主型人格的教师虽然知道教师和学生的许多重要差异,但从不滥用这种差异,也不把这种差异作为强化自身权威的手段。他们不以权威者自居,也就不存在着控制和统治的欲望。他们将自身定位为教练和引导者,所做的一切就是将各种选择呈现在儿童面前,引导他们选择一种最合理的行为方式。他们懂得爱心的重要性,从不想操纵别人。他们只是想用自己的诚心换回对方的诚心。

自主型人格适应了现代社会的要求,有利于培养具备主动性和自主选择的健康的下一代。

练习一 如何发现权威人格

请将自己对下列陈述赞同与否的态度,用数字表示出来。比如,填写 1 说明你赞同左边的陈述,填写 5 则说明你比较赞同右边的陈述。

权威人格的态度		自主型人格的态度
领导有权开除与自己闹意见的下属	1 - 2 - 3 - 4 - 5 - 6	有意见分歧时,领导应当听相反意见
目前学校管理弊病是管教不严,不能有效地约束学生的行为	1 - 2 - 3 - 4 - 5 - 6	目前学校的管理方式有些过分严格了
强有力的领袖人物比公正有效的法律更为重要	1 - 2 - 3 - 4 - 5 - 6	社会持续稳定的进步靠的是法律,而不是强有力的领袖人物
一个孩子不应与父母太随便,这容易导致不恭	1 - 2 - 3 - 4 - 5 - 6	子女与父母应当像朋友那样平等、友好相处
虽然你知道长辈说的话不完全正确,可作为晚辈,你仍然应当听信	1 - 2 - 3 - 4 - 5 - 6	听不听长辈的话无所谓,正确则听,不正确可以不听
如果开会时重要领导在场,我说话会有所顾忌	1 - 2 - 3 - 4 - 5 - 6	领导在场与否并不影响我的态度和发言内容
当你表达的观点与领导或权威不一致,你经常有所顾忌	1 - 2 - 3 - 4 - 5 - 6	当你的意见与领导或权威们不一致,甚至对立时,常毫无保留地将之表达出来
年轻人有时有逆反心理,但长大后他们应当克服逆反,稳定下来	1 - 2 - 3 - 4 - 5 - 6	年轻人的逆反心理是可贵的,有助于社会的进步,有时应当保持下来
年轻人最需要的是严格的纪律、忠诚和为家庭、国家而奋斗的意志	1 - 2 - 3 - 4 - 5 - 6	年轻人需要的是认识自我,发挥自己的想象力和创造力,实现自身的潜能

练习二 如何克服权威人格

权威人格的形成是长期的过程,主要与家族气氛和教养方式有关。研究表明,具有权威人格的人通常出生于封建传统比较浓厚的家庭,在这种家庭中盛行着传统的父权制,父亲较为独断,母亲盲目顺从。家长不听孩子内心的声音,要求孩子无条件服从。

一个人的权威人格是非常顽固的,已经潜移默化地影响人的行为和思维很长时间了,形成了一个人稳定的行为特征,所以改变这种人格是非常困难的事情。

作为教师,改变权威人格是一项更为艰巨的任务。因为权威人格能给教师的管理带来表面的好处,如果我们对学生严加管束,学生就听话与服从,就能有一个较好的班级纪律。从情绪上说,高高在上地维护自己的权威,让学生害怕和听从自己,也能带来个人的自尊满足。所以,有些教师明明知道自己的教育管理方法是权威人格式的,也不愿改变自己。

若要改变自己的权威人格,你必须从如下几个方面做起:

1. 认识到儿童的天性不是恶的,不是有意要破坏纪律、要打架,而是积极向上的。他们不遵守纪律是由于幼稚导致的,而不是天性使然。儿童的天性是善良的，至少是指向成长的。无论如何，调皮的儿童都有一颗积极向上、力求出人头地的心。作为教师，你的使命就是发现并鼓励这颗积极向上的心。

2. 你要认识到，每个儿童都有自己的尊严和权利，这种人的尊严和权利是任何情况下我们都不能践踏的。无论一个儿童表现多么坏、多么令人难以接受，无论我们有多么充足的理由去惩罚他、批评他，但我们的教育与批评的底线是尊重他的人格和权利。

3. 有时我们作为教师并不是有意去伤害儿童的自尊心，并非存心想在人格上贬低学生，但我们的情绪实在过于愤怒，反应过于激烈，我们是由于控制不了自己而伤害了学生的自尊。所以，作为一名教师就要学会控制自己的情绪，无论多么愤怒，都不要说贬低学生人格的话，都要意识到自己和学生在人格上是平等的。

4. 教师要认识到，无论学生多么淘气，多么可恶，但他们毕竟还是孩子，是弱小的，是需要爱护和引导的。他们之所以做了坏事，是由于是非观念不清，不能控制自己的不良情绪所致，作为教师仅从表面上利用自己的权利管束他们是不够的，必须在他们内心深处建立是非观念和自我约束机制，相信他们身上已经具备了好的潜能，具备了分清是非观念和控制行为的潜能，需要我们去挖掘。

5. 尝试着去爱学生，去欣赏学生。不计较学生某一具体行为，而是从学生善良本质和善良人格的更为广阔的角度来对待学生。经常与学生换位思考，假设自己是学生会是什么样。

6. 把教学与管理当做一个过程，一个不断学习和尝试新方法的过程。注重与学生分享新的经验，交流人生的感悟，而不是把班级的评比和学习结果当做唯一关注的目标。注重在管理班级中积累教育的新经验，注重教育中个人的成长。

第三课 教师的职业成长

教师的职业要求人具备一种永无止境的活力和自我更新能力，把每一天都当做是新的一天。可教师这一职业又是个相对枯燥单调的职业，我们将一批批学生迎来，又将一批批毕业生送走。我们每天都走进同样的课堂，面对重复的教学和日常锁事。天长日久，我们容易被不断重复的生活磨灭了创新的锐气，另一方面单调重复的教学又充满了挫折与无奈，许多教育的挫折留在了我们心中，令我们对教师这一职业产生厌倦。一些教师对优秀学生的记忆并不深刻，反而对那些曾经气过他们的差生耿耿于怀。

走出心灵厌倦的唯一方法是把每一天都当做是新的一天，忘记过去的烦恼。其实，每天充斥着我们心灵的不快乐的经验是经常重复的若干个，我们不知不觉地把回忆这几个痛苦经验当做是生活中不可缺少的内容，并经常以此自责。如果我们一天不想这些痛苦的经历，就好像缺少了什么事。这些无用的回忆充斥着我们的心灵，占据着一些地方，妨碍了我们去学习新经验和更新自我。

其实，正如中国有句话说的那样，"年年岁岁花相似，岁岁年年人不同"。一个人不能两次踏入同一条河流，人的每一天都是新的。你要像另一句话所说："要怀着不同心态以同样的方式做同样的事情。"就是说虽然你每天做同样事情，但一定要期待不同的结果。

随着时间的流逝，所有的东西都会改变。我们应当用变化的观点对待自己和学生。比如，一个学生如果过去数学没考好，考数学时就会产生消极畏惧的态度，如可能会觉得自己不是学数学的料，甚至影响数学的成绩。如果他忘记过去，不把过去当做是包袱，而是轻装上阵，就会快乐地、有信心地学习数学。

让我们忘记过去的一切不快乐吧，不再去记忆那些对于我们现状毫无用处的东西。如果我们每天都忧虑这几件事，但又无力解决，我们就该痛痛快快地将这些事情抛弃在脑后。

练习　回忆你的职业生涯

1. 寻找一个安静的地方，让你独自一人安静地思考。

2. 阅读下面的问题，可以作笔答，也可以去思考问题的答案。让自己真诚地接触这些问题，注意自己的感受。

3. 重点是让自己回到现实中来，你要感觉到你生活在现在，过去的一切都已经发生了，你已经无法挽回，你目前生活在现在，做现在的事情，历史不能重演。你具有的机会只是现在可以做的和未来可以做的事情，后悔是徒劳无益的。

请思考如下问题：

1. 回忆你决定成为一名教师的时候

（1）你的抱负是什么？

（2）你希望自己完成什么样的工作？

（3）你与那时相比，现在更愿意做一名教师吗？还是不太愿意？

（4）如果你的做教师的意愿与那时有别，是什么因素使你改变的？

2. 请回忆你最初做教师体验到失败与挫折时

（1）发生了什么事情？

（2）你的感觉是什么？

（3）你当时对此的解释是什么？

3. 你做教师以来犯的最严重的错误是什么？

（1）发生了什么？

（2）你认为事情的原因是什么？

（3）你从中吸取的教训是什么？

4. 你当教师以来最窘迫的时刻是什么？

（1）发生了什么？

（2）你从中吸取的教训是什么？
5. 请你回忆作为教师最近的一次失望是什么？
（1）发生了什么？
（2）你当时的感受是什么？
（3）你对此事的解释是什么？
6. 在你的教育生涯中，你最憎恨的事情是什么？
7. 当教师以来你最懊悔的是哪一件事？
8. 当教师以来你最恐惧的是哪一件事？这件事最坏的结果是什么？
9. 你曾经想过辞职不干了吗？什么事情促使你有了这个念头？
10. 如果你可以重新再做一遍教师，你会在你的教育生涯中做哪些改变？
11. 你认为为了能够坦然地面对过去，以新的姿态走向未来，你需要怎样做？
（1）谁是你需要原谅的人？
（2）你需要在哪些方面原谅自己？
（3）从现在开始你要杜绝什么事情？
（4）你需要弥补哪些方面？
（5）你打算如何将目光从"后视镜"中移开，学会向前看？

第四课　作为教师的使命

我们每个人的一生都是有意义的，作为教师，我们在教书育人过程中，无论意识到与否，都有一个教育的使命和教育的理想。我们希望自己的教育在学生身上体现某种目的和意义，希望我们传递给他们的是有价值的东西。

你也许说，我没有想那么多高深的东西，我只是在完成自己的任务，像周围其他教师一样，备课、上课、管理班级，我没有有意识地将自己的人生哲学和价值观灌输给学生。但是，无论如何你的教育都在传递着你的人生哲学和教育哲学。

比如，如果你对于考试成绩给予最高的重视，你就会对成绩好的学生另眼相待，认为成绩差的同学给自己丢脸。你可能将同学分成三六九等，并对不同的人有不同的态度。再比如，如果你认为每个学生无论成绩如何，只要尽了最大努力学习，力求进步了，就是一个好学生。每个人都有一个向上的动力，作为教师只能是去把这个动力激发出来，至于考试成绩并不是一个人努力所能控制的，有些人虽然努力了，成绩可能还是在后面，但他们对得起自己，问心无愧。

这样两种态度，体现的是功利主义的教育观和人本主义教育观的对立。实际反映的是你自己的人生观和教育观。你的教育活动一定传递着某种教育观和世界观。

你的教育观是你在教育活动中，内心深处最为珍视的价值，是你育人的最高原则，不能被破坏的东西。通过下面的活动，有助于你了解自己所持有的教育观是什么。

练习一　教育中你最珍视的东西是什么？

1. 想象你已经到了金色的暮年，你从教育战线上退休在家，安度晚年。你回首往事，思考着你一生对教育的贡献和对学生的教诲，你身后留下了许多精神财富。在这些回忆中你记忆最深的是什么事情？

2. 现在，想象你收到了你从前学生的一封来信。这个学生是你众多学生中最喜欢的一个，你希望收到他这样的有出息的学生的来信。

3. 模仿这位学生语气给自己写一封信。你希望这位学生对你说些什么？你最希望他记得你什么方面？你最希望自己给这位学生留下什么样的永久的印象？

4. 写完这封信后，读一遍，看一看你的信中表达的教育目的或教育观是什么。

5. 现在，这封信就是你的教育观的基础，体现了你作为教师的使命，请用一句话来表达你的教育目的，即最希望给予学生的品质。

练习二　传递你最珍视的品质

本活动有助于你发现自己最珍视的品质，并学会了解自己的教育观。

1. 列出你的两种独特的品质，比如同情心和创造性。

2. 列出你与其他人交往时最喜欢的一两种表达这些品质的方法。

3. 假定这个世界现在是完美无缺的。这个世界是什么样？每个人将如何与其他人交往？你的感受是什么？现在你已经描述了这个完美世界的状态，你见到它了，感受到它了。请描述它是什么样。

4. 将上述三个内容整合成为一个句子。

如：我的使命是利用我的创造性和同情心支持和鼓励他人，使人们在爱、和谐和快乐中，自由地表达自身的才华。

第五课　控制自己的情绪

学会控制自己的情绪是教师极为重要的心理素养，可是在教学中真正要做到这一点是十分困难的。有的教师为其他教师做思想工作时，可以劝他们不要情绪化，但当自己在管理学生出现失控时，仍然不免情绪化。

情绪化与人的神经类型有关，与人的经验和性格有关，但不是不可以改变的。如果我们具备了正确的想法，客观如实地认识自我，了解学生，我们就能避免情绪化。

情绪化是以自我为中心的，不会对教育有促进作用。当我们因为学生不服从或者顶撞我们时，我们产生情绪冲动，想要发火是十分自然的，是出于自我保护和自尊的需要，这往往是下意识的。从自我维护方面，发脾气是有意义的，从教育效果上看，则不那么简单了。有时当发火时，学生似乎安静了、服从了，可过了不久，学生们又会重复以前的毛病，又开始淘气，接下来又是你在发火。你会感到陷入淘气—发火—淘气—发火的恶性循环中，你的威信和尊严会越来越低，脾气会越来越大。其实，你有没有想到学生为什么要气你？为什么你发火之后，他们就会安静下来？如果你从学生角度想问题的话，学生捣乱的目的之一就是令你发火，就是在测试你的情绪化的高低。一些差生，由于不能在学习方面获得自我实现，就会在气教师方面暗中较劲儿，比一比谁最能捣乱。而教师的生气程度恰恰是他们显示自己能力的指标，如果教师发火了，他们就会视其为自己的成功，所以就会安静一会儿，因为他们的目的达到了。如果教师不生气，结果会如何？这是一个有趣的问题。差生可能会继续闹事，以更过激的行为引起教师的情绪化，但如果教师用更为聪明的手段，或者更为理智的方法解决问题，学生的不良目的就达不到，他们的行为就会得不到预期的强化，这一行为今后发生的概率就会更低一些。我们也发现，凡是不爱发火的老师，班级纪律也更好一些，就是这个道理。

由此看来，发火对于解决问题没有什么用处，它不是解决问题的手段，反而是被学生所控制的标志。

许多教师也知道情绪化的坏处，于是极力想了解控制情绪的方法，一些书中也介绍了如何控制不良情绪的技术，如深呼吸、心中默默地从5数到1，加强自己的修养，不与学生一般见识等，但这些都是立足于补救，都是假定不良情绪已经产生了，我们如何克服它，不让它表现出来。这种"补救"的效果值得怀疑，如果人们已经产生不良情绪了，控制起来很困难，何况你还要面对你的教学，一心不可二用，如果极力控制情绪会影响你的正常思路和判断。因此，我们不主张用这些方法，相反，我们认为最重要的是改变教师对事物的看法，把重点放在预防不良情绪的产生上。

教师们被学生伤害情感，不是学生本身坏，直接导致教师的情绪，教师应当为自己的情绪负责。未经过教师的同意，谁也气不了教师。教师自身产生了不良情绪，应当对情绪负责。

教师的情绪化通常出于他们对学生的看法，这些看法中有一些是主观的，不合理的。不合理的信念有如下几种：

1. 如果某一个学生有意气我，就是故意与我作对，就是想在气势上压倒我。所以我一定要胜过他，否则我就没有威信了。

反驳：这种想法是错误的，没有哪个学生想有意与你过不去。学生捣乱的原因很多，有些是出于显示自己的胆量，让你注意他；有些是患有注意力障碍，控制不了自己的行为；还有些是偶然的。一句话，他们并不是要在你的课上有意为难你，在其他教师的课上，他们也这样淘气过。

2. 如果我这次屈服，以后我就再也管不住其他学生了。

反驳：学生和教师之间，不是控制、征服与反控制、反征服之间的关系，无所谓谁更有尊严和面子。如果学生不服从我，顶撞我，一定是有一定动机和目的的。他的目的是什么？为什么要顶撞我，是想让我更关注他吗？是因为他自卑吗？他想表达什么信息？

3. 我必须维护好班级的纪律，否则以后就没法控制局面了。

反驳：这是缺少安全感的表现。过去的混乱，不代表今后必然混乱。每一次课的混乱是有其具体原因的，也是暴露问题的时机。是谁在班上最淘气？他究竟需要什么？

4. 教师必须说了算，必须有权威，否则以后更管不了学生了。

反驳：教师的威信不是来自于让学生惧怕你，而是以爱和沟通作为基础。如果学生不给你面子，说明你们之间缺少交流与爱。尊重和关心所有的学生，你总有一天能真正建立自己的威信。

5. 他这样对待我，让我下不了台，我恨他。他是一个恶人，我以后一定要收拾他。

反驳：这说明你是一个不成熟的人。学生的行为再不可容忍，也不能说明他们是恶人。他们是幼稚的人，冲动、欠思考。教师作为成年人，应当忘记这些不愉快的事情，不要与孩子生气。其实每个人都是善良的，都想追求进步和获得别人的承认。如果你看到他身上的这一点，他一定会发生改变。奇迹一定会发生。

练习　反省自己的情绪化

1. 从事教师工作以来，你比过去更爱发火了，还是更不爱生气了？为什么？
2. 当冲学生发火时，你觉得教育的效果好吗？你得到了什么？失去了什么？
3. 你尝试过在教育过程中控制自己的情绪吗？效果如何？
4. 你相信教师发火是有用的吗？什么时候有用？什么时候无用？

第六课　内心的微笑

据说，释迦牟尼有一次给弟子们考试，问弟子什么是禅。许多平时学习非常好的学生滔滔不绝地讲起了道，但释迦牟尼都没有什么反应。轮到一个平时不起眼的弟子回答了，当释迦牟尼问他问题时他一声不吭，只是甜蜜地微笑，无论老师如何问，就是不吭声，这个弟子的微笑是发自内心的，是一种面对自然和自我的一种完全满意和欣赏的微笑，没有任何想达成什么目的和讨好别人的意图，是单纯的对生命的热爱的态度。释迦牟尼最后只承认这一个弟子修成了正果。其他弟子都还得重修。

这个故事说明了一个简单而又深刻的道理，微笑应当成为生命中的一种基本的态度。

回忆一下，当我们刚从师范学校毕业那会儿，或者我们还是师范学校学生的那些时光，我们不是经常发自内心地微笑或大笑吗？我们无忧无虑，天真浪漫，无论面对什么事情，我们都是单纯而执着地应对。即便是面对特别淘气的或者不符合我们期望的学生，我们在好心情的影响下，也会在发火之后爱惜地抚摸一下他们的头。无论面对什么样的恶作剧，我们都能宽容地一笑置之，过后不再去记恨。

时光如流，岁月如歌。今天，已经是具有多年教龄的你，还具备那种纯真和宽容的微笑吗？也许生活的压力使你感到疲劳与厌倦，工资与住房的期待胜过了对浪漫的渴求，评比的结果远比一个日常生活中的好心情更为重要。你也许已经疏远了生命中的微笑，牢骚与抱怨已经成为生活中的习惯。正是由于面对自己时缺少微笑，才使你容易疲倦，甚至无缘无故地对学生发火。

其实，发自内心的微笑是无需什么理由的，不要问我们为什么要天天微笑，微笑不是达成什么其他目的的手段，而是我们人性中的一个部分，是我们面对自己的如实接受的态度。微笑传递我们对自己和其他人的热爱的能量，令你生活的每一天都充满了热情和力量，微笑使你轻松地投入每一天的生活。

如果你具备了发自内心的微笑，陪伴你周围的人，你的学生就会受到你的感染，也会以微笑面对生活。他们会喜欢与你在一起，而这更增加了你微笑的机会。你的微笑就是你无声的教育手段和榜样的示范力量。你无需掌握什么教育的武器，你的人格和你对自己的态度就是最有力的力量。

不要先要求别人对你微笑，也不要用自己的微笑来回应别人的微笑。你只需要保持自身的微笑，把这个态度当做你人格核心的内容。

微笑练习

1. 坐在你的椅子上，伸开你的双腿，你的脚放松地放在地板上，将双手放在膝盖上。闭上双眼，正常呼吸。

2. 开始放松你脸上的肌肉。想象你身处于一个放松的地方，一个你一生中感到最放松的地方。

3. 现在，你想象正在看见你的笑脸在你的对面。感觉到微笑的能量像阳光一样映入你的眼帘；感觉到你整个脸上的皮肤都是松驰的；感觉到你脸面的肌肉的深层也是放松的，放松你的整个脸部。

4. 让你的微笑划过你的嘴角。你继续微笑的时候，将你的能量带到你的腭部，让你的腭部释放紧张。

5. 让你的微笑延伸到你的颈部和喉咙，感受到那里的紧张正在释放。

6. 让微笑的能量涌向你左边的心脏，感谢你的心脏为你的全身供应鲜活的血流，感觉你的心脏正在松驰。怀着爱心和喜悦，让你的微笑的能量填充你的心脏。

7. 现在，让你的微笑涌向你的肺腑，感谢它为你的全身提供充足的氧。当你舒展你的肺部时，感受到善良和勇气充满了你的心。

8. 让微笑进入你的肝脏和肾脏，感谢它们为你消化食物和净化血液，感受到你现存的恐惧或愤怒正在消失。

9. 现在让你的微笑的能量进入你的胃部，感谢它为你消化所吃的食物，感谢你的胃肠将你所吸收的食物变化成血液中的能量。

10. 继续将你的微笑的能量注入你的大腿，感觉到你的微笑的温暖放松了那里的肌肉。

11. 最后感觉你的微笑的能量进入到你的小腿和脚部。

12. 感觉你全身都在感受到爱的温暖和内心的快乐。

13. 很好，无论你做得如何，请睁开你的眼睛，张开你的双脚和双臂，将这种微笑的力量带到你的工作中去。

第七课　学生的成长性

"因为我们经常看到某人的优点和长处，所以我们才有一个好心情；因为我们经常看见某人的缺点，所以我们才有一个坏心情。"你同意这句话吗？

作为教师，也许令你最为关注的不是好学生的好行为，而是差学生的不良行为。也许你整日陷入如何矫正班级中几个淘气学生的行为问题中不能自拔，整日忧心忡忡，由此变得焦虑不安，总担心会出什么乱子。如果这样，天长日久，你整个人就会变得对人性越来越失望，越来越对人的成长性和善良的天性失去信任，就会闷闷不乐地去工作。你刚当教师那会儿的热情与执着就会消失殆尽，你的心灵会过早地衰老，失去对职业的期望。

这就是教师心理不健康的根源，是教师对人性不信任的来源。作为教师，一方面要与不守纪律、学习不良的学生进行较量，与学生中不良的品行打交道，从他们身上寻找教育上的误区；另一方面又要跳出这个眼界，从心理健康和优秀的学生那里获得教育的灵感。

其实无论表现优秀和表现不佳的学生，他们都有一个共性，这就是成长性。每个学生，无论如何淘气，如何懒惰，其内心都有一颗上进的心。他们都想让社会和其他人承认自己的价值。所谓的差生只不过在学习、发言和争先进方面，不能表现出众，为自己争得荣誉，所以才转过来，以捣乱和破坏纪律的方式来引起别人对自己的注意和尊重。如果我们看到他们身上的这股求上进的力量，并善于从正面引导他们，让他们也能多少在正确的、积极的行为上实现自我，他们同样会努力学习，缩小与别人的差距。在学校中表现再差的学生，其人格的内核也是善良的，至少是中性的，他们的人性是追求真善美。

作为教师不能仅从个人得失和个人面子上，处理与学生的关系。的确，有些差生不给你面子，专门与你作对，让你下不来台。但如果你一味地去征服他们，与他们在气势上一比高低，好像谁服软以后就没法见人了，只能导致学生越来越不听话，或者因为恐惧而暂时服从你，但背着你的面，更加淘气。

有时，我们应当与学生保持一段距离来看学生，这对我们是有好处的。

首先，我们要学会遗忘与忽视，即忽视学生中的一些不良行为。有时学生之所以表现不佳，就是为了引起我们的注意，如果我们对这些行为视而不见的话，就是对这些行为的负强化。一个可行的方式，是将学生的不良行为与其人格分开，我们可以惩罚与指责他们的不良行为，但是认为这个学生的人格还是好的，是要求进步的。他在其他场合和时间中，曾经做过许多好事，表现出许多优良品质。目前的错误是暂时的，他会意识到自己的不正确的行为。给他机会让其改正。

其次，我们要把学生的行为问题当做是出于幼稚和不成熟而为，而不是出于对恶行的喜好。没有人天生喜欢作恶，尤其是小学生，他们不知道善恶是非，对自己的行为缺少控制力和反省能力，虽然他们重复犯有某一错误，但也不是故意而为之，而是神经或发展过程上的某些落后，有其不可控制的因素在起作用。如果他们长大了，这些毛病会逐渐克服的。教师要相信，学生一定会走向成熟和成长的，只要我们相信有一天他们会作出正确的选择，奇迹就会发生。

再次，作为教师重点不要总是放在差生身上，要善于发现和总结优秀学生的行为规律，发现他们品行培养的规律，从中丰富自己的管理与教学经验。这样不仅使你有一个好心情，而且还能使你对自己的教育有信心。"看，我的班上出现了如此优秀的学生，作为教师我是多么成功。"如果你一味将目光盯在差生身上，你就会充满挫折感，并将这种挫折感带到你的教育中。

最后，完整地、如实地看待学生要具备一个大前提，这就是要超越私利关系来看待学生。我们之所以不能完整如实地对待学生，正是因为学生与我们构成了利害关系。如果学生表现好，就对我们有利；否则，就对我们不利。正如家长看待孩子易产生偏见一样，我们看待自己班上的学生也易出现偏差；如果是对待其他班上的学生，教师的偏差就会少一些。所以，归根结底还是一个如何对待自己的利益的问题。作为教师要超越自我中心，不可以有功利心，而要培养以事情为中心的态度，不去计较个人的得失，而关心学生本身的成长。如果我们的眼睛只盯着学生的成长，我们就会忘记人从教育中得到了什么好处，就能滋生爱心，就能从为学生考虑的角度处理事情。面对学生的不良行为，我们也就会心平气和地对待之，我们就会以客观和完整的态度去看待学生的缺点，情绪化自然会消失。

这种无我的境界正是教师修养的策源地，也是爱心的源泉。

练习一　发现学生的成长性

回答下列问题，并深入思考：

1. 回忆在你的小学或中学同学中，有没有当时各方面表现都很差，但现在却很有出息、很稳重的人？这些人现在甚至是经理、部门负责人，或者是私营老板，你分析一下为什么会有这种变化。

2. 你小学时有没有淘气或者不完成作业，甚至偶尔旷课的时候？你的心理活动是什么？这些妨碍了你的成长了吗？

3. 你在生活中也有犯错误的时候，如果你的上司天天盯着你的缺点，就怕你再犯错误，你会如何想？

4. 即便是你犯了严重错误，你认为自己是否还有不服输的心气？你的积极向上的力量是否还存在？

5. 你认为什么是真正的人性？人性区别于鼠性、狮性的特点是什么？是对征服的追求吗？还是对真善美的追求？

练习二　忽视学生的不良行为

在你的教学中，对于学生的某些不良行为要学会忽视，即冷处理。那么什么行为可以冷处理，什么行为不能冷处理呢？

1. 如果某一行为不足以对班级秩序造成显著的不良影响，则可以忽视，不予理睬。如班级自习课上某人故意打哈欠，发生了响声，则不必理睬。

2. 如果某人的行为对于别人没有人身伤害，可以忽视不理睬。如某人向另一人示威，但没有明显的攻击意图和行为，则可以不予理睬。

3. 如果某人的不良行为只涉及妨碍自身利益，没有妨碍别人的利益，可以冷处理。如某一学生被批评后，与教师生气，不再理睬教师，或者因某些情绪不服从教师的指令。

4. 如果你发现某人行为就是要使你注意他，与你挑战，你可以不必理睬他。

5. 如果某人犯错误后有懊悔的表现和意图，你可以不必再重复指出他的错误。

6. 如果某一学生是屡教不改的人，即每次你说他一句，他有十句等着你，你就不必再去与他当着同学的面明辨是非了。你要学会忽视他的不良行为。

7. 如果某一行为不是故意要打扰班级秩序，如不小心将水杯碰掉在地上，引起同学大笑，则可以忽视。

作为教师，学会遗忘也是保持心情快乐的法宝。学生的不良行为其实没有什么大是大非的问题,也谈不上伤害你的自尊和令你失去威信。有时,双方都在气头上说了一些过激的话而已。所以,作为教师一定要有"君子不记小人过"的胸怀,一定要学会遗忘。忘记学生的坏行为,不去关注学生的不良行为,将目光放在良好的行为和优秀的行为上。对于所谓的差生,更要及时发现他们身上的闪光之处。

让自己的思维总集中在对目前解决问题有用的事情上,而不是回忆过去的伤害和不快,清除心中的无用垃圾,你才能愉快地度过每一天。

第八课　差异是一种资源

教师每天要面对不同的学生,俗话说,天下没有两片同样的树叶,同样天下也没有两个完全同样的人。如何认识学生的差别和对待学生的差别是教师应当面对的问题。

教师一般也了解学生的差异,知道学生在智力和人格方面是不同的,正如有的人高有的人矮一样。但是,由于学校把考试成绩当做是衡量教师教学效果的一个重要指标,使得教师在实际教育活动中,很难真正牢记学生的差异。比如当教师努力后就会自然希望无论什么样的学生,考试成绩都要及格;无论什么样的学生,上课时都要安静地听讲。从维护集体秩序和衡量教学成效来说,人们更加重视的是平均值和一般情况,没有人会强调因为个体差异,而原谅你班级的成绩低下和纪律差的情况。

这种现实环境中对平均值的强调使得教师容易忽视学生的差异,或者说它引导教师不去正视这种差异。而教师在教育学生的过程中,必然要面对学生的差异,差异不应当是忽视的对象,老师要善于理解差异并利用差异。差异是一个很重要的教育手段,在某种意义上可以说,学生的差异是一种教育的资源。

首先,由于不同的学生在一起,他们可以在性格上互补,如有的人性格外向,比较淘气,经常不遵守纪律,但班级中如果缺少了他们也缺少了某些乐趣。这些淘气的学生也有许多优点。如他们对令他们痛苦的经验易忘记,以乐观豁达的态度面对挫折。尽管有时他们情绪冲动,自我管理能力较差,但是坚强、勇敢,勇于面对困难是他们的优点。而学习成绩优异的学生,虽然自觉性较强,不用老师投入太多的精力,成绩较好,成熟,深思熟虑,能为班级争得荣誉,但是,他们身上也存在着致命的弱点,比如遇到什么不顺心的事情容易想不开,如果别人对他们稍有不好就不会轻易忘记和原谅,有时做事情优柔寡断,害怕失败,他们往往想得过多,做得少。而他们与淘气的孩子在一起也会变得无忧无虑。另一方面,淘气的孩子与他们在一起也会学习他们身上的谨慎和深思。试想,如果班级中都是忧心忡忡的好学生,班级气氛便会沉闷。

其次,从智力发展上来说,多种智力水平在一起的人也是有益处的。现代心理学表明，智力是多元的。一个人可能数学推理能力超常，但是，语言表达能力就不会像数学那样出色；另一个人可能语言能力如写作水平是班级中最优秀的，但是抽象思维和空间思维方面则逊色许多；某个学生可能在数学和语文方面都较差，但是运动能力却有天赋，可能在足球场上是一个优秀的前锋；一个体育不好的学生可能具有着音乐才华，能记住老师刚刚唱过的歌曲；一个各个方面都不突出的学生，可能是一个劳动好手，在班级扫除时是最能干的人，勤奋，能吃苦。

最后，更为重要的是，这种人的差异是你无法弥补的，你不能消除这种差异，只能引导这种差异，让差异成为教育的资源。一些教师总想把消除差异作为教育的目标，如让学生的数学成绩都达标或者都上90分，这是不切实际的，只能是你的良好愿望。你不能左右学生的成绩，但你可以影响学生的学习态度和自我评价，你可以让数学优异的学生去帮助数学不好的学生，反过来在其他方面让数学不佳的学生帮助数学优秀的学生。作为教师，其教育目标不是消除学生之间的差异，而是将这种差异的负面影响减少到最少，充分利用差异。

利用差异的一个前提是尊重学生的差异，学生的差异本身是自然形成的，是发展的不平衡所致，对于学生而言是中性的。但是，对于教育者和教育过程来说，这种差异则不是中性的，而是有好有坏的，比如在自我管理和自我控制能力上学生是有差异的，作为教师肯定喜欢自控能力强的人，而不喜欢自控能力差的人。但是，如果你尊重学生的发展，尊重学生的人格，你就能理解这种差异的客观性，就会接受这种差异，你就能心平气和地对待注意力不集中的学生，你的教育效果就会更好。

相反，你如果不尊重学生的人格，不承认学生发展的不平衡，你就不会对不利于你的差异欢呼，就会对不利于你的差异不接受，你就会带着情绪去管理学生，或者认为别人能做到，你为什么做不到，把无条件地消除这种差异作为教育目标。在此，关健的问题不是教师有无能力认识学生的差异，而是如何改变对差异的态度，由排斥、害怕，到接受和利用。

练习一 接受差异

请分析下面的问题，讲明你自己的态度。你同意下面的说法吗？

1. 如果你努力教学，工作做细了，学生的考试成绩就一定会及格。
2. 学生成绩不好，主要是家长和教师没有教育好，"没有不好的学生，只有不合格的教师"。
3. 教师的教学基本目标就是让所教的学生成绩合格，如果有不合格的学生，说明教师是一个无能的人。
4. 无论你如何努力，可能还是有些学生在某些科目上不及格。
5. 教师的教育目标是让所有的学生尽最大努力发挥自己的潜能。

6. 教师教学的最高境界是让学生对学习感兴趣，自己愿意学习。
7. 无论什么困难的事情，只要努力就一定能成功。天下无难事，只怕有心人。

练习二　理解差异

1. 回忆自己上学的时候，有哪些方面无论如何努力也比不过别人？是什么原因？
2. 你曾经用自己的不足与别人的强项比过吗？
（1）是什么项目？
（2）你心中是如何想的？
（3）最后你进步了吗？
（4）你的心情好吗？
（5）你认为这种比较的方法是进步的动力吗？
3. 在成长的过程中有什么事情你因为没有做成功而感到遗憾吗？
（1）是什么事情？
（2）是你的努力不够，还是能力不够？
（3）有没有客观上的条件不够，而仍然抱有幻想？

第九课　弱小与爱抚

作为小学教师，一个最重要的品质就是具备爱心。我们可以原谅一个缺少教学技巧的小学教师，也可以原谅一个缺少经验的不成熟的教师，甚至也可以原谅一个脾气不好的教师，但是，我们不能原谅一个内心冷漠、缺乏爱心的教师。

什么是爱心？爱心包括恻隐之心、同情心和保护之心，但作为教师的爱心比这些还要丰富。教师的爱心具有更多理性成分，它既包含恻隐之心和一般意义上的关切之心，还包括对学生的理解、尊重和欣赏。西方著名新精神分析学家弗洛姆曾说过，爱是一种主动性。如果我们同意这句话，那么可以说，教师的爱就是对学生所发生的行为感兴趣，关心学生的内心世界，去主动探求和理解这个内心世界，在这种探求和理解的基础上去关心和引导学生。对于教师来说，爱心不仅仅是生活上的嘘寒问暖，更是对学生灵魂成长的关切，是一个教育者对受教育者的无条件的精神关怀。

教师的爱心并不意味着回避严厉批评，一味地以温柔态度对待学生，而是在适当的批评和督促基础上，让学生感受到你在关心他，你是善意的，你尊重他的人格。

我们之所以强调小学教师的爱心，是与小学生的心理发展特点不可分的。小学生的一个特点是弱小，在体力上和理智上都是弱小的，虽然他们淘气时胆大妄为，但内心中毕竟还是一个孩子。因此，他们接受不了过于激烈的言辞，尤其是对冷漠与讽刺格外敏感。一个人越是弱小，所经历的心理和身体伤害的影响就越大。生理学家做过一个实验，如果面对一个成熟的生物个体刺上一针，几乎不会留有什么痕迹，可是如果对一个尚未发育好的胚胎稍微刺一下，以后分裂的细胞中就会都带有这一刺痕。这一刺痕的影响可以说是长久的，无可挽回的。当教师不经意地指责学生偷懒或者是笨蛋时，他们中的某些人可能一生都会受到心灵的伤害。

我们不可忽视这种发展的力量，如果是同样分量的批评言辞，对一个高中生、一个初中生和一个小学生的影响是截然不同的。年龄大一些的孩子在对待自我的评价和自我与他人的关系方面，都具备了更为成熟的态度，他们对激烈的批评具有了更强的承受力，知道哪些话是教师的情绪之言，可以不必认真对待。而弱小的小学生则因为反抗能力和自我保护能力差，而易被教师的情绪化和严厉的批评所吓倒。小学生之所以发生更多的上学恐惧症的原因即在于此。

作为小学教师，批评学生时一定把握一个尺度。这个尺度就是不伤害学生做人的尊严，不贬低学生的人格。这其实也是师德的底线。可是，这个底线经常被一些教师突破，如个别教师把"弱智"、"你是我从事教学这么多年来从来没见过的"、"无耻"、"害群之马"、"你简直像一个小流氓"等字眼当做是口头禅，一天不说这种贬低学生人格的话就会觉得不舒服。这实际上是利用自己的教师的权威，发泄自己的挫折情绪。由于内心中的焦虑和挫折，积累成了消极的情绪，而被这种消极情绪所支配的人，是无暇爱学生的。

爱心不仅体现为不在人格上贬低学生，还体现为不把学生当做实现个人目的的手段。当教师表扬学生时，可以有两种不同的动机。爱心驱使下的表扬是以学生自身为中心的，是教师发自内心的赞赏与赏识，往往洋溢着真诚，受表扬的学生认为教师在欣赏自己，自己的存在是有价值的，自己的努力得到了认同。另一种表扬是把学生当做手段，表扬学生不是出于对学生表现良好的赏识，而出于控制和操纵学生。比如某一教师担任新班的班主任后，有意识地想让一个后进生进步，以显示自己的教育有方。所以经常关注这位学生的行为表现，对其他同学则不给予应有重视和关注，她整天表扬这一个学生，经常说一些夸大的话，如"某某你真伟大"，"你是一个明星"，这种表扬可能使这个差生取得进步，但却是以其他人受到忽视为代价的，她的表扬令其他人觉得不舒心，即便是对这个差生，这种表扬所导致的进步可能也是暂时的，他进步的动机是教师的强烈关注，如果不再关注的话，就还会与从前一样。从本质上说，学生不能成为实现教师利益的工具和手段，学生的存在本身就是目的。教师不能从自身的需要出发，来选择对待学生的态度，而应当出于对学生的爱护和关心来选择教育方法。所谓以学生为中心的思想即是如此。

面对学生，老师无论在体能上和智能上都是强者，他们在学生心目中永远是至高无上的，教师所说的每一句话，总能在部分学生心灵中留下烙印。所以教师恃强凌弱是轻而易举的事情，越是在这种情况下，教师越要注意自身的言行，千万不要伤了孩子的心。

练习一　将心比心

请回答以下问题。

1. 你童年的时候面对过对学生态度特别生硬粗暴的老师吗？如果有的话，你当时的感受是什么？你感到自己有力量战胜对他的恐惧吗？

2. 比较一下你现在面对一个令你感到畏惧的人（如你的领导）和一个你小时候令你畏惧的人（如你的父母），你觉得现在的畏惧与当年的畏惧有什么区别吗？

3. 严厉要求或批评与爱心并不矛盾，你认为在批评或惩罚学生时，应当如何让学生感受到你是关爱他的？

4. 你同意这样的说法吗：对于有些学生，态度就是要狠一些，就是要吓唬一下他们，这样做至少还能管一个星期的用，如果不这样，批评之后一点儿用都不管。

5. 你同意以下观点吗：如果你对某些学生笑，他们就会得寸进尺，更不尊重你；温和使你失去尊严，管教不了学生。

练习二　批评的尺度

教师在批评学生时，有些字眼是永远不能出现的，无论何时这些字眼一经出现，就会对学生的心灵造成伤害。

这些字眼有"弱智"，"笨蛋"，"木头脑子"，"害群之马"，"江山易改，本性难移"，"天生一个坏种"，"懒蛋"，"熊包"等。

你还能说出你认为有伤于学生自尊心，但教师常用的这类字眼吗？

第十课　他人负责与自我负责

我们对自我的说话方式构成了我们的内部经验，当我们面对外部事情起反应时，通常用两种不同风格的语言对自己说话。一种是被动式的，好像我们是一个环境的应答者；另一种是主动承担责任的，看到环境事物是与我们的态度有关的，我们自己要对自己的反应负责。后者看到自我的态度和介入是情绪产生的根源，它是我们对外界事物反应的一个部分，它鼓励自我对行为承担责任。

下面是两种不同的说话方式：

他人或环境是行为反应的根源	自我是反应的根源
他使我愤怒。	当我听到他说了这些话，我感到愤怒。
我希望他喜欢我。	我要表现出对他友好一些，与他好好相处。
因为你的错，我不快乐。	我意识到是我要对自己的快乐负责。
只有他说他喜欢我，我才感到松一口气。	我知道我心情不错。我愿意听到他说他喜欢我，但是这一点儿不会决定我的心情。

在我们的生活中，绝大多数人把他人或者外界事物当做是产生我们情绪反应或者心情的原因，逃避责任似乎成为我们不自觉的行为方式。比如，天气热时，我们就说因为天气热，所以心情不佳；丢了钱，我们会说因为丢了钱，所以我不高兴。其实事物总有两个方面，虽然环境有理由让我们不高兴，但我们也要看到，我们自己的认知和想法，对我们的情绪也有影响。如果我们认为天热了才会有一个好收成，才是一个真正的夏天，我们的心情就不会如此糟糕；如果我们认为破财消灾，丢了钱之后，就不会如此上火。如果没经过我们的同意和介入，任何他人都不能使我们受到伤害，也不能自动使我们愤怒、恐惧、快乐和幸福。如果强调他人使我不快乐，就是把心情的钥匙交给了别人。

事实上，我们对自己解释事物的意义、如何向自己述说对别人、对自己和对环境的看法，决定了我们的情绪反应。

作为教师，要引导学生意识到自己的感受和想法，要对自己的心理健康负责，同时，也要意识到，他们也不必对其他人的坏心情负责。虽然我们要留心其他人的反应，但是，也要认识到每个人都应对自己的情绪负责。

下面还是让我们用具体事例说明这个问题。

不负责的陈述："我的朋友从不主动给我打电话，他令我不高兴。"

负责任的陈述："由于我期望我的朋友经常与我联系，我需要他的关心，所以我才对他不与我联系感到生气。"

不负责的陈述："我爸爸批评了我，所以我心情感到特别压抑。"

负责任的陈述："我爸爸批评我，是我没按时完成作业的结果。这说明他对这件事十分重视。"

有时，学生们借助第三人称或者是模糊的人称，来逃避自己的责任，你要教育学生用"我"作为主语来评价事物。比如：

不负责的陈述："大家都认为这是真的。"

负责任的陈述："依据我的经验，我认为这是真的。"

不负责的陈述："人们在这种情况下都会知难而退的。"

负责任的陈述："我认为这件事情实在太困难了，所以我放弃。"

练习 负责任的陈述

1. 笼统地陈述感觉与具体地分析事物

我们往往会对自己的感受与心情作一个笼统的、结论式的陈述,这种结论式的陈述使我们觉得事情已经至此,没有改变的可能。所以我们一直被这些沉重的情绪所影响,这种简短的结论式的陈述,也会令人将烦恼的事情简单化,逃避应负的责任。如果我们陈述我们的责任并具体地分析事物,我们就会更具有勇气。

请看下面的例子:

不负责的陈述:"我感到害怕极了。"

负责任的陈述:"因为想象游戏中的恐惧镜头,所以我感到害怕极了。"

不负责的陈述:"我感到郁闷。"

负责任的陈述:"由于我不能充分表达自己的愤怒或不幸,所以我感到郁闷。"

不负责的陈述:"我感到混乱不解。"

负责任的陈述:"我碰到一个两难的问题无法解决,不知道如何选择,所以感到混乱不解。"

不负责的陈述:"我感到挫折。"

负责任的陈述:"我想到大家的观点竟然都与我的观点不同,我有挫折感。"

2. 希望与意愿

如果一个人只是空想和希望,什么事情也不做,就会变得更加焦虑。正如古人云:"临渊羡鱼,不如退而结网。"所以,我们要把期望变成行动。

不负责的陈述:"我希望取得更好的成绩。"

负责任的陈述:"我现在要刻苦学习,以改进我的学习成绩。"

不负责陈述:"我希望,他们能评我为三好学生。"

负责任的陈述:"我现在每天都要去操场锻炼身体,把体育成绩提高一下,用行动去争得三好生。"

3. 过去与现在

过去的已经永远成为过去,你无法改变过去事情的结果。唯一的事实是,如果你依然像过去那样行动,还会产生与过去相同的后果。如果我们改变这一行为,我们就能改变后果。所以,我们要将目光放在现在的事物上,尝试新的学习,把握现在的机遇。对于学生来说,过去的考试失败只意味着过去的课程没有学好,并不意味着今后的考试必然失败。

每一次过去的失败都有一个意义,即令我们发现一个错误的行动方式。所以失败是有积极意义的。

不负责的陈述:"当着众人讲话时,我总是紧张焦虑。"

负责任的陈述:"直到今天,当着众人讲话时,我仍然还感到紧张。"

不负责的陈述:"我无能力通过英语科目了。"

负责任的陈述:"直到现在,我还没通过我想通过的英语科目。"

4. 从未来到现在

教师要让学生认识到成功就在眼前的现在的经验中,而不是在将来的某个时刻。如果一味地寄希望于未来,会妨碍人们现实的努力。

不负责的陈述:"等我长大了,一切都会好了,我会幸福的。"

负责任的陈述:"我现在感到很幸福,正在享受着学习快乐。"

不负责的陈述:"当我减肥20斤以后,我会对自己满意的。"

负责任的陈述:"今天我没吃那么多,而且也跑了三圈,我为我控制体重所取得的成绩感到满意。"

图书在版编目（CIP）数据

教师心理健康教育 / 刘翔平主编. —北京：开明出版社，2012.10
（新世纪心理与心理健康教育文库）
ISBN 978-7-5131-0235-3
Ⅰ.①教… Ⅱ.①刘… Ⅲ.①教师-心理健康-健康教育 Ⅳ.①G443

中国版本图书馆 CIP 数据核字（2011）第 119655 号

责任编辑：王桢　岳帅　王拓　魏红岩

书　名：教师心理健康教育
出品人：焦向英
出　版：开明出版社
　　　　（北京海淀区西三环北路 25 号 邮编 100089）
经　销：全国新华书店
印　刷：保定市中画美凯印刷有限公司
开　本：700×1000　1/16
印　张：12.625
字　数：185 千字
版　次：2012 年 10 月北京第 1 版
印　次：2019 年 6 月北京第 7 次印刷
定　价：35.00 元

印刷、装订质量问题，出版社负责调换货　　联系电话：(010)88817647